W0198077

Eberhard Panitz

Geheimtreff Banbury
Wie die Atombombe zu
den Russen kam

Das Neue Berlin

Inhalt

Der Weg nach Banbury

An einem sonnigen Septembermorgen des Jahres 1942 stieg Sonja, eine Frau von fünfunddreißig Jahren mit kurzem schwarzen Haar, in Oxford-Summertown aufs Fahrrad und fuhr zu einem kurzfristig vereinbarten Treffen nach Banbury. »Es ist eine heiße Sache«, hatte Jürgen, ihr Bruder, zu ihr gesagt. Sie solle sich in der High Street, vorm Schaufenster eines kleinen Buchladens, mit einem Deutschen namens Klaus Fuchs treffen. Er sei ein guter Genosse, ein prachtvoller Mensch und ein tüchtiger Wissenschaftler, der Einblick in wichtige militärisch-technische Entwicklungen habe. Genaueres über seine Herkunft und Tätigkeit wusste sie nicht, als sie sich auf den Weg machte, auch nicht, dass er zum engsten Kreis der Kernphysiker gehörte, die am Bau der Atombombe Englands und der USA arbeiteten. Aber noch ehe dieser Tag vorüber war, ahnte sie, welche Bedeutung den Auskünften zukam, die dieser Mann ihr an jenem Tag anvertraute und für weitere Treffen zusicherte.

Fast fünfzig Jahre bewahrte Sonja – mit Geburtsnamen Ursula Kuczynski, in erster Ehe Ursula Hamburger, in zweiter Ehe Ursula Beurton, als Schriftstellerin Ruth Werner – striktes Schweigen über diese Begegnung in Banbury und spätere Kontakte und die Konsequenzen, die sich bis heute für unser aller Schicksal kaum ermessen lassen. Kein Zweifel, dass sie die Erinnerung daran nie losließ, obwohl sie selbst mit den nächsten Angehörigen und Freunden bis kurz vor ihrem Tod so gut wie nie darüber sprach und auch in ihren Büchern diese folgenreichste Begegnung ihres Lebens verschwieg. Nicht einmal in »Sonjas Rapport«, ihrem Lebensbericht, der 1977 erschien, werden die Treffen mit Klaus Fuchs erwähnt. Liest man mit dem heutigen Wissen jedoch das Buch, findet sich immerhin eine beiläufige, verräterische Andeutung, die auf das Fahrrad verweist, das ihr Len, ihr Mann, kurz vor dieser Fahrt nach Banbury geschenkt hatte: »Ein neues, wunderschönes Rad. Ich benutzte es viel, es kam mir auch für illegale Treffs zustatten. Als ich später in die DDR umsiedelte, zerlegte Len das Rad, es reiste im Flugzeug mit. Tochter Nina ist in der ersten Zeit in Berlin noch damit zur Schule geradelt. Jetzt steht es im Keller. Niemand hat das Herz, es der Gerümpelsammlung zu übergeben.«

Im Sommer des Jahres 1980 überraschte sie ihre Leser und auch mich mit dem Buch »Gedanken auf dem Fahrrad«. In der Titelgeschichte, die im Grunde ein lapidarer, über die Zeiten und Grenzen wechselnder Fahrtenbericht ist, erzählt sie, dass sie als Achtjährige auf dem viel zu großen Rad ihres drei Jahre älteren Bruders Jürgen Radfahren gelernt habe: »Da der Sattel unerreichbar war, mit den Füßen auf den Pedalen stehend, die ersten atemberaubenden Meter allein.« Mit vierzehn Jahren besaß sie ein eigenes Rad: »Ich liebte die Bewegung, den Duft der Linden im vorbeirauschenden Wind, die Kälte eines Wintertages bei schneller Fahrt. Als ich 1924 in den Kommunistischen Jugendverband eintrat, wurden auch das Rad und sein Tempo politisch. Wenn ich von den Sitzungen in der Kneipe nach Hause radelte, standen am dunklen Park die Gymnasiasten mit ihren Rädern und nahmen unter Schimpfworten die Verfolgung auf; damals noch nicht, um tätlich zu werden, sondern nur um zu erschrecken und zu bedrohen.« In Schanghai, wo sie dann mit dem legendären sowjetischen Kundschafter Richard Sorge zusammentraf, besaß sie wieder ein neues Rad. »Vor der Lenkstange hing ein kleiner Korbsitz aus Stroh für meinen Sohn. Doch die Genossen im China Tschiang Kai-sheks, wo jedem Kommunisten die Todesstrafe drohte, verlangten, ich solle ein rascheres Verkehrsmittel beherrschen lernen, so lernte ich Auto fahren.« Nach dem Einfall der Japaner in die Mandschurei, den blutigen Metzeleien und der Ermordung eines ihrer nächststehenden Kampfgefährten musste sie das Land verlassen, »ohne Rad oder Auto«. Ein polnischer Frachter nahm sie und ihren Sohn mit, Warschau und Krakau waren ihre nächsten Stationen. »Kommunisten werden oft dort gebraucht, wo sie am wenigsten gern gesehen waren. 1937 fuhr ich von Polen nach Danzig. Meine Fahrerlaubnis aus Schanghai war hier nicht gültig, und wieder bestanden die Genossen auf der Prüfung.« Der Nazibeamte, an den sie dabei geriet, taxierte sie sogleich als Jüdin, gar als »mongolid« und bolschewistisch, und dirigierte sie dann mit dem Auto pausenlos, oft im Rückwärtsgang, durch die schmalen Gassen Danzigs. »Ich wollte mich nicht vom Faschismus besiegen lassen. Noch fünf Minuten – noch zehn Minuten – da beging ich den ersten Fehler. ›Steigen Sie aus, Sie haben nicht bestanden – Heil Hitler!‹ …« Hier bricht die Rückschau ab, England bleibt ausgespart und somit das englische, wahrlich historische Fahrrad. Noch immer wahrte sie strikte Verschwiegenheit über die Fahrten nach Banbury.

Die kleine Stadt Banbury, die wegen des Siegs Warwicks über Eduard IV. im Jahre 1469 in die Geschichtsbücher einging und weithin für ihre Pfefferkuchen, die Textil- und Plüschfabrikation, den guten Käse und ihre Ale-Brauereien berühmt war, liegt etwa vierzig Kilometer von Oxford entfernt. Sie war gut erreichbar für die junge Frau auf der Straße, die parallel zum Cherwell-River und durch einige kleinere Ortschaften führte, an sanften Hügeln, Baumreihen und schmalen Äckern vorbei, zumeist jedoch an eingezäunten Wiesen und von Mauern umgebenen Schafweiden, wo sie kaum einem Menschen begegnete. Manche der schmalen, sich durch die Landschaft windenden Straßen stammten noch aus der Römerzeit. Eingewanderte flandrische Weber hatten dann hier im 16. und 17. Jahrhundert eine florierende Wollindustrie begründet, noch sah man den schmucken kleinen Städten und sogar den Dörfern mit den adretten Häuschen aus gelblichem Kalkstein die einstige Wohlhabenheit an. Viele Londoner waren in der Kriegszeit vor den Luftangriffen hierher geflüchtet, kein Haus stand leer, jeder Flecken in den Gärten wurde zum Anbau von Gemüse, Kartoffeln, Weizen und Hafer benutzt.

Sonja mag damals nur wenig für die anmutige Landschaft empfänglich gewesen sein. Unterwegs sah sie Soldaten und Militärfahrzeuge, selten überholte sie ein ziviles Auto oder Motorrad, ab und zu jagten Flugzeuge über sie hinweg. Gerade in dieser Gegend waren zahlreiche Flugzeuge abgestürzt, deutsche und auch englische. Ihr Mann, gebürtiger Engländer, einstiger Spanienkämpfer, hatte sich freiwillig zum Kriegseinsatz gemeldet. Kontakt zu den deutschen Genossen verbot sich wegen ihrer konspirativen Tätigkeit. Vom Treffen mit Klaus Fuchs wussten nur ihr Bruder Jürgen und der sowjetische Verbindungsmann. Ihre Eltern und zwei Schwestern lebten in London. Selbst ihnen gegenüber musste sie schweigen und sich in Ausreden flüchten, wenn sie bei ihnen übernachtete oder wegen der Kinder ihre Hilfe in Anspruch nahm. Ihr Bruder war als Ökonom, Publizist und leitender KPD-Funktionär mit Arbeit und Verpflichtungen überhäuft, zumal er als Sachkenner der Nazi-Kriegswirtschaft auch von englischen Politikern und Forschungsdiensten zu Rate gezogen wurde. Fast ganz Europa war von der deutschen Wehrmacht überrannt: Polen, Frankreich, Belgien, Niederlande, Luxemburg, Dänemark, Norwegen, Jugoslawien, Griechenland und die Sowjetunion bis vor Moskau und Leningrad, im Süden bis zum Don und zur Wolga. Stalingrad wurde bereits umkämpft. Die Vernichtung des Bolschewismus und der »minderwertigen Rassen«, die Deportation und Ermordung von Millionen Menschen waren beschlossene Sache, aus den Verbrennungsöfen stieg der Rauch auf. Sonja, wie sie Richard Sorge genannt hatte, die an jenem Septembermorgen durch die Cotswold-Landschaft nahe dem schmalen Fluss dahinradelte, war als Kommunistin, Jüdin und Kundschafterin des Aufklärungsdienstes der Roten Armee im kriegerischen Asien und Europa vielfach tödlicher Gefahr ausgesetzt gewesen. Aber nichts war mit der Last und der Verantwortung vergleichbar, die sie mit den Formeln und Berechnungen übernahm, die Klaus Fuchs für sie an diesem Tag und bei späteren Treffen zur Weitervermittlung nach Moskau bereithielt.

Sechzig Jahre danach, im April 2002, war ich mit Sonjas jüngerem Sohn Peter auf der Fahrt nach Banbury. Alles war anders, keine Kriegsstimmung, kein Kalter Krieg mehr, dennoch allenthalben wieder Kriege nah und fern. Lediglich den Pass

Der Autor Eberhard Panitz, im Hintergrund Great Rollright, 2002

hatten wir bei der Einreise in England kurz vorzeigen müssen, im Hotel nicht einmal das, nur unsere heimatlichen Telefonnummern bat man uns sicherheitshalber zu hinterlassen, falls uns etwas zustoßen sollte. Wir hatten geplant, wie Sonja mit dem Fahrrad die Strecke von vierzig Kilometern zu fahren, doch angesichts der engen Straßen ohne Rad- oder Fußwege und des heute so dichten und rasanten Autoverkehrs darauf verzichtet und uns für eine Bustour entschieden. Nun saßen wir oben im Doppelstockbus und hatten einen weiten Blick auf die hüglige Landschaft mit der viel früheren Baumblüte als im deutschen Osten. Auffällig die Schaf- und Rinderherden auf den großen Weideflächen, umgeben von Mauern aus gelben und ockerfarbenen Kalksteinen. Kaum Wald, nur hier und dort ein Streifen von Laubbäumen oder Sträuchern und der für uns erstaunliche Anblick alter, windgekrümmter Zedern.

Durch Summertown waren wir hindurchgefahren. Es ist keine Vorortsiedlung mehr, sondern mit der Universitätsstadt Oxford verwachsen. Das Haus, in dem Sonja bis 1945 mit ihrer Familie gewohnt hatte, wurde längst abgerissen und

11

wich einem der ortsüblichen Reihenhäuser. Zehn, fünfzehn Kilometer weiter, dicht an der Straße bei Woodstock, steht protzig wie eh und je Blenheim Palace, Geburtsort Winston Churchills. Bei einem kurzen Aufenthalt gingen wir durch die monumentale Eingangshalle, zwanzig Meter hoch, alle Säulen, Bögen, Wände und der barocke Zierat aus dem Kalkstein der nahen Cotswold-Hügel. 850 Hektar umfasst der Park mit Wildgehegen, exotischen Bäumen und Gewächsen sowie einem Triumphbogen und einer Siegessäule zum Ruhme der Familie, umgeben von exakt gepflanzten Baumgruppen, die verschiedene Stellungen der Armeen des Herzogs Marlborough, des Stammvaters der Churchills, bei dem Sieg zu Hochstädt gegen die Franzosen und Bayern 1704 darstellen sollten. Wie wir erfuhren, war wegen der deutschen Bombenangriffe die Zentrale des britischen Geheimdienstes MI 5 hierher evakuiert worden – etwa zu der Zeit, als Sonja auf der Landstraße A 44 daran mehrmals vorbeiradelte.

Gespannt näherten wir uns Banbury. Umgeben von Gärten, Feldern und Weideland, streng abgeteilt und eingezäunt, ist die Gegend heute kaum durchgängig für Wanderer oder jemanden, der querfeldein per Fahrrad von Oxford-Summertown herüberkäme. Dann Neu- und Industriebauten, auch hier Reihenhäuserzeilen, ehe wir die alte, behutsam konservierte High Street mit den eng aneinandergeschachtelten Häusern und dem früheren Viehmarkt erreichten, wo sich in Shops und Pubs und in Supermärkten die Kauflustigen und Touristen drängten. An der Kreuzung zur Horsefair, deren einst holpriges Pflaster mit bestem Asphalt zugedeckt war, stiegen wir aus und kamen nach ein paar Schritten zum Banbury-Kreuz. Dieses Wahrzeichen der Stadt, eine neogotische Säule mit einem vergoldeten Kreuz auf der Spitze, erinnerte an die Hochzeit von Queen Viktorias ältester Tochter mit dem preußischen Kronprinzen im Jahr 1859. Auf einem Sockel daneben war in güldenen Lettern ein Vers zu lesen – ein Kinderreim, nachweislich älter als das Banbury Cross, weil es zuvor hier schon andere, christliche wie heidnische Kreuze als Wahr- und Wegzeichen gegeben hatte:

Aufs Steckenpferd, hopp! nach
    Banbury Cross,
Dort siehst du ne Lady auf
    schneeweißem Ross,
Hat Ringlein am Finger und
    Glöcklein am Zeh,
Das klingelt und bimmelt
    hindurch die Allee.

Ich kannte diesen Vers schon aus einem englischen Spionageroman, der sich recht freizügig des Zusammentreffens von Klaus Fuchs und Sonja in Banbury annahm. Sehr überzeugend war diese historisch-poetische Parallele zwar nicht, doch denkwürdig immerhin, dass ich nun mit Sonjas Sohn

Banbury Cross, Historischer Festumzug

an diesem Kreuz stand und dann die Wege mit ihm abschritt, die damals die junge, dunkelhaarige Frau mit dem etwas jüngeren Mann Arm in Arm gegangen war, um als harmloses Liebespaar angesehen zu werden. An dem kleinen Buchladen der östlichen High Street, wo sie ihr Fahrrad abgestellt hatte, waren sie über den Markplatz, vorbei an Häusern aus dem 15. und 16. Jahrhundert, auf kürzestem Weg aus der Stadt gelangt. Nachdem sie die Cherwell-Brücke überquert hatten, kamen sie auf Feldwegen bis zu einer baumumwachsenen Niederung, wo Sonja die Informationen und schriftlichen Notizen von Klaus Fuchs entgegennahm und weitere Zusammenkünfte mit ihm verabredete.

Ihr Sohn Peter war in den letzten Jahrzehnten mehrmals in England gewesen, in London, Oxford, Chipping Norton, wo er zur Schule gegangen war, und Great Rollright, dem letzten Wohnsitz der Familie vor der Flucht 1950. In Banbury war er, wie er glaubte, nicht gewesen, er hatte jedenfalls keine Erinnerung daran, wurde er doch erst im September 1943 geboren.

13

Grab der Eltern vor der mittelalterlichen Kirche in Great Rollright

Aber Len Beurton, sein Vater, hatte hier nach dem Krieg zeitweise in einer Aluminiumfabrik gearbeitet und nach einem Motorradunfall im Banbury-Hospital gelegen. Und da die Treffen Sonjas mit Klaus Fuchs erst im Winter des Jahres 1943, wegen dessen Abreise in die USA, ihr Ende fanden, war Peter Beurton tatsächlich schon leibhaftig und mehr als einmal hier – mindestens während der Schwangerschaft seiner Mutter.

Wir fuhren weiter nach Chipping Norton und trafen dort Peters alte Lehrerin, die in einem schmalen Häuschen gegenüber der Kirche und der Schule wohnte, die keine Schule mehr war, sondern die Villa eines Privatiers. Das Haus der Beurtons in den Nachkriegsjahren in Great Rollright, wo wir freundlich von der jetzigen Besitzerin empfangen und durch die sieben, acht Zimmer der beiden Etagen geführt wurden, befand sich noch fast in dem Zustand, wie er in »Sonjas Rapport« geschildert wird. Nur ein Teil des Anwesens mit den einstigen Ställen und Schuppen wurde abgetrennt, ein neues Haus ragt bis dicht an den neuen Zaun heran. Bald soll auch das alte Haus zum Verkauf stehen, teilte uns die Besitzerin, Diana Davenport, die viele Jahre behinderte Kinder hier im Haus und Garten betreut hatte, gar nicht frohen Herzens mit. Sie wusste, wer die Beurtons waren, sie hatte Peter bei unserem Kommen umarmt; er war schon mehrmals, 1991 auch mit seiner Mutter, hier gewesen. Nicht Wenige in diesem Ort kannten die Geschichte von Sonja und Klaus Fuchs und dem Treffen am Banbury Cross. Auf dem kleinen Friedhof bei der mittelalterlichen Kirche liegen die Eltern begraben, René und Berta Kuczynski, beide 1947 verstorben. Auf einem verwitterten Kalkstein sind ihre Namen und dazu die der sechs Kinder eingehauen, kaum noch lesbar auch: Ursula.

Einem Leben nachzugehen bedeutet nach Spuren zu suchen, die ein Mensch hinterlassen hat. Diese Frau, die im Geheimen Sonja hieß, war fast ihr ganzes Leben dazu angehalten, die Spuren ihrer Taten zu verwischen und zu verleugnen. Sie war weit um die Welt gekommen und hatte sich immer wieder zum Handeln im Verborgenen verpflichtet gesehen, zum Versteckspiel, zum Schweigen, zur Täuschung und zur spurlosen Flucht. Eine Seltenheit, in dem kleinem Ort Great Rollright auf den Wegen und sogar durch die kaum veränderten Gemächer gehen zu können, wo sie vor einem halben Jahrhundert mit ihrer Familie gelebt und nächtlich ihre verschlüsselten Funksprüche ausgesandt hatte. Es war noch ein von ihr angebrachtes Küchenbord an der Wand über dem alten Herd zu finden, da und dort ein Packen Bücher aus der Kriegszeit, vielleicht von ihr. Hier wurde mir bezeugt, dass sie bei vielen, deren Weg sie kreuzte, in guter Erinnerung blieb – trotz allem, was damals und seither geschah.

Wie kam es dazu und was brachte sie auf diesen Weg? Und was bewog den einunddreißigjährigen Dr. Klaus Fuchs dazu, sich fern vom Birminghamer Labor und dem streng geheimen Forschungsprojekt Tube Alloys, bei dem er zu den wichtigsten und befähigtesten Wissenschaftlern zählte, verstohlen in Banbury, auf hügligen Viehweiden und Waldwegen mit Sonja zu treffen? Von ihr kannte er nur diesen Decknamen, wusste wohl nicht einmal, dass sie die Schwester seines Parteifreundes Jürgen Kuczynski, des Leiters der englischen KPD-Gruppe, war. Was bestimmte ihre und seine Entscheidung? Welche Spuren hat ihr Handeln hinterlassen, welche Folgen hat es für uns alle gehabt?

Die frühen zwanziger Jahre

Nach Sonjas Tod – sie starb am 7. Juli 2000 im Alter von 93 Jahren – fanden sich in ihrem Nachlass neben fast tausend Briefen auch Tagebücher aus ihrer Jugendzeit, die sie in akkurater Handschrift geführt und über all die Wechselfälle, Wander- und Kriegsjahre, Fluchten, Verfolgungen und Illegalität aufbewahrt hatte. Die Familie lebte in Berlin-Schlachtensee, der Vater war »ein fortschrittlicher Wissenschaftler und Politiker, der beste Statistiker seiner Zeit« – wie ihn nicht nur Sohn Jürgen überschwänglich lobte. Walther Rathenau sagte über ihn: »Kuczynski bildet immer eine Einmannpartei und steht auf derem linken Flügel.« Er war führend an den Aktionen der Internationalen Arbeiterhilfe beteiligt und wurde im Januar 1926 Vorsitzender des Ausschusses, der die entschädigungslose Enteignung der Fürsten zum Ziel hatte – und seither nur Kuzcynski-Ausschuss hieß. Der Name war damals in aller Munde, von den Konservativen verschrien, bei den Arbeitern und vielen linksstehenden Bürgern hoch geschätzt. So war es ein Zwiespalt, der auch in den frühen Tagebüchern erkennbar wird, dass man zwar in einer noblen Villa am Schlachtensee wohnte, doch dort keinesfalls komfortabel und vornehm abgekapselt lebte. Das väterliche Einkommen war für die große Familie – sechs Geschwister, dazu noch Hausmädchen, Kinderfrau und Gärtner – nicht übermäßig hoch. Die Jahre der Inflation verschärften die Situation. Die Kinder kannten zwar keine Not, lebten vergnügt, doch recht normal und bescheiden.

»Über Mutters Sparsamkeit amüsierten wir sorglosen Kinder uns häufig«, so urteilte die Tochter später. »1924 begann meine Lehre in der Buchhandlung für Rechts- und Staatswissenschaften R. L. Prager, Berlin NW, Mittelstraße. Seit zwei Jahren las ich fast ausschließlich fortschrittliche Literatur, sah bewusst den Reichtum der Wenigen, die Armut der Vielen, die

Villa Berlin-Schlachtensee

bettelnden Arbeitslosen an den Straßenecken, dachte über die Ungerechtigkeit dieser Welt nach und wie man sie beseitigen könnte. Nun kam der krasse Gegensatz zwischen dem Zuhause und der Lehrstelle hinzu. Die Furcht erwachsener Menschen, die an jedem Monatsende vor der Entlassung zitterten. Meine Freundin Marthe war das erste Opfer. Ebenfalls Lehrling in der Buchhandlung war Heinz Altmann, Mitglied des kommunistischen Jugendverbandes. Er gab mir den letzten Anstoß, ich trat in den Kommunistischen Jugendverband ein.«

Das Tagebuch, das in ihrem autobiografisch geprägten Erstlingsbuch »Ein ungewöhnliches Mädchen« aus dem Jahr 1957 erwähnt wird, war ein Geschenk ihrer Mutter – »mit blauem Lederdeckel und eingelegtem silbernen Kleeblattmuster und verschließbar«. Den Schlüssel trug sie an einer Schnur um den Hals, schon ehe sie ihre erste Eintragung hineinschrieb: »Geliebtes Tagebuch, ich will Dir immer alles Wichtige, was passiert, mitteilen. Besonders meine Gedanken, die ich anderen nicht sage ...«

Januar 1924

Was bin ich für ein gesunder Mensch! Was freue ich mich aufs Leben. Wie ist das Jungsein doch schön. Es ist schon so. Wenn ich gegen die Strafreden der Familie Stillschweigen setze, so gibt das eine gewisse Kraft und Überlegenheit vor mir selber. Ich heuchle mir vor, dass ich mir zu gut bin, darauf zu antworten und dass ich zu sehr über den Dingen stehe. Das tu ich gar nicht. Es ist nur eine gewisse Schlaffheit und Gleichgültigkeit, die ich mir durch häufige Wiederholung der Fälle angeeignet habe.

Jürgen mit den Schwestern Ursula und Barbara

März 1924

Vom März ab will ich den Frühling zwingen. Das heißt, ich schreib ins Buch, jauchze bei jedem Hahneskrähen, ich lasse die Fenster weit auf, ich stehe früh auf, ich bin lebenstoll und vergnügt. Und ich bin so froh, dass ich noch niemals einen Jungen geküsst hab, oder besser, dass ich nun erst einen Jungen küssen werde, den ich wirklich lieb hab. Das ist zum Blödsinnigwerden. Ich bin zu der weisen Einsicht gekommen, dass, wenn man mit allen und jedem Menschen Krach hat, es doch schließlich an einem selber liegen muss. Ich bin schlechter Laune und mürrisch und knurrig, und bespucken könnt ich mich! Aber dann ein blauer Himmel, Sonne, die wärmt, Tautropfen an den Tannen und ein Atmen in der Luft, dass man

18

wandern möchte, immerfort springen und laufen muss und jeden Menschen liebhaben will.

Ich alter Querkopf, ich Mischlingsgebräu mit schwarzer Strubbelmähne, Judennase und unbeholfenen Gliedern, sitze hier dumpf und verkniffen, zanke mich, unke, brüte. Ich widerliches Geschöpf. Ein Mensch, der weint, sollte seine Tränen nicht fortwischen, denn es ist etwas klares Lebendiges, gleichsam Beruhigendes in Tränen, die übers Gesicht rinnen. Je mehr ein Mensch seine Unnatur empfindet, desto gezwungener und befangener wird er. – Nein, das ist auch Unnatur. So oft finde ich draußen etwas kitschig. Sei es der Mond, der durch die Wolken schaut oder ähnliches. Nicht, dass ich mir sage: »Dieses ist ein Bild, das so und so oft kitschig gemalt worden ist«, sondern ganz an sich, wie es da ist, empfinde ich es als kitschig und nicht »natürlich« – da irre ich mich doch dann!

Wenn ein Mensch, so wie unser Chef Prager, neun Stunden lang hintereinander schimpft mit uns, so bedaure ich ihn ja vielmehr als die, die er abkanzelt. Man fühlt sich von allen Dingen viel mehr getroffen und gekränkt, wenn man sich nicht verteidigt. Ich sollte nicht in das Buch schreiben, es erleichtert mich nämlich, und das ist des Öfteren gar nicht gut. Wenn ich meine Fehler und Dummheiten hier hineinschreibe, fühle ich sie dann schon zu einem Teilchen behoben.

Es ist so merkwürdig. Wenn ein lieber Mensch, von dem ich es mir gewünscht habe, dass er sich um mich kümmert, sich nun wirklich meiner annimmt, so entziehe ich mich ihm sofort. Sage ihm nichts aus einem wirklich natürlichen Grund heraus, und doch denke ich die ganze Zeit über, wenn er doch meine Hände festhielte, wenn er doch weiter fragte! Es ist höchst unschön: Menschen, die mir immer etwas Verkehrtes, aber Schmeichelhaftes sagen, mag ich gern, aber solche, die mir Richtiges und zwar weniger Gutes über mich sagen, sind mir unsympathisch. Herrlich, wenn ein Mensch so lachen muss, dass er gezwungen ist, mitten auf dem Potsdamer Platz drei Minuten stehen zu bleiben, weil er nicht die Kraft hat, auch nur einen Schritt weiter zu gehen.

Es ist sechs ein halb Uhr morgens und draußen ein Regen, wie ich ihn gern mag. Ich meine, eine Frühlingsluft, dass man sich immer nur die Lungen füllen möchte, und Regen, Regen, Regen, der immerhin vergnügt macht. Jawohl, ihr Dummköpfe! Vergnügt! Denn die Vögel singen nichtsdestotrotz, die Kastanie hat grüne Blätterspitzen, und an den feinen Ästen und Zweiglein der Birke hängen viele, über tausend kleine klare, runde, vergnügte und was noch alles Regentropfen und Tröpfchen. Jawohl! Es gibt Dinge und Anschauungen, von denen ich so viel verstehe und weiß, dass ich gerade sagen kann, meine Meinung ist das nicht. Aber mein Wissen und Verstehen geht nicht so weit, dass ich für die Abweichung meiner Ansicht eintreten kann. Jürgen sagt zu mir: »Du hast immer nur eine Güte deswegen – nie trotzdem.«

Es ist nämlich Sonntag, und es regnet, nicht sehr, aber man weiß, es wird den ganzen Tag über nicht aufhören. Gleich in der Frühe, das heißt am Regensonntag ist acht Uhr auch noch in der Früh, da höre ich den Gärtner unten an der Heizung rumoren, bis zu mir oben im Zimmer kann ich's deutlich durch die Heizungsrohre hören, wie er eine Schaufel und dann die zweite in den dickbäuchigen Schlund des Ofens schiebt. Ich bin noch im Bett, gerade habe ich die Lampe ausgemacht. Ich habe sie gern. Die sechseckige Form des Schirmes ausgefüllt mit schwarzumrandeten Transparenten aus Seidenpapier. Wenn die Birne brennt, leuchten die bunten Farben dunkel auf, und das Licht schimmert gedämpft. Einen Meter davon entfernt liegt das Zimmer im Schatten. Wenn ich im Bett lese, muss ich sie immer überm Schreibtisch abmachen und zum Bett hängen. Ja, jetzt mache ich sie also aus, und nun fängt der Morgen an. Es ist doch noch ein wenig zu trübe, so zu lesen, und das matte Tageslicht ist kühl. Ich döse, stehe auf, renne mit bloßen Füßen, hole meinen bunten Teller noch von Weihnachten und kuschele mich frierend wieder ins Bett und mache in Gemütlichkeit. Ein bisschen muss ich mich vorbeugen, dass die Pfefferkuchenkrümel nicht ins Bett fallen. Dann lege ich mich in die Mitte des breiten Bauernbettes. Einen Deckenzipfel lege ich mir, wie wir es als Kinder immer getan haben, um den Hals und lese. Es ist ja jetzt der »Helianth«.

Draußen regnet es eintönig, rieselnd. Hell schlagen die Tropfen auf den Dachsims unterm Fenster. Mir Zeit und Stunde unbewusst, lese ich in den Vormittag hinein. Ein langer Atemzug, ich lege das Buch fort, und auf einmal höre ich, dass die Kleinen schon lange unten schreien und spielen. Reni weint, Türen schlagen, das Telefon klingelt. Ich bin wach. Ein paar Minuten liege ich völlig gedankenlos da. Ein Erschlaffen und Abspannen, das immer eintritt, nachdem ich mit allem Fühlen und Denken in einem Buch gelesen habe.

Aufstehen! Hm! Meine Pantoffeln liegen ganz, ganz weit unterm Bett, ein paar gestopfte Strümpfe hab ich nicht. Herrgott, bin ich wirklich vor zehn Minuten noch in Schaeffers »Helianth« gewesen? Also auf denn! Unten die Kinder sind bereits angezogen, gestern war große Kopfwäsche. Sie laufen also heute alle mit aufgeplusterten, zu trockenen Löwenmähnen herum. Ollo füttert Reni: »Guten Morgen, Jungferchen, ausgeschlafen?« Uff ja, ganz ausgezeichnet, ich dehne mich, ich recke mich und freue mich, dass alles so ist, wie es ist. Das Leben ist schön!

Vor mir auf der Fensterscheibe läuft eine Fliege herauf. Scharf umrissen stelzt sie über das helle Glas. Was ist darüber zu sagen? Verstehst Du nicht? Das ist schön. Heut musste ich wie so oft für Prager zur Bank. An der Dresdner Bank wird gebaut. Oben auf dem Dach steht ein Arbeiter, ich glaube, er sorgt für die richtige Stellung des Kranes, na, ich versteh davon nichts. Also ich komm unten vorbei, er legt seine Hand an den Mund, und dünn wie ein Hauch tönt es: »Bubikopf!« Alle Leute drehen sich nach mir um. Nachdem ich etliche Kusshände von ihm erhalten habe, breitet er weit die Arme aus. Grell hebt er sich gegen den blauen Himmel ab. Jedes Mal, wenn ich vorbeikomme, unterhalten wir uns, und die entrüsteten Spießer verziehen ihre Gesichter. Dann geht es weiter. Hinterm Schinkelplatz stell ich mich an den Kanal. Er ist bevölkert mit Enten. Viele Menschen stehen am Ufer. Boten ketten ihre Räder fest, Schuljungen halten an im Weg. Mädchen mit Einholkörben, Mütter mit Umschlagtüchern und Kindern am Rockzipfel. Zille hätt's malen können. Und auf allem liegt die Sonne. Unten

Die Mutter, Berta Kuczynski,
geb. Gradenwitz (1879–1947)

schnappen die Vögel nach den Brotkrumen, in der Luft hacken sie danach. Gibt es mehr Rhythmus, mehr Schönheit und Ruhe als in dem Flug eines Vogels? Einer sitzt ruhig auf dem dunkelbraunen, rissigen Pfahl, zwei Schritt von mir, ganz still.

Unter den Linden treffe ich den Irrsinnigen, den ich Tag für Tag sehe. Er bettelt sich seine Bedürfnisse zusammen. Das Haar fällt lang herunter. Den Hut ein wenig zu tief ins Gesicht, tiefe Falten sind an merkwürdigsten Stellen in sein Gesicht eingeschnitten, die Augen ruhelos, der Mund ewig redend, läuft zackig hin und her. Ich weiß – nein, ich weiß nicht, ich fühle nur, dass er nicht immer irrsinnig war.

Ist das Leben schön?

Weihnachten 1924

Mutter hatte entzückend alles gemacht. Ganz allein, für uns zehn Personen. Sie war rot und jung und freute sich mit uns. Jürgen rührend in seiner Freude, Vati und Mutti zusammen fabelhaft. Wie man nach fünfundzwanzig Jahren Kennen noch so verliebt sein kann! Bärbchen und Brigitte verlegen, lebhaft und nett. Binchen außer sich. Als alles still war, piepste sie entsetzt, auf ein schwarzes Hundescheusal aus Pappe vom Weihnachtsmarkt hinweisend: »Kinder (sie redete alle im Haus mit ›Kinder‹ an), Kinder, ich glaube er hat Würmer.« Dann auf einmal sehr still, etwas hilflos, alle Sachen fasst sie an, nichts nimmt sie richtig in die Hand: »Ich bin böse auf euch wegen der Verwöhnung.« Dann nach einem Stoßseufzer: »Was soll ich bloß mit all den Sachen anfangen?«

Unsere Ollo, die seit dreizehn Jahren für uns sorgt, die nie jemand zum Lieben hat und nur alles, was sie an Umsorgen und Lieben in sich trägt, uns schenkt. Ollo, das hysterische graue, kleine Wesen, das mit fast jedem von uns Mädchen Krach hat, immer unzufrieden ist. Ollo, die für uns durchs Feuer geht, alles für uns tut, nur für uns lebt, nichts auf der Welt kennt als ihre sechs. Ollo, von deren Prügel alle sechs schon gehörig bekommen haben, die seufzend Muttis grünseidenen Kasak betrachtet: »Ach, ich sehe schon die Flecke drauf, Frau Doktor.« Die ermahnend zu mir sagt: »Ursula, die Nachthemden darfst du nur tragen, wenn du krank bist!« Die für ihren »Kronsohn« Jürgen, auf den sie so stolz ist, die teuersten Zigarren kauft, die es gibt, und die sich doch jedes Mal ärgert, wenn sein Zimmer verraucht ist.

Der Vater, René Kuczynski (1876–1947)

Alle Kinder springen jetzt herum. Jürgen streichelt Mutter über Stirn und Haar: Vielen Dank, herrlich ist alles! Vater sagt leise: »Na, Gutes!« Mutti freut sich. Dann Vater zu Jürgen wegen irgendwas strahlend und stolz: »Aber Kerlchen.« Dann ich an meinem Tisch so froh über alles und doch immer erwägend, wie ich um den Weihnachtskuss für Mutter herumkomme, halb in Gedanken bei H., halb bei einem Bettler, den ich heut zusammenbrechen sah, bei Proletariern, dann wieder bei H., dann einmal voll und ganz bei den Gardinen, die ich für mein Zimmer gekriegt habe – und so fort. Um den Kuss für Mutti habe ich mich nun glücklich gedrückt.

Auf der Erde, zwischen all den Großen, ein kleiner Krümel mit feuerroten Backen, Armen, die wie Windmühlen gehen, Augen, in denen sich die Weihnachtskerzen widerspiegeln, Haarschopfwald, durch den zum ersten Mal eine Schleife, eine blaue, große Schleife leuchtet. Das Ganze voll herauspurzelnder, berstender, platzender Silben, Laute, die alle: Lebensfreude, Lebensfreude! heißen sollen. Unsere Renate …

Jetzt kniet Bärbchen vor diesem strampelnden Etwas. Bärbchen, mit dem weißen Gesicht, die immer rast, Türen zuschlagen kann, dauernd fällt und stolpert, immerfort etwas hinwirft, die sich mit fast aufreizender Güte und Demut von Binchen und Reni tyrannisieren lässt, die nichts Schöneres kennt, als Menschen etwas zu holen, zu helfen und zu erleichtern. Einen trockenen Humor hat sie. Elf Jahre alt. Von ihrem fünfzehnjährigen Tanzstundenherrn hat sie per Post einen Schokoladenweihnachtsmann geschenkt gekriegt. Jetzt Brigittes etwas aufgeregte, schrille Stimme, immer fragend, immer wissen wollend, nie ruhig. Jürgen nun neben mir. Was soll ich über ihn sagen, der mir der beste und klügste Mensch ist, den ich kenne. Von einer Güte und Tiefe, Duldsamkeit und Jungenhaftigkeit, Witz und Reinheit, dann wieder Frechheit, so alles durchschauend und darüber, und doch dann wieder so kleiner Junge voller Lust und Verstehen und – ach ein einziger liebster Bruder.

Jetzt sehr viel später kommt der Gärtner durch die Küche herein. »Heinz!«, jubelt Bärbchen und fliegt ihm um den Hals, (wie sie ja überhaupt Freundschaft mit allen Kellnern, Dienern, Gärtnern, Schauspielern und jeder Sorte Mensch zwischen siebzehn bis dreißig pflegt). Jetzt springt sie herunter, und er nimmt sie an die Hand, riesig lang ist er, und Binchen klammert sich unten irgendwo an seine Beine.

»Der Gärtner sieht heut ja ganz mächtig froh aus«, sage ich. Sein blonder Haarschopf fällt ihm vornüber ins Gesicht, seine Augen strahlen mich an. »Das ist seit langem mein schönstes Weihnachten«, sagt er und reicht mir die Hand. Trotz seiner Freude ist irgendwie etwas Bitteres an ihm – nie kann er das ganz loswerden. Kleiner Heinz Krauter, denk ich auf einmal sehr mütterlich. Ich habe Ollo, Mariechen und dem Gärtner je einen Becher geschenkt, sie haben die geschweifte Form von Nachttöpfen, braun, grün und schwarz sind sie. Jürgen hat sie mit Kaffeebohnen gefüllt. Mercedes jüngste Schwester hat für jeden ein Päckchen herübergebracht. Mariechen schimpft zwar immer, dass sie bei uns die Läufer dreckig macht. Ollo, dass sie so viel zerreißt, Mutti, dass sie so verwöhnt wird zu Hause, aber alle haben sie gern. Sie gehört dazu. Mit Jürgen steht sie ganz entzückend. In ein Buch von Jean Paul, das er ihr geschenkt hat, schrieb er hinein: »Eine Frau kann keinen besseren Freund finden als den Geliebten einer anderen.«

Hans hat mir Fotografien vom See geschenkt. Hans graue Augen gucken einen immer so an. Jürgen und ich sind oft zusammen drüben. – Weihnachten 1924!

Januar 1925

Es ist Anfang der Nacht. Ich komme von der K.J.-Versammlung. Auf dem Potsdamer Platz arbeiten zwei Proleten Nachtschicht an den Telefondrähten unter der Erde. Sie sind vielleicht zwanzig Jahre – die Mütze weit zurückgeschoben, das Haar fällt in die arbeitsheißen Gesichter. Sie sind kräftig, und beim Heben spannen sich die Muskeln. Ab und zu fällt der Schein einer roten Lampe auf ihre Gesichter. Ein paar Bürger stehen herum, ich schau mir auch ihr Arbeiten an. Da tritt ein Mensch ganz dicht hinter mich, so dicht, dass es mich heiß überläuft und ich beiseite gehe – wieder ist er hinter mir. Mit einem Ruck bin ich zwei Schritte fort – ich dreh mich um. Da steht ein Mensch, Mitte zwanzig, gut gewachsen, einen weichen Schlapphut auf, ein kluges, fast schönes Gesicht. Er sieht mich an. Er sieht mich gerade so direkt an, wie er vorher hinter mir gestanden hat. Die Augen werden weit, das braune Dunkel – er ist Jude. Ich hatte mich ja nur Sekunden umgeblickt. Immerfort sehe ich nun die beiden Arbeiter und diesen. Es kreiste mir im Kopf herum, der gehört zu Dir, das ist Blut von Deinem Blut, und doch kämpfst Du mit und für die anderen. Nein, zu denen gehörst du. Es ist so schwer, sich allein zurechtzufinden.

Wir saßen alle am Radio. Nach einem guten Abendbrot sind wir in die warme gemütliche Zimmerecke gegangen. Wir hörten bayrische Lieder, von einem Geschwisterpaar entzückend gesungen. Dann nach einigen anderen ein Lied mit frohen Jodlern hinter jeder Strophe. Riadi-ha-ha-ha-riadi-hahaha. Jetzt gab es den Riss bei mir. – Eine Woche vorher. Wir sitzen bei Prager in der Buchhandlung und arbeiten. Da wird draußen eine Geige gestimmt. Ich steige auf einen Stuhl, das Fenster ist so hoch, und man muss immer auf einen Stuhl steigen, wenn man auf den Hof sehen will. Da steht ein älterer Arbeiter, verhungert und verbraucht. Um ihn sind fünf Kinder, drei Mädchen, zwei Jungen, keines über vierzehn Jahre, nicht alle haben Schuhwerk

25

an, die Kleider hängen in Fetzen, die Gesichter grau, die Augen ohne Licht, fahl und verhungert die Gesichter. Kleine ausgemergelte Körper. Der Vater beginnt, die Kinder stehen um ihn und fallen singend ein. Die Blicke hängen an den Fenstern, stumpf gläsern. Riadi ha-ha-ha! Und sie schauen nur immer zu den Fenstern hinauf. Ich habe nicht weiter Radio gehört, weil mein Badewasser oben einlief und ich müde war und schlafen wollte. Die Kinder haben auch nicht zu Ende gesungen, weil der Diener vom Hotel nebenan kam und sagte, dass die Hotelgäste noch schliefen – es war elf Uhr – und dass sie nicht gestört werden dürften. Geduckt schlichen die Kinder davon. Auf dem nächsten Hof lachten sie nun wieder ihre Jodler heraus. Hah-hah-hah! Zum Kotzen! Aber wenn man's doch könnte,

Die Geschwister v. r. Jürgen, Ursula, Brigitte (Brix), Barbara, Sabine (Bine), Renate (Reni)

mal müsste man ja damit fertig werden. Das Kotzgefühl ist das Elende.

Man weiß genau: So und so viele Hungernde, so und so viele Bettler gibt es in den Straßen; aber heute geht man zu Hilbrich in die Konditorei; das vorige Mal stand vor der Tür ein Bettler. Auf einmal hat man den Gedanken: Wenn heut doch keiner dastände! Man merkt zwar gleich: Halt, da machst du dir was vor, das ist eine unklare Linie. Für dich darf absolut nichts anders sein, dadurch, dass dieser Bettler jetzt vielleicht an der nächsten Ecke, wo du ihn nicht siehst, steht. Du musst genauso wissen, dass er da ist und nicht nur dieser Einzelne, sondern dass sie alle da sind, auch wenn du sie nicht siehst und im Augenblick keiner an deine Gefühle appelliert.

November 1926

Bußtag im November. Endlich mal wieder Zeit, bei Rudi zu sein. Man freut sich kaum darauf, weil ja andere dabei sind. Gott sei Dank, jetzt ist Zeit, Tee zu kochen. Er hilft mir dabei. Das Schaf merkt gar nicht, warum ich mit Absicht das Gas nicht ganz toll auf groß gedreht habe und stellt es selbst nun auf Hochdruck. Abends fuhr ich nach Hause. November und draußen Frühlingswärme. Auch nicht nur Wärme, es ist etwas vom März in der Luft. Bußtag! Wohin man sieht, bringen Männer ihre Frauen nach Hause, und man empfindet, dass heute alle verliebter zueinander gehören als sonst an Winterabenden.

Ich hatte Freude daran und musste lachen. Die sahen alle nicht nach Buße aus! Dienstmädchen mit Arbeitern, Angestellte mit Tippsen, Latscher mit Mädels. Bei jedem Küssen und Hand in Hand der anderen blieb etwas von meinem Lächeln haften, so dass ich es immer weniger besaß, erst ernst, dann traurig wurde, und als ich im Dunkel allein ging, ganz unerfüllt, sehnsüchtig und keinen anderen Gedanken empfand, als den, dass der Junge nicht da war.

Mit Reni, der jüngsten Schwester

So schwer war es mir lange nicht angekommen. Ich fand es selbst dumm von mir, aber alles ringsum und ich waren so unbegreiflich frühlingsverrückt. Wir stehen in der Elektrischen und stellen fest, dass mein Wintermantel nichts taugt. Rudi stellt – mit Recht – weiter fest: Ich laufe überhaupt schlecht angezogen herum. Er will versuchen, mich etwas eitel zu machen. Natürlich bloß eine äußere Kleinigkeit und gerade deshalb leicht zu ändern. Er hat mehr Freude daran, mit Frauen, die gut angezogen sind, auf die Straße zu gehen. Es tut ihm leid, mich oft so gekleidet zu sehen. Dass das andere unbequem ist und viel Arbeit macht, sind nur Vorurteile. Ich höre mir das an, und jetzt kommt das Lächerliche, ich bin tief unglücklich. Überlege: Ja, mit den anderen kannst du auch nicht so rumtoben wie mit mir. Mit denen musst du deine Schritte mäßigen und deine Kraft, weil sie nicht mitkönnen. Ich weiß schon, dass es unbequem und unnatürlich sein wird, aber ich weiß auch schon, dass ich es tun werde, weil er es will. Dabei bin ich ja eitel. Ich wäre traurig, wenn ich vorne einen Zahn verlöre oder statt erfreulicher Augen und guter Farbe trübe Augen hätte und blass wäre. Ich hätte auch nichts dagegen, wenn mein Mund plötzlich eine vernünftige Form kriegte. Ich bin eitel.

Dass ich nun todunglücklich bin, richtig außer mir, bloß weil dem Herrn Rudi etwas nicht an mir gefällt, das ist schon eine Läppigkeit, um die ich mich selber auslache. Plötzlich fühle ich mich vor Gedanken darüber bereits in dem anständigen Mantel, in dem hübschen engen Kleid aus Stoff, der nicht geknautscht werden darf, mit dem gut aussehenden breitrandigen Hut – da kommt mir alles doch besser vor, wie es früher war – nein, jetzt ist es ja auch noch so. Ach, ich weiß nicht, und ich sehe mich im Winter mit der schwarzen Pelzmütze, so warm-mollig, spitz zulaufend wie eine Großvaterkappe, mit grellbuntem Schal, mit hoher geschlossener Jacke, mit festen Trampelschuhen zu den Genossen stürzen, ich höre sie mit netter Betonung: »Steppenpferd« sagen. Ich sehe mich im Sommer mit ihnen barfuß im weißen Kittel ungebunden sein, wir toben zusammen, denn man passt auch außerhalb der KJ zusammen, und so brauche ich mich nicht zu scheuen, mit ihnen zu ringen, zu schreien, mich zu freuen.

Nun denke ich plötzlich bitter, wie alt mich Rudi macht! Und habe Sehnsucht nach den Genossen. Die kriege ich immer, ganz gleich, in welchem Zusammenhang er etwas anders haben will oder nicht versteht. Auf dem Heimweg beschloss ich, mir vom Zwei-Monate-Taschengeld einen Mantel zu kaufen. Plötzlich habe ich Visionen: Der Genosse Hans läuft, weil er kein Fahrgeld hat, nach dem Gruppenabend anderthalb Stunden bis Wannsee heim. Da sehe ich seinen betrunkenen Vater mit erhobener Axt im Hausflur stehen, weil der Junge so spät kommt. Wenn er fährt, ist er in zwanzig Minuten zu Hause. Der Genossin W. stirbt ihr Jüngstes weg, weil sie ihm nicht Milch kaufen kann. Sehr lieb hat sie es. Verrückt, vielleicht hätte ich ihr gar nichts gegeben. Außerdem, nur eine kleine Weichheit, allen Millionen hätte ich doch nicht helfen können. Außerdem brauche ich den Mantel. Nun liege ich im Bett und heule vor mich hin. Soll ich oder soll ich nicht? Und habe abwechselnd Sehnsucht nach Rudi und nach allen Arbeitermädeln und Jungen der KJ. Und dann packt mich die Wut, dass so einer mir den Kopf verdrehen kann. Und dass ich ihn so sehr brauche. Und dann schlafe ich doch unter Heulen ein. Das ist alles ein bisschen reichlich Tiefstand.

Gestern Abend war es nachher noch scheußlich. Er war draußen bei uns. Wir saßen mit allen zusammen im geheizten Esszimmer und waren riesig vergnügt. Lärmten, tollten! Ich wusste, dass ich abends mit zur Bahn gehen würde. Zum Gute-Nacht-Sagen küsst er mich dann – das war so schön zu denken! Ich ging mit, wir schritten die einsame Straße herunter. Plötzlich hört man den Zug heranrattern. Natürlich tut man es nicht rasch in Eile. Und wenn man es hundertmal macht. Nie in Hast! Wir rennen, geben uns die Hand, und Rudi ist auf dem Bahnsteig. Ich kehrte um, nach Hause. Wir hatten uns getäuscht, der Zug fuhr erst fünf Minuten später an mir vorbei. Ich war traurig, weil meine Lippen so trocken waren. Ich ärgerte mich ja selber, dass ich nicht los davon kann. So eine Kleinigkeit. Aber wenn man den ganzen Nachmittag mit leisem Freuen daran gedacht hatte und es nun doch unerfüllt blieb …

Im Mai 1926 wurde Ursula Mitglied der Kommunistischen Partei. In den ersten Wochen und Monaten war sie fast jeden Abend wegen des Volksentscheids für die Fürstenenteignung unterwegs. Als ihr der Vater, von der Mutter zu einem »ernsten Wörtchen« aufgefordert, deshalb Vorwürfe machte, entgegnete sie ihm: »Vati, das ist alles für deinen Volksentscheid.« Da sahen sie sich an und lachten.

Anfang April 1927 fand sie eine Anstellung beim Ullstein Verlag im Archiv der Zeitschriften- und Propagandaabteilung.

Auch dort ließ sie die Parteiarbeit nicht ruhen und engagierte sich vom ersten Tag an in der Betriebszelle der Kommunistischen Partei. Sie wurde Verantwortliche für Landagitation

und schrieb Artikel für die »Rote Fahne«. Als sie schließlich in einem Kommentar die Ullstein-Firma selbst aufs Korn nahm – die Zeitung mit dem Artikel wurde in mehr als tausend Exemplaren an den Verlagstoren gratis verteilt –, war allerdings ihre Berufskarriere wieder zu Ende. Einer der Ullstein-Herren machte ihr unmissverständlich klar, dass »in einem demokratischen Betrieb keinerlei Aufstiegsmöglichkeiten für Kommunisten vorhanden sind«. Ursula reagierte kühl, sachlich und nutzbringend darauf und gründete mit anderen Genossen die Mar-

Vor der großen Reise, 1927

xistische Arbeiterbibliothek, MAB Berlin, in der früheren Grenadierstraße (jetzt: Almstadtstraße, nahe Rosa-Luxemburg-Platz).

Als Ende 1927 ihr Vater mit der Mutter, wie schon mehrfach zuvor, sechs Monate wegen seiner Forschungsarbeiten über das Finanzkapital in die USA reiste, nahm sie den Vorschlag an, die Eltern zu begleiten. In New York gelang es ihr, für die Zeit ihres Aufenthalts in einer Buchhandlung Arbeit zu finden: Es war der Proshit Bookshop Uptown – eine Adresse, an die sie sich anderthalb Jahrzehnte später erinnerte, als sie für Klaus Fuchs einen geheimen Treff mit einem sowjetischen Kontaktmann in New York ausmachen sollte. An dergleichen hätte sie damals noch nicht zu denken gewagt. 1929 heiratete

Rudi Hamburger und »Sonja« (l.) mit Geschwistern und Mutter, 1929

Ursula den »bürgerlichen« Jugendfreund und nun frisch examinierten Architekten Rudi Hamburger, mit dem sie 1930 nach China übersiedelte, als sich ihm dort eine berufliche Perspektive eröffnete. Ihr »zweites« Leben begann.

In China

Wie mit dem Tagebuch, so war es auch mit den Briefen ein Glücksfall, dass die Mutter sie beisammen hielt und über das Exil in wechselnden Ländern, bei vielen Wohnungsumzügen, Bedrohungen und Fluchten sorgsam bewahrte. Nach deren Tod, 1947 in England, erhielt die Tochter sie alle zurück – Briefe noch aus Deutschland, aus den USA, die meisten aus China, Polen, der Schweiz und die aus England in den Jahren des Krieges und danach. Da sie nahezu jede Woche nach Hause geschrieben hatte – oft auch an den Bruder, die Schwestern, andere nahe Verwandte und Freunde –, ist eine Fülle authentischer Lebenszeugnisse überliefert. Es ist erklärlich, dass sie auf dem Postweg zwar ausführlich Erlebtes und Beobachtetes berichtete, jedoch auf die Erwähnung jeglicher politischer oder gar illegaler Aktivitäten, die besonders seit ihrer Ankunft in Schanghai immer mehr ihr Leben bestimmten, völlig verzichten musste.

Anfang Juli 1930 verließ sie mit ihrem Ehemann Deutschland, und sie erreichten im August Schanghai nach einer mehrwöchigen Zugfahrt mit dem Transsibirien-Express durch die Sowjetunion, mit der ostchinesischen Eisenbahn durch die Mandschurei und nach einer Schiffsfahrt von tausend Kilometern. Die Briefe, die sie damals den Eltern und Geschwistern sandte, lassen erkennen, wie fasziniert sie von dem Land, der Stadt und den Menschen war, die sie dort traf. Schanghai war eine pulsierende Großstadt mit den krassesten sozialen Gegensätzen und den höchsten Wolkenkratzern Asiens. Mehr als die Hälfte des Stadtgebiets wurde von ausländischen Mächten regiert. Neben Franzosen und Deutschen waren es vor allem die Briten mit ihrem weitreichenden Settlement und eigener Polizeitruppe, Zollbehörde und Stadtverwaltung (Shanghai Municipal Council). Dort hatte Rudi Hamburger eine Anstellung als Architekt durch Vermittlung seines Freundes Helmuth Woidt gefunden, in dessen Haus er zunächst mit seiner Frau wohnte. »Im Haus empfing uns ein chinesischer Diener; in weißen Handschuhen servierte er eisgekühlte Getränke. In unseren zwei Zimmern unterm Dach fing sich die drückende Hitze. Moskitos saßen im Netz über dem Bett«, berichtete sie über die Ankunft. »Rolf hatte eine angesehene Stellung, wir wurden viel zu Partys eingeladen und mussten uns revanchieren – Damen besuchten mich und erwarteten Gegenbesuche –, eine fremde Welt, die im krassen Gegensatz zu meinem bisherigen Leben stand.«

Vor hundert Jahren war hier, sechzehn Kilometer landeinwärts von der Mündung des Jangtsekiang, der internationale Hafen entstanden, um den sich Schanghai zur größten Stadt Chinas und zum Handels-, Industrie- und Verkehrszentrum ausgewachsen hatte. Ebenso wie der Geschäftsgeist prosperierte das Gangstertum. Abenteurer aller Herren Länder trafen sich hier, tummelten sich in den Vergnügungsvierteln mit ihren Tanzbars, Bordellen, Spielklubs und den Opiumhöhlen, wo auch der Schmuggel und Schwarzhandel florierten. Aber in den exterritorialen Ausländerenklaven fanden zugleich viele chinesische Intellektuelle und politische Flüchtlinge vor der Verfolgung durch die Kuomintang-Behörden Unterschlupf. Tschiang Kai-shek hatte sich zum obersten Kriegsherrn aufgeschwungen, doch weite Teile des Landes außerhalb der großen Städte wurde von rivalisierenden Provinzfürsten und Räuberbanden beherrscht, die ebenso brutal wie die Regierung gegen jeden Widerstand der aufbegehrenden Bauern, Arbeiter und besonders gegen die Kommunisten und ihre sich formierende Rote Armee zu Felde zogen. In Schanghai war 1921 die Kommunistische Partei Chinas gegründet worden, Ende der zwanziger Jahre war es mehrmals in der Stadt zu Aufständen gekommen, und noch hatte hier die Untergrundzentrale der KPCh in einem der Ausländerviertel ihr illegales Domizil.

Gänzlich uninformiert war die Lady Hamburger darüber nicht, doch es brauchte seine Zeit, bis sie Genaueres erfuhr und eine Verbindung zu Kommunisten zustande kam,

In China, 1930

worum sie sich ungeduldig bemühte. Sie hatte vor ihrer Abreise aus Berlin die KPD-Zentrale im Karl-Liebknecht-Haus aufgesucht und sie über ihren vermutlich langjährigen Chinaaufenthalt unterrichtet. Man hatte sie auf den Ernst der Lage in China, die strenge Illegalität und die extremen Gefahren hingewiesen. Nun vor Ort quälte sie das tatenlose Zusehen, die Verstellung und Anpassung in der noblen Schanghaier Gesellschaft. »Schmutz, Armut und Grausamkeit stießen mich ab. Mein Wille zur brüderlichen Solidarität, mein Bemühen, die Menschen gern zu haben, scheiterten. Ich fragte mich, ob ich nur theoretisch ein Kommunist sei, der nun, wo die Praxis anders als zu Hause aussähe, versagte.« Von Anfang an war ihr jedoch klar, dass ein äußerlich bürgerliches Leben eine wichtige Sicherung und Tarnung war, wollte sie jemals als Kommunist tätig sein. Wochen und Monate, gefangen vom Alltag und den vielen neuen Eindrücken, lauerte sie auf eine Nachricht von der Partei oder irgendein Erkennungszeichen chinesischer Genossen. So nahm sie zuerst gar nicht wahr, dass sie ein Kind erwartete. Ihr war ständig übel, die Ärzte fürchteten, dass ihr das Klima nicht bekäme, und führten alle Schwierigkeiten darauf zurück. Als sie eine Art Darmbewegung bemerkte, stellte man schließlich fest, dass sich da kein Darm, sondern ein Kind bewegte und sie schwanger war. »Nun freute ich mich, dass das ›Schicksal‹ anders entschieden hatte, als wir geplant«, schrieb sie nach Hause.

Schanghai, 27. Juli 30
Dear family, mein Leben verläuft einstweilen völlig ereignislos, wie ein paar ruhige Wochen in Schlachtensee. Merkwürdig, aber die Hitze ist eben so, dass man einfach nichts unternimmt. Es ist gar nicht Gluthitze, sondern Feuchtigkeitshitze. Rudi und ich leiden aber nicht sehr darunter, sie wirkt bei uns wie bei allen, man schwitzt und schwitzt in fantastischer Weise. Jeder Mensch, auch wenn man eingeladen ist, trägt im Gürtel ein Frottiertuch von der Größe eines doppelten Herrentaschentuches, und trocknet sich dauernd damit ab. Beine und alles. Na, Helmuth sagt, schlimmer als jetzt kommt es nicht, und das vertrage ich ganz gut. Man gewöhnt sich daran, dass es auf Rudis Zeichnungen rinnt, das Bett durch und durch feucht ist und es Tag und Nacht gleich heiß bleibt.
Ich kann natürlich nicht sagen, dass ich wenig erlebe, auch wenn ich viel zu Hause bleibe. Einmal mit Auto oder Rikscha in die Stadt zu fahren, birgt tausend Interessantes. Das Europäerviertel (dreißigtausend Europäer, drei Millionen Schanghai-Einwohner) ist bis auf ein paar Straßenzüge des Villenviertels durchaus chinesisch. Läden, Wohnungen, Straßenläden – alles chinesisch. Man kommt also aus Woidts Haus, wo wir zunächst gut untergekommen sind, in die nächste Querstraße, vor jedem Haus stets dann draußen ein kleiner Tisch – die Straße sieht beinahe wie eine gedeckte Tafel aus – und dicht darum hocken Chinesen und essen aus Schüsseln und mit Stäbchen ihre Abendmahlzeit. Kinder liegen bereits auf Matten, natürlich auf der Straße, und schlafen. Durch die Straßen gehen Verkäufer, einen Balken über der Schulter, vorn und hinten hängt ein Korb mit Gemüse, Obst oder brennenden Öfen, auf denen Tee kocht oder geheimnisvolle Dinge mit scheußlichem Fett vermengt braten. Die Hälfte aller Chinesen scheinen solche Art Wanderverkäufer zu sein, jedenfalls erwacht man morgens 6 Uhr davon, dass sie ihr Zeug anpreisen. Heute

Nacht war nun Teufelsaustreibung. Irgendwer stirbt, dann zieht die ungeheure Verwandtschaft mit Priester und Musik herum, um böse Geister fernzuhalten. Wie es genau ist, weiß ich nicht, mir genügte fürs Erste der ungeheure Krach, den musikähnliche Instrumente dicht vor unseren Fenstern erzeugen.

6. August 30
Dear family, uns geht es gut. Ich bin immer wieder von neuem froh, dass wir so mühelos in einen so gut geleiteten Haushalt hereingerutscht sind, der uns das Leben angenehm macht.

Mit Rudi Hamburger in China, 1930

Das Haus hat schöne helle Räume, es wird gut und sehr nahrhaft gekocht, man hat Ruhe und Pflege. Das heißt, Pflege brauchen wir nicht, aber es ist angenehm, in der Hitze nicht allzu viel zu tun. Die Sonnabende und Sonntage werden regelmäßig bei Dr. Wilhelm verbracht, ein Deutscher, der ein großes Haus führt und einen Tennisplatz hat. Man findet sich dort zu sechst oder acht zusammen, der eine Teil spielt Tennis, der andere liegt im Garten auf Liegestühlen und sieht zu. Es wird Tee, Whiskysoda und guter Kuchen gereicht und vor allem in beliebigen Mengen Fruchteis. Ich darf Gott sei Dank wieder essen, meinem Magen geht's besser. Das einzig Unästhetische sind die Spieler, wenn sie vom Platz kommen, denn nicht nur das Hemd klebt am Körper, sondern auch die Tennishosen schmiegen sich klatschnass an, aber daran gewöhnt man sich bald. Eine andere Attraktion ist der Jazzfieldpark, ähnlich wie der Tiergarten, nur viel üppiger und nirgends Gitter. Man darf natürlich auf den Rasen, und unter Baumgruppen und Gebüschen verstreut und mitten auf der Wiese sind Stühle und Bänke. Marianne und Helmuth haben viele Gäste und sind viel aus. Rudi und ich machen noch nicht allzu viel mit, wir finden einen kühlen Balkon ohne Menschen vorläufig schöner. Gestern haben wir mit der Einrichtung der Räume begonnen und uns Betten à 35 Mark und Korbstühle à 3,50 gekauft. Wir haben uns auch gegen Pocken impfen lassen, Rudi hat schon eine Typhusimpfung hinter sich. Sein Gehalt bekommt er übrigens zu einem Drittel in englischen Pfund. Als Erstes muss Rudi ein Appartement House entwerfen für siebzig Krankenschwestern, das neben einem großen englischen Hospital errichtet werden soll. Das scheint ihm ziemlich selbständig zu unterstehen.

18. August 30

Dear family, heut weht ein kühles Windchen, sehr angenehm, nachdem gestern wieder das Straßenpflaster zu schmelzen begann, so dass es einem in langen schwarzen Stücken an den Schuhen kleben blieb und die Autos tiefe Reifenspuren darauf hinterließen. China scheint ein Land zu sein, in dem es tatsächlich den Reichen nicht viel besser geht als den Armen. Es gibt in Schanghai eine Reihe märchenhafter chinesischer Häuser und Gärten, viele sind hier durch Grundstücksspekulationen zu Geld gekommen. Wenn Du an solchem Besitztum vorbei gehst, ist die Aussicht durch eine hohe Mauer mit Stacheldraht darauf versperrt. Das eiserne Tor ist nicht minder wehrhaft, und davor sitzen ein bis zwei bewaffnete Inder oder Chinesen. Durch einen schmalen Spalt lugt man ins Innere und erblickt einen Teil des blumenreichen märchenhaften Gartens oder des riesigen Hauses. So ein Reicher geht selten allein aus, meist sitzen links und rechts Bewaffnete mit ihm im Auto – wenn er auf Reisen geht, bestimmt. Diese armen Reichen müssen ein Gefangenenleben führen wegen der großen Gefahr des Kidnappens. Folgendes ist vielleicht schon vier Mal in Schanghai passiert, seit wir hier sind: Am hellen Tage an einer belebten Straßenecke wird plötzlich auf ein Auto eines reichen Chinesen geschossen, seine beiden Begleiter sind tot oder werden mit vorgehaltenem Revolver in Schach gehalten, der Chinese ins Auto der Räuber gehoben und ab. Das Ganze baut sich auf dem unglaublichen Zusammenhalt der chinesischen Familie auf, es gehen Briefe an die Verwandten des Geräuberten, und gegen fünfzigtausend Dollar wird der Mann wieder freigelassen. Zahlt die Familie nicht bald, wird zur Ermunterung der kleine Finger des Betreffenden der Familie ins Haus gesandt, um zu zeigen, er lebt noch usw. Auf Kidnappen steht Todesstrafe, aber dazu gehört natürlich, erst gekriegt zu werden. Übrigens werden Europäer, außer gelegentlich Missionare, nie gekidnappt. Es lohnt sich nicht, die Familie würde nicht die Summe bezahlen, um ihn auszulösen, glaubt man. Trotzdem will ich zur Sicherheit darauf achten, dass Rudi nicht allzu viel Geld aufspeichert.

Menschenkraft ist hier das Billigste, vor jeden Wagen mit Lasten sind Menschen gespannt, die an Seilen Bausteine, Holzstämme, Kohlen, alles selbst ziehen. Wenn man zum Hafen geht, ist es ein unglaubliches Bild, was sie auf den Rücken geladen für Lasten tragen. Das Hafenbild ist überhaupt das Eindrucksvollste in Schanghai. Unzählige Handelsdampfer legen an und werden beladen. Bambusrohre, Reis, große Früchte, Baumwolle und Kohle. Da die Träger, um nicht angerannt zu werden, im Takt dauernd »Hau hu hau hu« singen, ist die Luft von Lärm erfüllt, alle nur in kurzen Hosen, mit bloßen Beinen und nacktem Oberkörper, ganz dunkelbraun gebrannt. Es gibt drei Sorten Kulis. Der Hauskuli, wie wir ihn auch haben, der Schuhe putzt, dann tiefer steht der Rikschakuli auf der Straße, und wieder eine Klasse tiefer der Hafenkuli.

Man schreibt jetzt viel über Kommunismus in China und hält ihn anscheinend für eine große Gefahr. Bisher nannte man jede Banditengruppe, die durchs Land räubern ging: communists, und es schien auch zwischen den verschiedenen wirklich bestehenden kommunistischen Armeen kein Zusammenhang zu sein. Jetzt hingegen ist eine Umschichtung vor sich gegangen, die verschiedenen Armeen vereinigen sich, gehen nach denselben Methoden und Theorien vor. Während sie bis jetzt nur rote Fahnen hatten, haben sie neuerdings Hammer und Sichel drin. Zur Zeit Sun Yat Sens, als die Kuomintang unter seiner Führung russlandfreundlich war, wurden fünfhundert chinesische Studenten nach Moskau zur Ausbildung geschickt. Die sind jetzt nach und nach zurückgekommen und scheinen die Führung zu übernehmen. Es wird viel gestreikt, zum Beispiel die Straßenbahner im French Settlement und die Busfahrer, so dass seit acht Wochen kaum ein Verkehrsmittel fährt. Man schiebt die radikale Durchführung dieser Streiks auch auf das Konto kommunistischer Elemente innerhalb der Gewerkschaften. – Soweit mein bescheidenes Durcheinander kleiner Erfahrungen, die ich aus englischen Zeitungen habe oder von Vogel, einem sehr guten China-Kenner, den auch damals der Sohn von Wilhelm uns empfahl. Der Brief ist für Jürgen mit und schickt ihn bitte auch nach Landeshut, zu den Schwiegereltern.

16. Oktober 30
Neulich waren Rudi und ich im chinesischen Theater. Hochinteressant. Es dauert von 6 Uhr abends bis 11 Uhr. Wir blieben zwei Stunden drin, was sehr viel sagen will, denn die Musik macht einen vollkommen verrückt. An erregten Stellen setzt derartiges Gongschlagen ein, dass man glaubt, das Trommelfell platzt. Fantastisch schön sind die Gewänder, reich bestickt in den herrlichsten Farben, man kann es gar nicht beschreiben. Rudi verschlang alles mit den Augen. Ebenso schön die Bewegungen. Die wichtigste Rolle bei den Männern spielt ein angeklebter Bart, den sie mit abgehackten Handbewegungen in alle Richtungen ziehen. Mary Wigmann hat achtzig Prozent ihrer Kunst den Chinesen abgeguckt. Merkwürdig sind die Gesichter. Zuerst glaubt man, es sind alles Masken, bei näherem Hinsehen stellt es sich als angemalt heraus. Ein Gesicht knallrot, eines grün, ein anderes schneeweiß. Diese Farben bedeuten den Charakter der Person. Weiß ist die Freude usw.

Manche haben im weißen Gesicht enorme schwarze Falten aufgemalt, die in kleinen spiralförmigen Kreisen auf der Stirn enden. Vom weißen Gesicht hängt ein endlos langer schwarzer Bart herab. Das Meiste bleibt uns unverständlich. Wenn man glücklich aus der Darstellung heraus kapiert, dass der Mann auf der Bühne außer sich vor Erregung und Wut ist, fängt plötzlich das ganze Publikum – außer uns nur Chinesen – zu lachen an. Das bedeutet nicht, dass wir uns in der Darstellung täuschten, sondern ist eine Eigenart der Chinesen. Wenn ich mal unseren Boy ausschimpfe, grinst er übers ganze Gesicht. Das ist eine Art Höflichkeit. Im Theater bleibt es das ganze Spiel über hell. Vor jeden Platz wird Tee gestellt, jeder bestellt sich Bananen, Süßigkeiten usw. Es kaut und knabbert die ganze Zeit. Ebenso laufen ununterbrochen Diener in den Gängen herum mit dampfend-heißen Frottiertüchern, die jedem auf Wunsch zugeworfen werden, man wischt sich Gesicht und Hände damit ab. Es war schwer, das Theater zu finden, weil außen kein Wort englisch dranstand und niemand dort englisch verstand. Ebenso schwierig war der Erwerb der Billette. Man muss halt die Sprache lernen. Aber auch das nützt nichts. Man lernt meist Peking-Chinesisch. Das wird viel gesprochen und ist das klassische, in Schanghai aber ist ein anderer Dialekt vorherrschend, in Kanton ist es wieder anders, schon drei Stunden von Schanghai auch. Gott sei Dank ist die Schrift einheitlich.

21. Oktober 30
Etwas sehr Erfreuliches. Ich habe doch eine interessante Halbtagsstellung angenommen. Ich lernte Plaut kennen, Leiter des französischen Kuoming-Telegrammdienstes, das heißt, er erhält die Telegramme von Deutschen und vom Auswärtigen Amt gefunkt und macht sie dreimal so lang, eventuell auch Artikel daraus für alle Zeitungen Ostasiens, die englischen und teils chinesischen. Er macht die Riesenarbeit vollständig allein und erzählte mir, wie dringend er eine intelligente Sekretärin sucht. Den nächsten Tag ging ich in sein Office und fragte, ob ich ihm, bis er eine geeignete Kraft findet, etwas helfen

dürfte, wovon er sehr entzückt war. Ich sagte natürlich, dass ich ein Kind erwarte, er meinte, ich könne kommen und gehen wann ich wolle und bin nachmittags von 2 bis 5.30 Uhr ungefähr da. Gestern das erste Mal, arbeite in einem großen Zimmer für mich allein. Sechster Stock, Blick über den Hafen, zwei Minuten von Rudis Office weg. Zunächst habe ich ein Zeitungsausschnitt-Archiv vom Jahr 1928 an zu ordnen und einzurichten. Ihn interessieren Nachrichten in englischen und deutschen Zeitungen: Deutschland und China, China und einzelne Mächte, Fremdenrecht, Fremde Handelsunternehmen in Chinesisch-Mandschuria, Mongolei, Eastern Railway, außerdem Innere Politik, Rote Gefahr, Innere Kriege, Zollfragen, Wirtschaft usw., danach ordne ich Zeitungsartikel, Ausschnitte, Agenturmeldungen. Natürlich lese ich alles mich Interessierende genau und lerne sehr viel dabei. Plaut hat keine Menschenseele hier, mit der er mal über die politische Lage in Deutschland oder China sprechen könnte, muss alles nach eigenem Fingerspitzengefühl schreiben aus dem kärglichen Telegrammaterial heraus. Der sehr rechte Generalkonsul feindet ihn ziemlich an. Ich halte Plaut für linksdemokratisch. Übrigens, Jürgen: er sucht dringend einen Vertreter für sich in China, denn er will den Dienst in anderen Ländern einrichten, er ist Leiter für ganz Ostasien, hat fabelhafte Verbindungen zu allen asiatischen und deutschen Zeitungen. Neben dem Telegrammdienst schreibt er haufenweise blendend bezahlte Artikel. Der Posten wäre auch gut bezahlt, sicher. Mit Deiner Marguerite als Sekretärin – China für ein Jahr. China ist so ungeheuer interessant und wichtig und das Einzige, was alle Leute einstimmig darüber sagen ist, dass noch niemand (auf keinem Gebiet) ein vernünftiges Buch über China geschrieben hat. Natürlich müsstest Du die politischen Nachrichten in den Zeitungen hier regierungstreu aufziehen. Wie wär's? Kabel mir, wenn es ernsthaft in Frage kommt. Plaut sucht schon ein Jahr, ohne jemand zu finden, ist aber jetzt besonders hinterher. Er ist etwas verkniffen, etwas protzig, aber zu mir rührend nett. Da er noch nie ein europäisches Wesen im Büro hatte, das außerdem was von Politik versteht, unterbricht er meine Ar-

beit oft, um mir Interessantes zu erzählen von einlaufenden Telegrammen, politischen Schwierigkeiten etc. Über Bezahlung
haben wir noch gar nicht gesprochen, das ist mir angenehm,
dadurch fühle ich mich frei, kann kommen und gehen, wie es
mir gefällt, und das ist gut, wenn ich mich mal nicht so fühle.
Rudi nennt mich sein Zitronenbäumchen (weil ich blühe und
Frucht trage zugleich).

28. Oktober 30

Liebe Mutti und Nachkommen, seit drei Tagen Regen, nachdem wochenlang die Sonne schien. Vormittags lag ich noch
regelmäßig strumpflos im Sommerkleid auf dem Liegestuhl
draußen. Auch jetzt ist noch alles grün, und auf den Feldern um
Schanghai grünt und blüht alles. Gestern, am Sonntag, fuhren
wir im Autobus ein Stück raus, als einzige Europäer natürlich
zwischen Chinesen, die anderen haben ihr eigenes Auto oder
fahren eben nicht raus. An einem Fluss stiegen wir aus, gingen
am Ufer entlang, ab und zu ein kleines Dorf und Bauernhäuser,
Bambuswälder, Baumwolle und noch mal Baumwolle. Abends
ging Rudi ins Konzert, ein europäisches, ich war zu müde, es
dauerte bis 12 Uhr, und als er nach Haus kam, wusste er nur
zu erzählen, dass der Trompeter ein graues Tuch auf den Knien
hatte, damit die Spucke, die sich üblicherweise in diesem Instrument ansammelt, nicht auf die Hosen tropfte.
Meine Arbeit ist weiter interessant, bloß Plaut ist ein großer
Fatz und Wichtigtuer. Über jedes Telefongespräch, jeden Menschen, der ihn im Büro besucht, berichtet er mir ganz genau.
Dabei soll er tatsächlich einer der besten Asien- und China-
Kenner sein, davon profitiere ich, indem ich ihn richtiggehend
ausquetsche und er alles ausführlich erklärt (politisch natürlich
einseitig). Neulich gab er mir zwei Telegramme zur Bearbei-
tung. Das heißt, es waren zwei kurze Sensationsgeschicht-
chen, die er zufällig im »Berliner Tageblatt« las und nun sozusagen fälschlicherweise als Telegramm ausgab. Ich musste sie
sehr umgemodelt und gekürzt auf Englisch bringen. Von einer
reichen jungen Frau, die neun Mal wegen Diebstahl vorbe-
straft war, die Beute stets verschenkte, und man fand heraus,

dass sie diese Delikte seit einer Kopfgrippe aus dem Jahre 1924 begeht. Das englische Telegramm fing bei mir an: »Lady with fortune pick-pocketing ...« Er nahm es sich noch einmal vor und dann begann es: »Young beautiful millionaires ...« So lernt man Journalismus.

In Plauts Büro traf sie zahlreiche Journalisten, darunter den Korrespondenten der sowjetischen TASS-Presseagentur, bei dessen Besuch es ihr besonders schwerfiel, nicht offen mit ihm zu sprechen oder ihm dann nachzugehen, um vielleicht durch ihn mit Genossen in Kontakt zu kommen. Während sie sich in diesem Fall überwand, hielt sie nichts davon ab, sich mit Agnes Smedley, der amerikanischen Journalistin und Schriftstellerin, zu treffen, die ebenfalls zu Plauts Bekanntenkreis zählte. In Berlin hatte sie mit großer Begeisterung ihr Buch »Eine Frau allein« gelesen, in dem diese ihren bitteren Weg aus den ärmlichen Bergarbeitercamps Colorados als Tellerwäscherin und Tabakpflückerin beschrieb, und wie sie sich das Geld zum Studium in Deutschland verdiente. Schon dort und in Indien, wo sie gelebt hatte, bevor sie dann 1929 als Korrespondentin der »Frankfurter Zeitung« nach Schanghai kam, schloss sie sich der revolutionären Bewegung an. Sie wohnte nun ebenfalls im englischen Viertel, war sogleich zu einer Zusammenkunft bereit. »Es war der 7. November 1930, der dreizehnte Jahrestag der russischen Revolution«, so die Erinnerung in »Sonjas Rapport«: »Wir saßen, ich glaube, im Café des Cathey-Hotels. Agnes fragte mich gründlich aus, und da ich ihre Gesinnung kannte, machte ich zum ersten Mal, seit ich in Schanghai lebte, kein Hehl aus meiner Weltanschauung. Ich erwähnte, dass ich über meine Isolation unglücklich sei, aber bat nicht darum, mir Kontakt zu verschaffen, weil ich nicht wusste, ob sie Genossin war.«

Sie konnte nicht ahnen, welche Verbindungen Agnes Smedley zur Kommunistischen Partei im Untergrund besaß, noch viel weniger von ihren engen Kontakten zu Dr. Richard Sorge, der ein halbes Jahr zuvor vom Aufklärungsdienst der Roten Armee (GRU: Glawnoje Raswedywatjelnoje Uprawlenije) nach China gesandt worden war, um die dortige politisch-militärische Bürgerkriegssituation zu erkunden und ein Informationsnetz sowie die Funkverbindung nach Wladiwostok aufzubauen. Mit einem offiziellen deutschen Pass und einer Empfehlung des Berliner Auswärtigen Amtes als kundiger Journalist legitimiert, der über die chinesische Wirtschaft und Landwirtschaft regelmäßig Artikel für deutsche Zeitungen schrieb, war er in der sogenannten guten Gesellschaft allenthalben wohlgelitten und mit Auskünften bestens versorgt. Sogar von der Halbhundertschaft deutscher Wehrmachtsoffiziere, die als Militärberater für Tschiang Kai-sheks Armee fungierten, wurde er respektiert und ins Vertrauen gezogen, war er doch ein Weltkriegssoldat, der sich als Achtzehnjähriger freiwillig gemeldet hatte und schwer verwundet worden war. Viele wertvolle Informationen erhielt er auch von Agnes Smedley, mit der er bald eng befreundet war – vermutlich verband sie eine Zeit lang ein Liebesverhältnis. Er hatte schon in Europa von ihr gehört, kannte ihre Bücher und Zeitungsberichte, an ihrer politischen Gesinnung und Verlässlichkeit gab es keinen Zweifel, und ihre weitreichenden Beziehungen verschafften ihm zahlreiche Kontakte zu Widerstandsgruppen und zur illegalen Kommunistischen Parteiorganisation. Für Richard Sorge war ihre Hilfe beim Aufbau seiner Gruppe von großer Bedeutung, besonders bei der Auswahl chinesischer Mitarbeiter, die fast alle aus ihrem Bekanntenkreis stammten.

Auch Sonja, die Agnes Smedley im Café des Cathy-Hotels getroffen hatte, fand dadurch Kontakt zu Richard Sorge. Bereits wenige Tage nach dieser Begegnung kam es zu einem Treffen mit ihm, bei dem Agnes selbst nicht zugegen war. »Richard Sorge war fünfunddreißig Jahre alt. Ich fand ihn genauso anziehend, wie ihn andere geschildert hatten. Ein schmaler Kopf, dichtes lockiges Haar, das Gesicht schon damals durchfurcht, die Augen intensiv blau, umrahmt von dunklen Wimpern; der Mund schön geformt«, schrieb sie in »Sonjas Rapport«. »Er sagte, er habe von meiner Bereitschaft gehört, die Arbeit der chinesischen Genossen zu unterstützen. Er sprach vom Kampf gegen die reaktionäre Regierung des Landes, von der Verantwortung und den Gefahren, die selbst mit kleinsten Hilfeleistungen für die Genossen verbunden waren, und legte mir nah, die Sache noch einmal zu überdenken. Jetzt könnte ich noch ablehnen, ohne dass es mir jemand übelnehmen würde. Man sah mir nun schon an, dass ich ein Kind erwartete; Agnes hatte es sicher erwähnt. Es kränkte mich, gefragt zu werden, ob ich auch unter Gefahr bereit sei, mitzuarbeiten und internationale Solidarität zu üben. Ich begriff damals nicht, dass er es zu bedenken geben musste und nicht persönlich gekommen wäre, wenn er mit einer Ablehnung gerechnet hätte. Während der halben Stunde, die Richard nach meiner etwas schroff gegebenen Zustimmung blieb, besprach er eingehend die Möglichkeit, sich mit chinesischen Genossen in unserer Wohnung zu treffen. Ich sollte nur das Zimmer zur Verfügung stellen, aber bei den Besprechungen nicht dabei sein.« Bald darauf begannen diese Zusammenkünfte, Ende November, Anfang Dezember 1930 bis zum Ende des Jahres 1932.

Sie erhielt von Richard Sorge den Decknamen Sonja, und somit wurde aus Ursula Kuczynski, verehelichte Hamburger, die Mitarbeiterin der Kundschaftergruppe Richard Sorges im Dienste der sowjetischen Armeeaufklärung. »Ich wusste, meine Tätigkeit unterstützte die Genossen des Landes, in dem ich lebte. Ging diese aktive Solidarität von der Sowjetunion aus, fand ich es doppelt schön«, schrieb sie später darüber in ihrem »Rapport«. Angefangen hatte alles viel früher, doch die Verwandlung von Ursula in Sonja war nicht nur eine Namensänderung, sondern der Beginn ihres illegalen, lebensgefährlichen Kampfes in einem bald weltumspannenden Krieg.

Als »die Spionin des 20. Jahrhunderts« hielt sie später Einzug in die Sensationsliteratur und in Film- und Fernsehproduktionen, die sie mit einem Nebel von Geheimnissen und abenteuerlichen Geschichten umgaben, von denen sie noch kopfschüttelnd kurz vor ihrem Tod Kenntnis nahm. Sie wusste, was sie tat, als sie ihre Briefe – gerade die aus den China-Jahren, als der Kontakt mit Richard Sorge begann, und die aus England mit dem Hintergrund der Klaus-Fuchs-Treffen – als ein Vermächtnis ihren Kindern hinterlegte und auf die Sammelmappe schrieb, dass man sie nicht in einem Archiv verschwinden lassen solle. Diese vergilbten Blätter sind die Chronik des Alltagslebens einer deutschen Kommunistin im illegalen Kampf, die sich Richard Sorges Gruppe anschloss, ihre Wohnung für geheime Zusammenkünfte und als Versteck für Verfolgte, Waffen, Informations- und Agitationsmaterial zur Verfügung stellte und bald selbst an der Erkundung, Sicherung, Nachrichtenübermittlung und der Beschaffung von Funkgeräten und auch Sprengstoff für den Widerstandskampf der chinesischen Genossen beteiligt war. Davon wusste lange Zeit nicht einmal ihr Ehemann etwas, selbstverständlich musste es auch gegenüber allen anderen und erst recht in Briefen verschwiegen werden, die nicht nur der chinesischen, sondern auch der englischen und heimatlich-deutschen Zensur unterlagen. Doch mit welcher Vorsicht und wie verschlüsselt sie auch nach Hause schrieb, immer wieder finden sich darin Bekenntnisse und Analysen zur Lage, die recht deutlich ihre weitreichenden Interessen und ihre politische Haltung erkennen lassen.

In »Sonjas Rapport« hat sie selbst dazu erklärt: »Im Rückblick auf diese Zeit erscheint mir heute, dass meine Briefe nach Hause zu offen waren. Selbstverständlich niemals in Bezug auf die illegale Arbeit, da fiel nicht die geringste Andeutung, aber in Bezug auf meine Gesinnung. Vielleicht hing es mit der Rolle zusammen, die ich mir innerhalb der Schanghaier bürgerlichen Gesellschaft zugedacht hatte. Ich bin von Anfang an als bürgerlich-fortschrittlicher Mensch aufgetreten und habe aus meinem Interesse für China kein Hehl gemacht. Ich glaube, dass man sich in der Illegalität, wenn die Umstände es erlauben, eine Verhaltensweise suchen soll, die zu einem passt. Mit der Rolle einer Nazisse brauchte ich mich nicht abzuplagen, sie wäre aus rassischen Gründen unmöglich gewesen. Mir schien für meine Person die ›demokratisch-fortschrittliche Frau mit intellektuellen Interessen‹ die beste. Nach 1933 war sie die einzig mögliche für mich. Ich musste von Anfang an damit rechnen, dass durch irgendeinen Zufall meine Vergangenheit bekannt wurde. Es hätte keine Katastrophe bedeutet. Für das Bürgertum war es kein ungewohnter Weg, dass jemand, der in der Jugend Kommunist gewesen war, mit dem Älterwerden ›vernünftig‹ wurde. Durch Rudis Stellung als gefragter Architekt saßen wir fest im bürgerlichen Sattel, und niemand wäre auf die für diese Menschen wahnwitzige Idee gekommen, ich könnte durch Kontakte mit Kommunisten meine Familie und alles, was wir uns in China geschaffen hatten, aufs Spiel setzen, noch dazu als Mutter eines kleinen Kindes.«

Sie schilderte in ihrem »Rapport«, wie ihr Verhalten damals von den besonderen Umständen in China geprägt war und welche Möglichkeiten sich von Zeit zu Zeit ergaben. Einerseits waren demokratische sowie in bescheidenem Rahmen linksgerichtete Presseerzeugnisse und Organisationen unter der Tschiang Kai-shek-Regierung nicht verboten, was etwas mehr Toleranz und politische Beweglichkeit bedeutete als in rein faschistischen Staaten. Die Europäer in Schanghai lebten unter englischer oder französischer Verwaltung mit Sonderrechten für Ausländer, die manches gestatteten, was später in den von den Japanern besetzten chinesischen Gebieten schwerste Verletzung der Konspiration gewesen wäre. Andererseits arbeiteten die Geheimdienste der Kuomintang und der Japaner, wenn es gegen Kommunisten ging, aktiv mit denen europäischer Länder zusammen, und der Antikommunismus nahm keineswegs mildere Formen an. Tatsächlich kamen in den Jahren 1927 bis 1935 zwischen 350 000 und 400 000 chinesische Kommunisten ums Leben. Nur wenige der massenhaft Verhafteten kehrten aus den Gefängnissen zurück, die meisten erreichten das Gefängnis gar nicht, sie wurden erschossen, erschlagen, lebendig begraben oder enthauptet. In Provinzstädten hingen ihre Köpfe an Pfählen neben dem Stadttor, um die Bevölkerung abzuschrecken.

So war sich Sonja durchaus der Gefahren bewusst, auch beim Schreiben ihrer Briefe, die so viele Kontrollinstanzen zu durchqueren hatten. Selbst der Name und die Ansichten der

weltbekannten Schriftstellerin Agnes Smedley, die der Bücher-
narren-Familie Kuczynski freilich weitgehend vertraut waren,
mussten in ihren Botschaften nach Hause verschlüsselt werden: »A. Sm.« hieß es da – und später, als das Verhältnis enger
und ihre Zusammenkünfte auch privater wurden: »Agnes«
oder nur »A«, die Freundin, mit der sie verreiste, feierte, in
Tanzlokalen »schwofte«, sich mit ihr in der Öffentlichkeit
präsentierte und ihr jederzeit im Alltag beistand, wenn sie in
Schwierigkeiten geriet, erkrankte und Hilfe brauchte.

Schanghai, 10. November 30
A. Sm. sieht aus wie eine intelligente Arbeiterin. Einfach angezogen, spärliche braune Haare, sehr lebhafte, große, grau-
grüne Augen, keineswegs hübsch, aber ein gut geschnittenes
Gesicht. Wenn sie die Haare zurückstreicht, sieht man die
enorme Wölbung der Stirn. Sie hat es nicht leicht hier. Die
Europäer lehnen sie ab, nachdem A. sie gründlich vor den
Kopf gestoßen hat. Zu ihrer Ankunft hier gab der feudale
amerikanische Club einen Tee für sie. A. ging hin und fragte,
sehr interessiert an allem Chinesischen, ob keine Chinesen
anwesend wären. Darauf die Antwort: Nein, wir haben keine
als Mitglieder. Darauf sie: Und auch als Gäste nicht? Darauf
die Antwort: Chinesen ist es nicht erlaubt, den Klub zu betreten. Worauf sie sich erhebt und geht. Bei den Engländern ist
sie verhasst, weil sie früher für die indische revolutionäre Bewegung gearbeitet hat. Und die Chinesen beobachten sie auf
Schritt und Tritt, obwohl sie tatsächlich eine Korrespondentin
der »Frankfurter Zeitung« ist.

16. November 30
Jetzt ist also Anfang 7. Monat, und ich rechne Mitte Februar
mit dem Baby. Diese deutschen Ärzte, zu denen ich jedenfalls
gehen will, sehen es halt lieber, dass man ins deutsche Pau-
lun-Hospital geht. Bei Plaut im Büro bleibe ich, solange ich
mich wohlfühle, dass heißt, Weihnachten werde ich jedenfalls
aufhören. Das Wetter ist prächtig. Vormittags Sonne – Liegestuhl im ärmellosen Kleid, abends aber recht kalt. Rudi ist jetzt

Tennis spielen, ich gehe ihn wie allsonntäglich um 5 Uhr abholen und trinke noch Tee bei Dr. Wilhelm mit ihm. Heute Vormittag mit dem chinesischen Architekten und seiner europäischen Frau zum ersten Mal in der Chinesenstadt. Furchtbar enge übervölkerte Straßen, nette Läden, und das Netteste, hinter dem Ladentisch sitzen die Verkäufer und stellen alles mit der Hand her. Zinn- und Tonteekannen, Elfenbeinschnitzereien, Majongsteine, Vogelkäfige usw.

Anfang der Woche mit A. Sm. im Buster-Keaton-Film, wo wir um die Wette lachten. Dienstag kommt Rudis Chef mit Frau zu uns. Nach allem, was man so hört, hat Rudi wirklich einen guten Kontrakt abgeschlossen. Es gibt kaum Angestellte, die so viel im ersten Kontrakt hier bekommen. Die Privatfirmen zahlen nicht so viel. Natürlich darf man nicht vergessen, dass wir die Reise selbst bezahlen mussten.

In Schanghai, vor Michaels Geburt

1. Dezember 30

Wir hatten wieder ereignisreiche Tage. Heute zu einem chinesischen Essen in ein Restaurant geladen, vom Architekten Ede. Wir waren fünf Chinesen und fünf Europäer. Es gab circa achtzehn Gänge, alles mit Stäbchen, ich bin ganz erschöpft. An interessanten Gerichten unter anderem: Tintenfisch, Schneckenfleisch, Haifischflossen, Bambusgemüse – schmeckt gar nicht schlecht, man muss nur etwas Mut zu Beginn mitbringen.

Schanghai hat über drei Millionen Einwohner. In den Ausländervierteln wohnen achtundvierzigtausend Fremde und eine Million vierhunderttausend Chinesen, dann noch etwa eine Million sechshunderttausend Chinesen im chinesischen Stadtteil Chapei. Fremde sind etwa hundertachtzigtausend Japaner, sechstausend Russen (Emigranten), siebentausendfünfhundert Engländer, tausendvierhundert Franzosen, tausendachthundert Amerikaner, zweitausend Inder, tausenddreihundert Portugiesen, tausendvierhundert Deutsche. Die Zahlen sind recht vage, weil man kaum Möglichkeiten hat, genau zu zählen. Ein Schanghai-Kenner sagte uns, dass ungefähr noch hundertachtzigtausend Japaner unangemeldet hier leben, die dem Konsulat nicht bekannt sind, auch eine Menge Russen etc.

14. Januar 31

Ich muss euch einen Zukunftsplan verraten. Unsere beiden Räume sind halt doch sehr klein – im Moment ausreichend, aber in der heißen Zeit, mit sehr kleinen Fenstern und direkt unter dem Dach, nicht das Richtige, besonders für das Kind. Eine Wohnung in der Stadt möchte ich keinesfalls, im Übrigen sind sie in der Miete so teuer wie die kleinen Häuser. Ein eigenes Haus ist aber doch kostspielig. Wir wollen zum 1. Mai oder etwas eher auf Suche gehen. Das Pläneschmieden macht natürlich den größten Spaß.

Ich lerne inzwischen allerhand über China, das auch Vat interessieren wird: Die Kommunisten sind hier am stärks-

In Schanghai mit Rudi Hamburger und chinesischen Freunden

ten in den drei sogenannten roten Provinzen Kiangsi, Hunan, Hupeh, die zusammen so groß wie Deutschland sind und genau Deutschlands Bevölkerungszahl haben. Sie stehen unter einer Sowjetregierung aus Bauern, Arbeitern und Soldaten. Auf den Dörfern: gemeinsamer Landbesitz, Dorfreisspeicher, kein Großgrundbesitz. Die Roten Armeen in diesen Provinzen umfassen zusammen hundertfünfzigtausend Mann, hinter ihnen stehen Millionen organisierter Dorf- und Stadtbewohner. Die größten Organisationen sind alle unter Kontrolle der KPCh: Die Rote Vorhut, Roter Bauernverteidigungsbund, Rote Jugend. – Vor zwei Monaten begann Tschiang Kai-shek mit einer groß angelegten Red Suppression-Campaign, die im April mit Vernichtung aller Roten ihr Ende finden soll. Zu diesem Zweck ging ein Regierungsheer von dreihundertfünfzigtausend Mann in die roten Provinzen. Tschiang Kai-shek setzte fünfzigtausend Schanghai-Dollar auf den Kopf der wichtigsten roten Generäle aus, versprach jedem überlaufenden Bauern rund dreißig Dollar und jedem überlaufenden Soldaten mit Gewehr fünfzig Dollar. Man muss bedenken, dass für den Bauern auf dem Lande fünfzig Dollar soviel wie circa fünfhundert Mark für einen deutschen Arbeiter sind. Gestern las ich gerade in der Presse, dass die Kampagne nicht den gewünschten Erfolg habe. Dass die 18. Division der Regierungstruppen zu den Roten übergegangen sei, dass zwei andere Divisionen dabei sind überzulaufen und dass General Lu Ti-ping, das Oberhaupt der Regierungstruppen in Kiangse, sein Abschiedsgesuch eingereicht hat, wegen seiner völligen Niederlage im Kampfe gegen die Roten. Oft erobern die Regierungstruppen nur leere Dörfer und Städte, dann hat sich die Rote Armee und mit ihnen die gesamte rote Bevölkerung in andere Gegenden verzogen. Die fremden Mächte unterstützen natürlich Tschiang Kai-shek in seiner Kampagne aufs Stärkste. Von den hunderteinundzwanzig ausländischen Kriegsschiffen, die hier liegen, befindet sich ein großer Teil auf dem Yangtse und bekämpft mit der chinesischen Flotte gemeinsam die Roten Armeen an den Ufern und auf dem Fluss. In den eroberten Gebieten, in allen Städten, die in Regierungshand sind, wird äußerst scharf gegen die

Kommunisten vorgegangen. Ich habe Fotografien aus Hankow gesehen, die entsetzlich sind und bestimmt echt.
Schickt diesen Abschnitt an Jürgen, es wird ihn interessieren.

Solche Informationen – Politisches, Wirtschaftliches, Daten –, die trotz aller Vorsicht doch immer wieder deutlich ihre Meinungen und Anliegen erkennen ließen, waren zwar in erster Linie »Vat«, dem Vater, und Bruder Jürgen zugedacht, doch auch für deren Bekanntenkreis zur Weitergabe bestimmt. Zu dieser Zeit und bis zur faschistischen Machtübernahme 1933 lebten und arbeiteten beide, Vater wie Sohn Kuczynski, in Deutschland und waren politisch und beruflich mit solchen Problemen und Geschehnissen in Nah- und Fernost sowie den übrigen Weltteilen befasst. Jürgen war nach mehrjährigem USA-Aufenthalt und Tätigkeit in der Forschungsleitung der reformerischen Gewerkschaft American Federation of Labor im Juli 1930 Mitglied der KPD geworden und schon in seiner wissenschaftlichen und publizistischen Arbeit eng mit deutschen und sowjetischen Genossen verbunden. Gemeinsam mit seiner Frau Marguerite hatte er bereits vielbeachtete Bücher über »Die Lage der Arbeiter« in den USA und in Deutschland geschrieben, auch aufschlussreiche Berichte über eine Reise in die Sowjetunion mit Ernst Toller, Hanns Eisler und Paul Friedländer im Jahre 1931. Danach war er sowohl in der Reichsleitung der Revolutionären Gewerkschaftsopposition (RGO) wie in der KPD-Zeitung »Rote Fahne« hauptamtlich tätig und schrieb regelmäßig auch Artikel für andere Partei- und Gewerkschaftsblätter, so für die »Weltbühne« und die »Finanzpolitische Korrespondenz« zur nationalen und internationalen Wirtschaftspolitik.

Kein Wunder, dass Sonja in ihren fast Woche für Woche pünktlich abgesandten Briefen immer wieder vom Familiären ins Zahlen- und Zählwerk der Ökonomie und ins Klassenkämpferische geriet, dazwischen Klatsch und Tratsch bisweilen zur Tarnung, jedoch durchaus sich ereifernd und mit freudigem Stolz die Wichtigkeit der Geburt des Sohnes Michael und seiner ersten erstaunlichen Lebensäußerungen vermeldend.

14. Februar 31

Liebe Großmütter!

Das Nachhausekommen mit dem Baby aus der Klinik gestern war wundervoll. Michael steckte im Weihnachtsbabycape, in Mutter Elses Decke gewickelt, und auf meinem Kopfkissen liegend. Marianne hatte die Türen unserer Zimmer bekränzt. Michael und mir geht es sehr gut. Zunächst über ihn: Wir haben jetzt seine Gewichtszahlen genau ins Deutsche umgerechnet. Geburtsgewicht des Spätzchens war fünf Pfund hundertachtunddreißig Gramm. Die Ammah badete ihn Sonnabend in der Klinik. Alles dauert viermal länger als bei der Schwester, aber sie macht es ordentlich und versteht was davon. Denkt euch, ich auch: Ich badete ihn sonntags, es klappte durchaus, die Nabelbinde wickelte ich bisschen zu lose, sonst ging es recht gut. Ich hatte der Schwester aber auch ordentlich zugeguckt beim Zurechtmachen und z. B. mit Hilfe von zwei Bleistiften als Säuglingsbeine ein paar Griffe im Trockenkursus geübt. (Nur dass die Bleistifte nicht strampelten wie die Säuglingsbeine dann.) Ich muss sagen, gestern und heute (jetzt 5 Uhr nachmittags) ist alles

Michael mit Eltern in China, 1931

recht gut gegangen. Nachts ist er bei mir im Zimmer, das ist das Angenehmste, weil Beruhigendste für mich. Ich schone mich wirklich, wie ihr Mütter und die Vernunft mir rieten. Nachts schreit er ein bisschen, ich lege ihn drei Mal trocken,

53

dann schläft er wieder. Ich nähre vorläufig noch zwei Wochen durch, alle drei Stunden – dann später alle vier. Wenn ich der Ammah alles noch ein paar Mal ganz genau gezeigt habe (welche Schüssel für Öl, Alkohol, Borwasser etc.) lasse ich sie auch mehr ans Kind. Das Erklären und Sich-bedienen-lassen ist überhaupt das einzig Ermüdende, da sie wie die meisten Angestellten nicht lesen und schreiben kann und ihr unverständliches Pidgin-Englisch für mich und mein Hochenglisch für sie unverständlich sind. Wenn ich bitte, mir eine Waschschüssel zu bringen, kommt Ammah statt dessen mit einem alten Koffer an, wenn sie Seife bringen soll, kommt sie mit einer Blumenvase – dabei sehr willig und nett, sie versteht eben nicht. Schön, wie ich ihr das Badethermometer eine halbe Stunde auseinandersetzte, doch als es dann an die Praxis ging, steckte sie ihren Ellbogen ins Wasser und sagte: »Have got better scale.« Sie mischte das Wasser ohne Thermometer: »Now Missie, look see!« Ich tat es, und siehe da, es war auf den Strich genau, als ich das Thermometer zur Kontrolle nahm.

Rudi betrachtet das Söhnchen oft. Nach dem Nähren müssen wir uns gegenseitig ermahnen, ihn in das Körbchen zurückzulegen, und ihm seine Ruhe zu lassen, anstatt ihn ein bisschen zu küssen und sein Gesichtchen ausführlich zu besprechen.

22. Februar 31

Michaels Haare sind immer noch rot, seine Nase immer charakteristischer Hamburger, sein Mund ist ähnlich dem von Großvater Landeshut, und das ist riesig schmeichelhaft für den Großvater nach allem, was ich zu berichten habe. Seine Augen werden täglich leuchtender, seine Nase wirkt vorläufig noch sehr christlich, Mutt, wahrscheinlich die Ausnahme des Sprichwortes: Was ein Häkchen werden will, krümmt sich beizeiten. (Hi-hi!) Sein wunderbarer Hinterkopf bestätigt, dass er das Staatsexamen mit Auszeichnung bestehen wird. Er begrüßt uns oft mit erhobener Faust, als ob er bereits ein Roter Frontkämpfer wäre. Aber keine Sorge, Großmütter, bevor er nicht sprechen kann, braucht er sich von mir aus noch nicht politisch festzulegen.

Übrigens sehr interessant, wie ernst plötzlich die europäische Presse den russischen Fünfjahresplan nimmt. Bisher wurde nur immer davon gesprochen, wie die Arbeiter unter der Ausführung des Planes zu leiden haben, und sicher stimmt es, dass ihnen große Entbehrungen auferlegt werden. Doch siehe da, nachdem nun dem Plan Erfolge von kapitalistischer Seite zugesprochen werden, wie sofort die Gegenmaßnahmen erfolgen. Keine Lieferung von Maschinen etc. nach Russland mehr, kein Ankauf der billigen russischen Waren.

22. April 31

Liebe Mutt! Gut, dass ich gerade eine Briefpause einschieben konnte, denn die Umzugswoche brachte allerhand Arbeit, wenn auch Rudi den größten Teil übernommen hatte. Am 16. schwankte ein enorm beladener Möbelwagen – erstaunlich, wie viel Besitz wir schon haben – dem neuen Heim zu. Ammah mit dem Babykorb, Mischa und ich folgten im Auto. Das neue Heim ist ganz wundervoll. Rudi hat sich bei der Inneneinrichtung wirklich fabelhaft betätigt, es ist alles höchst geschmackvoll geworden, und wir fühlen uns riesig wohl. Ganz im Grünen und in sehr stiller Gegend, alle Gärten haben schönen Rasen, Blumen und ein paar alte hohe Bäume. Es ist doch das erste Mal, dass wir wirklich allein wohnen, und wir genießen es ungemein. Schon am nächsten Abend erschien Chinese Wang, Bekannter Bernsteins, mit dem wir uns angefreundet haben, zum Essen.

5. Mai 31

Du freust Dich, Mutt, dass ich mich hier in Gesellschaft gut mache, leider ist es nicht mal ein mit den Wölfen heulen, sondern ein mit den Schafen blöken! Sonnabend gab ich einen Tee. Es gab Sandwiches, eine Schokoladentorte, Kekse und einen länglichen Kuchen, alles vom Koch recht gut gebacken. Gott sei Dank ist für Rudi die europäische Gesellschaft nicht so wichtig, sondern mehr die chinesische, und das ist natürlich interessanter.

29. August 31

Liebe Mutt, Mischas zwei Zähnchen sind jetzt nicht nur dem mütterlichen Auge erkennbar, sondern richtig da!

Jürgen oder Vati halten wohl die Internationale Pressekorrespondenz. Bitte sucht euch No. 70 und 72 heraus, da ist ein interessanter Artikel über China, der völlig wahr ist und zeigt, dass z.B. Chicago Schanghai gegenüber, was Korruption und Banditen anbetrifft, ein Waisenknabe ist. Die big three sind auch kein Geheimnis, sondern jeder Chinese weiß von ihnen. Rudis Contractor, der neulich da war, erzählte beiläufig von einem europäischen Detektiv, der die verbotenen Opiumläden herausfinden sollte. Es gibt sechsunddreißig solcher Opiumläden in Schanghai, und dieser Detektiv bekam zu seinem Geburtstag von jedem Laden dreißigtausend Schanghai-Dollars zum Geschenk. Übrigens spielen sich all diese Dinge in der französischen Konzession ab und nicht in der englischen. Der Contractor, er kommt manchmal zu uns, ist ein reicher Chinese alten Stiles. Er wird uns nächstens zu einem Chinesen-Essen einladen und einen guten Tag dazu heraus suchen. Nach dem Kalender gibt es für alles (Hochzeiten, Geburten usw.) gute Tage und schlechte. Manche Tage sind ganz besonders gut für Hochzeiten, und dann sieht man allenthalben Hochzeitszüge in den Straßen. Wenn der Contractor was erzählt, klingt es wie aus Ali Baba und die vierzig Räuber. Bevor

Wohnhaus in Schanghai

die Peking-Schanghai-Eisenbahn bestand, vor zwanzig Jahren, sollte er im Norden ein paar Brücken bauen. Die Wege waren unsicher durch Banditen. Er war schon einige Wochen gelaufen und kam in eine kleine Herberge, als er ein merkwürdiges Geräusch im Nebenzimmer hörte. Es war Nacht geworden, und er lugte durch eine Ritze und sieht, wie ein Mensch ein großes Messer schleift. Er weiß sofort, dies ist ein Räuber beziehungsweise Mörder, und murmelt in Todesangst etwas vor sich hin. Die Tür öffnet sich, der Räuber tritt ein und fragt den in Todesangst schwebenden Mann, ob er aus Schanghai sei, er spräche Schanghai-Dialekt. (Völlig verschieden vom Peking- und Nordchinesisch.) Der Räuber war auch Schanghaier, musste dort wegen Tötung eines Menschen fliehen und trieb sich nun mordend und räubernd herum. Unseren Freund aus seinem Heimatort aber begleitete er zum Schutze vier Monate lang auf seiner Fußreise.

15. November 31
Was macht Schwesterchen Brix in Wien? Studiert sie dort? Deine Idee, Mutt, dass ich Latein lernen soll, erscheint mir – zart ausgedrückt – etwas unaktuell. Chinesisch übe ich weiter, aber nur lesen und sprechen, das Schreiben ist zu hoffnungslos. Ich werde im letzten halben Jahr hier intensiv Russisch lernen und möchte auch, dass Rudi es tut. Man kann nie wissen. Am Freitagabend erschien Agnes mit dem Wunsche, ins Kino zu gehen, wir sahen uns »East of Borneo« an. Anschließend gingen wir schwofen. Zunächst ins Blue bird. Ein Lokal für Chinesen und Japaner mit japanischen Tanzmädchen, einige in Abendkleidern, einige in sehr schönfarbigen Kimonos und den japanischen Holzsandalen. Es waren sehr nett aussehende Mädchen darunter, manche ganz entzückend. Agnes und ich fanden eine, links von uns, besonders nett, und siehe da, in diesem Augenblick grüßte sie lächelnd zu Rudi herüber. Er kannte sie von einem früheren Besuch. Diesmal aber tanzte er brav abwechselnd nur mit uns. Der Raum ist im zweiten Stock hat eine schön getäfelte Decke und ganz zart bemalte Wände. Auf der einen Seite zwei Rehe und am anderen Ende

ein paar Bäume in ganz matten Tönen angedeutet. Hinterher gingen wir ins Gosse-Café, und als da nicht viel los war, in den Moonpalace, ein Chinesisches Lokal, die chinesischen Tanzmädchen alle in schönen chinesischen Kleidern, sehr gute

Im Garten vor dem Haus in Schanghai

Figuren und ausgezeichnete Tänzerinnen. Der Moonpalace ist »with rooms upstairs« und bei den höheren chinesischen Beamten recht beliebt. Anschließend gingen wir in eine Tanzdiele für Seeleute in der Nähe des Hafens mit russischen Tanzmädchen. Rudi war sichtlich animierter Stimmung, weigerte sich um 1 Uhr nachts die Rechnung zu bezahlen, da noch das Datum des vor einer Stunde verflossenen Tages draufstand. Und als ein Mädchen mit koketten Tänzen im Kabarett auftrat, behauptete er, das auch zu können, erhob sich und imitierte sie zum großen Gaudi aller Anwesenden. Dann tanzte er mit Agnes, und ich machte inzwischen eine Eroberung an einem dunkelhaarigen, nicht gerade sehr sauberen Anbeter. In unmissverständlichen Zeichen versuchte er, mich zum Tanzen zu gewinnen, wagte aber keine Aufforderung, da wir an Rudis Tisch saßen. Bei meinem nächsten Tanz mit Rudi war plötzlich Agnes vom Tische verschwunden, sie lag in den Armen eines bebrillten Menschen, der aber kein Seemann war, wir schätzten auf »Abenteuer suchender junger Intellektueller«. Dadurch ermutigt, erschien beim nächsten Tanz mein Anbeter, forderte mich mit kolossaler Verbeugung auf, und ich vergrub meine Nase in seinem etwas rauen Anzug, um den betäubenden Alkoholgerüchen oberhalb zu entgehen. Bei Betrachtung seiner schwärzlichen Hände schätzte ich auf Maschinenschmierer. Es stimmte ungefähr. Er war auf einem amerikanischen Schiff zum ersten Mal in Schanghai und sagte, er sei so etwas wie ein engineer, worauf ich ernsthaft sagte: »Oh, I thought, you are the captain«, was er seufzend verneinte. Wir waren so begeistert von unseren Eroberungen, dass wir Rudi auf die Tour schickten, »um frei zu sein«. Danach gingen wir nach Hause. Sonnabend sollte eigentlich gästelos verlaufen, aber unerwartet erschien Dr. Wilhelm, der bekannteste deutsche Rechtsanwalt hier draußen. Er ist humorlos und langweilig. Sein Schlagwort ist »low class people« (Menschen niederer Klasse). Zum Beispiel: Da oder dort könne man nicht hingehen, nur »low class people«. Also ganz ein Mann nach meinem Geschmack. Dann erschien Seebohm, und ebenso unerwartet Wehling, auch ein IG-Farbenmensch.

5. Januar 32

China hat eine »nebbich« neue Regierung. Unterscheidet sich kaum von der alten, wird sich nicht lange halten, da nur die Kanton-Provinz Kwangtung sie unterstützt, Steuern abliefert usw. privat an Tschiang Kai-shek, der wohl bald wieder die Regierung bilden wird. Jetzt untersteht China also mehr denn je den privaten Generälen, die jeweils die Provinzen beherrschen. Die Hauptmänner der Regierung sind die Kantonleute, Hu-Hanmin und Sun-fo (Sohn Sun Yat Sens). Die beiden sind womöglich noch rechter als Tschiang Kai-shek. Der neu gewählte Präsident, der an dessen Stelle gewählt worden ist, Liweisen, hat nichts zu sagen, da die Machtbefugnisse des Präsidenten erheblich gekürzt worden sind. Politisch ist das Ganze keine neue Richtung.

Rudis Schule fällt wahrscheinlich ins Wasser, da sie städtisch ist und die ganze Stadtverwaltung mal wieder gewechselt hat. – Post geht wegen Japan unregelmäßig, also sorgt euch nicht.

11. Januar 32

Sonnabend früh fuhr ich mit Mr. Chang, auch Volkswirtschaftler am Social Research Institute, nach Wusih, auf der Strecke nach Nanking, eine Stadt mit circa hunderfünfzigtausend Einwohnern, berühmt für seine Baumwolle und Seidenindustrie, für seine Landschaft und seine Schulen. Die Besichtigung einer Baumwollfabrik war höchst interessant, da man die Herstellung von Anfang an sieht. Wie die Dschunken gefüllt mit Baumwollsäcken vor der Fabrik liegen, wie die rohe Baumwolle aus den großen Säcken in Maschinen geschüttet wird und dort solange herumwirbelt, bis die weiche Wolle sich von den Zacken dazwischen gelöst hat. Es geht durch vier verschiedene Wirbelmaschinen (alle modern amerikanisch). Nachdem man die Baumwolle so gereinigt hat, die dann wie Watte ist, wird sie über große Platten gewalzt und kommt als weißer Teppich, der auf der nächsten Maschine zum Ballen gerollt wird, heraus. Diese Ballen werden auf anderen Maschinen viele Male geteilt und in Stricke gedreht, immer dünnere, bis man schließlich Fäden erhält.

All das konnte ich nur mit halbem Auge betrachten, denn noch mehr interessierten mich die Arbeiterinnen. Die Lishin-Baumwollmühle beschäftigt zweitausend Arbeiter, davon sind tausendfünfhundert weiblich und fünfhundert männlich. Die Anzahl der Kinder war nicht feststellbar, der Manager sagte zweihundert, aber er war ein ziemlicher Schwindler. Ich lobte seine Maschinen, und er strahlte, ich fragte nach Arbeitszeit und Lohnverhältnissen, da wurde er verschlossener. Ein Lehrer, eine Art Social worker, der eine kleine Schule für die Arbeiter mit Bibliothek leitet, gab uns klarere Auskunft. Chang, der englisch spricht, dolmetschte. Die Arbeitszeit beträgt zwölf Stunden, für die Frauen und Kinder mit einer Stunde Pause, die Männer pausenlos, sie essen neben den Maschinen während der Arbeit. Die meisten der Frauen sind zwischen sechzehn und zweiundzwanzig Jahren. Löhne der Frauen acht bis zwölf Dollar. Der Anblick der zahlreichen Kinder, viele erst zehn Jahre alt, vor den riesigen Maschinen im heißen Raum im ohrenbetäubenden Lärm war furchtbar. Diese Kinder, zwölf Stunden Arbeitszeit!

Fast jede Woche traf sich die Kundschaftergruppe bei Sonja, zuerst in ihrer Wohnung bei den Woidts, wenn diese nicht anwesend waren, nach dem Umzug ins eigene Haus dort in der oberen Etage, meist am frühen Nachmittag. Die chinesischen Genossen, die am häufigsten kamen, wurden nacheinander ihre Sprachlehrer, so lag für ihre Besuche ein Grund vor, und ihr Kommen und Gehen, ohnehin in einigem Abstand, fiel nicht weiter auf. Vor den Zusammenkünften und auch danach kontrollierte sie unauffällig die angrenzenden Wege und Straßen. Oft führte sie noch mit Richard Sorge ein Gespräch unter vier Augen, der sich äußerst interessiert zeigte für alle Beobachtungen im Land und die Mitteilungen über ihren Bekanntenkreis, ihre Einschätzung der Charaktere und ihre Ansichten zu wirtschaftlichen und politischen Problemen. Sie erfuhr jedoch von ihm nur immer soviel, wie sich aus der Arbeit ergab und die konspirative Situation erlaubte, was sie schnell begriff. Bald wurde konspiratives Verhalten zu ihrer

Japanische Soldaten in Schanghai, 1932

zweiten Natur, auch als sie entdeckte, dass Waffen in ihrem Haus gelagert wurden und als sie einen verfolgten Chinesen, der sich in Lebensgefahr befand, zwei Wochen in ihrer Wohnung verbarg. Zu dieser Zeit – ihr Sohn war zwei Monate alt – hatte ihr Richard Sorge geraten, einen Koffer für sich und das Kind zur vielleicht nötigen Flucht bereitzustellen. Sie packte Jäckchen und Windeln, füllte eine Flasche mit sterilisiertem Wasser und hielt es für günstig, dass sie den Kleinen noch stillte, denn an Milch oder irgendein Milchpulver war außerhalb der großen Städte nicht zu denken.

Gegen Ende des Jahres 1931 hatte die japanische Kwangtung-Armee nach einem Sprengstoffanschlag auf die Südmandschurische Eisenbahn die Stadt Mukden bombardiert und eingenommen, dann innerhalb eines Monats die gesamte Mandschurei besetzt und die Republik Mandschukuo mit Pu Yi als Regent ausgerufen, dem in Peking abgesetzten letzten Kaiser, einer Marionette Japans. Daraufhin kam es in vielen Städten Chinas zu Demonstrationen und Gegenaktionen. In

Schanghai erreichten die Spannungen einen Siedepunkt und führten Ende Januar 1932 zu bewaffneten Zusammenstößen und martialischen Verfolgungen und Zerstörungen. Japanische Marine-Landungstruppen griffen Chapei, das große chinesische Wohn- und Geschäftsviertel, an und vertrieben nach schweren Kämpfen die chinesischen Truppen aus der Stadt. Der beißende Rauch des ausgebrannten, völlig verwüsteten Chinesenviertels wehte bis in die Enklaven der Ausländer und ihre Geschäfts- und Vergnügungsmeilen.

Nun wurden Sonjas Briefe aus Schanghai noch politischer, direkter und auch deutlicher, bisweilen offenherzig bis an die Grenze des Verräterischen.

2. Februar 32
Im Settlement herrsch Belagerungszustand, nach 10 Uhr abends darf niemand auf die Straße. Überall sind Barrikaden, und an der Grenze des Settlements riesige Sandsackwälle. Unser Haus ist voll. Der Koch hat seine Tochter und die Schwester seiner Frau angebracht, nachher trifft die Ammah mit drei Kindern ein, alles schläft bei uns. Der Zug der chinesischen Einwanderer aus den Nicht-Settlement Gebieten oder den von Japanern belegten Straßen ist fantastisch. Sie kamen zu Tausenden – zu Fuß, auf Karren, in Rikschas, Autos, Frauen

Chinesen-»Stadt« Chapei   **63**

mit Kindern, Bündeln, Betten, ein nicht abreißender Strom. Manche sitzen hilflos an den Straßen, leere Häuser sind vollgestopft mit Flüchtlingen. Ich hatte Gelegenheit, mir alles näher anzusehen. Rudi, Susi, ich trafen uns nämlich in der Stadt bei Tonn. Auch Irene von der Buchhandlung war da. Plötzlich erhielten wir die Nachricht, dass ein chinesischer Freund von uns, der im japanischen Viertel wohnt, verhaftet worden wäre. Da die Japaner alle verhafteten Chinesen sofort erschießen, war nicht mehr viel Hoffnung. Wir gingen trotzdem auf die Suche nach einem Japaner, den wir kennen und der einigen Einfluss hat. Das japanische Viertel sieht toll aus. Ganze Straßenzüge menschenleer. Alle Chinesen geflüchtet, totenstill. Dann

Verwundete der 19. Roten Armee in Schanghai (vorn rechts Sonja)

plötzlich Lärm, durchfahrende schwerbewaffnete japanische Militärautos. Die meisten Häuser mit zersplitterten Fensterscheiben, Türen zerbrochen. Die Japaner haben auf der Jagd nach Snipern (aus dem Hinterhalt schießende Chinesen) die Häuser durchsucht und verwüstet. Glücklicherweise hatten wir die Visitenkarte des Japaners, alle Wachen ließen uns durch, tatsächlich fanden wir den Japaner nach langem Suchen. Der machte uns wenig Hoffnung, alle Chinesen aus der Gegend, wo geschossen worden ist, und die in die Hände der Japaner fallen, werden getötet. Unser chinesischer Freund wohnte bei seinem Schwager, der war mit seinem neunjährigen Sohn zusammen verhaftet worden. Man durchsuchte ihn und wollte ihn schon wieder laufen lassen, da entdeckte man in seinem Hut eine Nummer. Sofort setzte man ihm das Bajonett auf die Brust mit den Worten: »Diese Nummer ist ein kommunistisches Geheimzeichen, Du bist erledigt!« Man zog ihn vollständig aus, er versicherte, dass er ein guter Christ und Freund der Japaner sei, noch gestern hätte seine Frau bei der japanischen Nachbarin Tee getrunken. Da erschien ein Offizier, der wohl sein Büro kannte und feststellte, dass er wirklich ein Japanerfreund sei, und ihn freiließ. Sehr viele sind erschossen worden, unzählige sind in den Flammen der Brände umgekommen, und vorläufig herrscht noch Waffenstillstand. Der Krieg hat noch gar nicht begonnen. – Die Deutschen sind insgeheim für die Chinesen. Die Engländer sagen: »Die Chinesen müssen alle zwanzig Jahre Prügel bekommen, das schadet gar nichts!«

20. Februar 32

Es wird noch immer gekämpft. Die 19. Armee der Chinesen ist überraschend widerstandsfähig und tapfer. Sie kämpft fast ohne Unterstützung der Regierung, die natürlich, wenn sie wollte, schon längst über die Japaner gesiegt haben könnte. Leider will sie nicht, speziell Tschiang Kai-shek nicht. Der Erfolg ist, dass nun zum ersten Male die chinesischen Massen einig sind, und zwar einig gegen Tschiang Kai-shek. Der einfachste Chinese hat nun begriffen, wer dieser Mann ist. Da ich neulich mit den hiesigen Berichterstattern nach Deutschland (Boßhardt für Ullstein, Tonn für W.T.B., Dr. Vogel für Münchner, Hamburger und Kölner Zeitungen) gesprochen habe und den Eindruck erhielt, dass sie recht ausführlich berichten, schreibe ich nicht allzu viel darüber. Tatsächlich nennt sich das Ganze noch Waffenstillstand. Die japanischen Methoden sind an folgendem zu messen: Chinesische Soldaten sind circa zwei- bis viertausend getötet worden, chinesische Zivilisten an die zehntausend, soweit man überhaupt schätzen kann. Die Zahl der Flüchtlinge aus den chinesischen Vierteln Schanghais beträgt über sechshunderttausend, diese haben zum großen Teil ihren Besitz verloren, Kulis und Arbeiter, die jetzt arbeitslos sind. Die Fabriken in dem chinesischen Teil Chapei sind natürlich stillgelegt worden und die japanischen in Schanghai. Irgendwelche Arbeitslosenunterstützung gibt es nicht. Das Massenelend ist furchtbar. Die europäischen Volunteer Corps sind abberufen und durch reguläre Truppen ersetzt worden, weil sie jetzt das Innere der Fremdenniederlassung vor eventuellen Unruhen und Aufständen der chinesischen Flüchtlinge schützen sollen. Wir persönlich sind verhältnismäßig gut geschützt, abgesehen davon, dass wir weder in einem ausgesprochenen Wohnzentrum noch im Innern der Stadt wohnen, liegt direkt hinter unserem Haus das Chinesische Institut für National Research, wo ich zahlreiche chinesische Freunde habe. Unsere Flüchtlinge sind vor ein paar Tagen nach Hause gegangen, aber sieben Mann hoch wieder zurückgekehrt. Die Kampfgefahr besteht zwar in ihrer Wohngegend nicht, aber japanische Soldaten strolchen überall herum und plündern. Es passieren, abgesehen davon, scheußliche Grausamkeiten, die mir chinesische Augenzeugen berichten, doch ich will es Euch nicht beschreiben. Wenn man nur weiß, dass die Chinesen unter Umständen, z. B. bei Kommunistenverfolgungen, genau so grausam sind wie die Europäer im Weltkrieg und dass es immer zu neunzig Prozent die Armen trifft – da gibt es nur eine Konsequenz: Grausamkeit gegen die anderen zehn Prozent …! Schluss.

22. Februar 32

Die Methode, ein schwaches Land zu überfallen, zu peinigen, zu demütigen, den Ärmsten durch diesen Brand- und Raubzug ihr Letztes zu nehmen, ist empörend und aufregend. Man ist hier so richtig an der Quelle eines um wirtschaftliche Interessen geführten Einbruchs, den man in Geschichtsbüchern früher nachgelesen hat. Da die Aktion verhältnismäßig klein an Umfang ist, kann man die einzelnen Phasen deutlich verfolgen, sehr viel klarer als einen Weltkrieg, der so riesig groß war, dass das »Vaterlands«-Brimborium drum herum doch vielen den Blick verschleiert hat.

Es gibt beständig Diskussionen, die oft sehr hartnäckig werden, weil eben die Einstellung der foreigners auch empörend ist. Es ist das Wort geprägt worden von Ihnen: »Mit dem Herzen sind wir bei den Chinesen, mit dem Verstand bei den Japanern.« Diese Worte allein genügen, um die Erbärmlichkeit der Gesinnung zu kennzeichnen. Man sieht ein, dass den Chinesen Unrecht geschieht, aber man gönnt es ihnen, weil die Japaner einem eventuell – man kann ja nie wissen – mehr Profit versprechen. Diese Gesellschaft, die dem ihre Zuneigung zeigt, von dem sie den besten Profit zu machen gedenkt, die den verrät, durch den sie überhaupt etwas geworden ist, genau wie den, dem sie bisher Freundschaft zugesichert hat. Wer schwach und unnütz ist, dem geschieht das Schlimmste. Aber es kommt noch mal so weit, glaube ich, dass Weltgeschichte Weltgericht ist.

26. April 32

Neulich fand ich ein kleines erfrorenes Baby auf der Straße mit noch nassen Windeln. Dazu die entsetzlichen politischen Verhältnisse, die Korruption im System, die man eben auch in tausend Kleinigkeiten bemerkt, die einem täglich begegnen, dazu die Fremden – wir haben jetzt Sehnsucht nach einem anderen Zuhause. Dabei bin ich völlig überzeugt davon, dass ich in drei weiteren Jahren für Europa ganz verloren wäre, so sehr fesselt mich China, so ungeheuer sympathisch sind die Menschen und ihr Leben. Zu einem Viertel bin ich schon asiatisch, ein Leben ohne Chinesen drumherum ist einfach unvorstellbar. Diese Widersprüche sind Euch wahrscheinlich unverständlich – es ist ein ganz merkwürdiges Land, man wird immer Sehnsucht danach haben, wenn man wieder weg ist.

4. Mai 32

Rudi und ich denken immer mehr: 1. Kontrakt-Schluss, ich Spätfrühjahr 1932 nach Hause, Rudi August 1933 und neuen Start in R. (Russland – Anmerkung des Autors.) Ich bin ziemlich überzeugt, dass wir beide in R. Arbeit finden werden, will bald beginnen, die Sprache zu lernen. Es sprechen (außer gesicherter Stellung und gutem Einkommen) hundert Gründe für R. und gegen Schanghai – leider alle nicht schreibbar.

Gestern kam E. E. Kisch, der jetzt hier draußen ist, zum Abendessen, es war höchst erfrischend und aufregend – er blieb bis 2 Uhr nachts ...

30. Mai 32

Wieder waren Kisch und Agnes da. Mit Kisch hatte ich gleich nach seiner Ankunft einen Krach, wobei ich mit meiner Ansicht, dass er ein eitler Affe sei, durchaus nicht hinter dem Berg hielt. Drei Wochen hörten wir nichts voneinander, aber da er, abgesehen von dieser Eigenschaft, ein ungewöhnlich intelligenter und interessanter Mensch ist – hier draußen eine wunderbare Erfrischung –, söhnten wir uns aus, und jetzt stehen wir sehr nett zueinander. Er ruft an: »Ja Ursula, hier ist dein guter alter Onkel Kisch. Ich möchte Sonntag zu euch kommen.« – »Gut, Onkelchen, komm zum Essen.« – »Ja, mach ich, aber wenn's euch um fünf Pfennige was ausmacht, komm ich lieber erst nachmittags.« – »Es macht zwar ungefähr achtzig Pfennige aus, aber komm man zum Essen.« – »Vielen Dank, gnädige Frau. Auf Wiedersehen!« Er liebt übrigens Michael sehr. Das letzte Mal war K. müde und legte sich mit aufgekrempelten Hemdsärmeln ohne Schlips in den Liegestuhl schlafen. Wir holten rasch einen chinesischen Fächer und unseren Koch, welcher den schlafenden Kisch bewedelte, und knipsten. Hoffentlich ist es was geworden. Dann kriegt er es mit der Unterschrift: »Der rasende Reporter« zugeschickt. Er fährt morgen weg. Ein anderer Stern am Himmel war Rosi Gräfenberg-Ullstein, die ich bei einer Party in Bernsteins Haus genoss. Sie ist eine tolle Nummer. Kisch beschimpfte sie: »Sie sind eine kapitalistische Sumpfblüte«, was sie uns leidend berichtete. Aber sonst ist sie eine große Bluffnummer, intelligenter Kurfürstendamm. Bernstein behauptet, besseres jüdisches Dienstmädchen – aber so was gibt's doch gar nicht! Dann grast noch ein Fräulein Seelig ganz Schanghai nach journalistischen Neuigkeiten ab, war jetzt in Indien, und in Berlin war sie eine große Nummer im internationalen Studentenaustausch – sie ist blond ...

Kuling, 3. August 32

Liebe Familie. Das Wetter ist hier in Kuling unwahrscheinlich schön. Immer Sonne, nachts manchmal Regen und am nächsten Tage herrliche Luft und wieder Sonne. Gestern stand genau das, was mir noch zur Verschönerung der Eheferien fehlte, auf dem höchsten Sprungbrett der Badeanstalt – ein braungebrannter gut gewachsener Mann. Nun, in mädchenhafter Zurückhaltung kümmerte ich mich nicht um ihn, aber als ich aus dem Wasser kam, stand er da und sagte in interessantem gebrochenem Englisch: »My compliments to your swimming.« Und drei Minuten später saß er neben mir im Sand und fragte, ob er mich fotografieren dürfte – »to never forget in my life«. Dann erkundigte er sich erschreckt, ob das da mein Freund sei? – Ein fetter, heftig schnaufender Mann mit Pfeife im Mund, der sich in meiner Nähe sonnte. Als dies verneint wurde, war er bereits bei der entscheidenden Frage, was ich heute Abend vorhabe, angelangt. Er sah nun wirklich sehr nett aus, und auf Geistiges lege ich ja nicht immerzu und so unbedingt wert. Aber ich erinnerte mich Mutters warnender Ratschläge aus meiner Kindheit: Nicht mitzugehen, wenn mir ein fremder Mann Bonbons schenken will, und so fragte ich zuerst nach seinem Beruf: Matrose auf einem italienischen Kriegsschiff!!! Ich war ganz gebrochen. Matrose wäre noch gegangen, nur Kriegsschiff auch, aber dazu noch italienisch, nein! Matrose-Mussolini-Kriegsschiff war zu viel. Aus der Abendverabredung wurde nichts, aber heute Vormittag sahen wir uns wieder im Swimmingpool und heute Nachmittag, nehme ich an, auch. Sein Schiff liegt unten in Kiukiang, und er hat drei Tage Urlaub, die er hier oben verbringt.

Schanghai, 7. September 32

Rudi hat viel zu tun. Schrieb ich Näheres über den Laden »The modern home«? Ein modernes deutsches Wohnungseinrichtungsgeschäft. Rudis Idee, für die sich sofort ein chinesischer Unternehmer fand, der Geld gab und ein deutscher Kunstgewerbler, der dort Angestellter ist. Die Seele vom Ganzen ist aber Rudi, der die Sache künstlerisch leitet, alle Möbel, die in

Auftrag gegeben werden, zeichnet usw. Seine Aufträge nebenbei wurden zu viel, ein eigenes Büro neben der Council-Arbeit
unter seinem Namen wäre nicht gegangen, da ist diese Firma
das Gegebene. Er wird Gewinnprozente kriegen, kein Gehalt.
Besagter chinesischer Unternehmer möchte Rudi gerne vom
Council weg für sich gewinnen. Er ist ein sehr großer, sehr
reicher Bauunternehmer, aber es ist immer eine bisschen unsichere Sache, beim chinesischen Unternehmer zu arbeiten.
Er stellte zwar die ziemlich große Summe für den neuen Laden zur Verfügung, ohne Zögern und Ausflüchte. Aber erst in
vierzehn Tagen wird der Laden eröffnet, das ist vorläufig so
nebenbei.

20. Oktober 32
In China ist es unruhig wie immer, Streiks und revolutionäre
Gesinnung in Schanghai nehmen zu. Die Regierungsmaß-
nahmen dagegen wachsen in gleichem Maße. Der Kampf der
Regierungstruppen gegen die Rote Armee wird scharf und
zum Teil mit Erfolg geführt. Doch die dauernd ausbrechenden
Kriege zwischen den verschiedenen Generälen schwächen die
Attacke gegen die Roten, da jeder seine Truppen vom Kampfe
zurückruft, und General A bekämpft General B, wodurch die
Roten eine Weile Ruhe haben. Der Einfluss der Roten auf die
Bevölkerung ist groß, und ihre Versuche, die Regierungstruppen zu zersetzen, sind recht erfolgreich. Man kann sagen, dass
die Kampagne der Regierung gegen die Roten Armeen zwar
Teilerfolge hatte, aber die Roten nicht ernsthaft geschwächt
hat. Die Wirtschaftsblockade der Regierung gegen die Roten
hat wenig Erfolg, da sich die roten Provinzen durch gute Ernte
selbst versorgen können und nicht auf Einfuhr angewiesen
sind. Man kann sagen, dass die rote Gefahr für China dauernd
wächst.

28. Dezember 32
Liebe Mutt. Uns hat Weihnachten auch was Fabelhaftes gebracht, das heißt mehr für mich. Rudi hat nämlich eine Leica
gekauft. Eine schrecklich teure, fabelhafte Sache, die ich mir

sehr wünschte, aber mehr theoretisch, weil ich an eine Verwirklichung dieses Wunsches kaum zu glauben wagte. Er hat sie durch einen Mann, dem er Möbel machte, erheblich billiger bekommen. Ich habe neulich mit einer Probe-Leica schon sehr gute Bilder aus dem chinesischen Straßenleben geknipst, kann aber leider erst mal keine Kopien schicken, denn jetzt muss ich sehr darauf achten, dass die laufenden Kosten nicht zu hoch werden. Alle netten Mischa-Bilder bisher waren Leica-Aufnahmen eines Freundes.

10. Januar 33
Anbei Foto von Mischa aus der »North China Daily News«, der führenden hiesigen englischen Zeitung. Nun bleibt euch wohl kein Zweifel, wir gehören zur No. 1 Society hier!!!
Den Konflikt China-Japan zu beurteilen ist schwer. Anzunehmen ist, dass Japan sich sehr bald Jehol nehmen wird, unbekämpft von den Chinesen. Die chinesische Regierung ist nicht gewillt, Truppen gegen Japan zu senden, es braucht seine Soldaten ausschließlich und in starkem Maße gegen die Roten Armeen, jetzt speziell in Kiangsi. Japan wird zunächst nicht gegen Tientsin oder Peking vorrücken, wann und ob es gegen Russland vorrücken wird, ist schwer zu sagen. Während vor einem Jahr Tschiang Kai-shek und die Nanking-Regierung auf durchaus nicht festen Füßen standen, haben sie sich jetzt wieder stabilisiert. Tschiang Kai-shek hat zum Teil mit Erfolg gegen die Roten gekämpft, was ihm den verloren gegangenen Kredit (während des Japanangriffs auf Schanghai) wieder eingebracht hat.

10. Februar 33
Wir betrachten mit Entsetzen Deutschlands Entwicklung. Zwar steht nicht viel in den Zeitungen, das heißt, was drinnen steht, reicht aus, um sich immerfort damit zu beschäftigen. Und die Vorstellung, dass nur ein Teil dessen, was geschieht, bis in die Presse dringt, ist so, dass Euer Telegramm erfreulich wirkte. Wem das Herz voll ist – dem geht der Mund nicht über. Schreibt Ihr aber, soviel Euch möglich ist. Neulich hatten wir einen langen

Talk mit Helmuth darüber. Er ist so intelligent und vernünftig, der Einzige mit dem man so was ernsthaft besprechen kann. Ihr könnt Euch denken, dass meine Freude, wieder nach Hause zu kommen, durch die jetzigen Verhältnisse einen gehörigen Dämpfer bekommen hat. Na, da bleibt nur übrig, sich in der Familie und Eurer Freude an Mischa zu sonnen. Ich werde wohl sicher über Sibirien kommen ...

In einem ihrer letzten Briefe, die sie im Frühjahr 1933 von Schanghai nach Hause sandte, schrieb sie dann noch: »Auf dem deutschen Konsulat hier wehen das Hakenkreuz und Schwarz-weiß-rot ... « Nach dem dreijährigen Aufenthalt in China hatte sie wenigstens für ein paar Sommermonate mit dem zweijährigen Sohn Michael nach Berlin zurückkehren wollen, doch das war nun alles in Frage gestellt. Bei den Eltern in Schlachtensee hatten bereits mehrmals Hausdurchsuchungen stattgefunden. Der Vater, als Jude und weithin bekannter Linkspolitiker und Antifaschist, war besonders gefährdet, deshalb bereitete sich die Familie darauf vor, außer Landes zu gehen, wie aus versteckten Andeutungen in Briefen und Telegrammen hervorging. Auch sie hatte in ihren Briefen zu erkennen gegeben, dass für sie die Reise und ihr Lebensweg durchaus eine andere Richtung nehmen könnten.

Im Grunde war diese Entscheidung gefallen, seit sie in Schanghai Richard Sorge getroffen und sich seiner Gruppe angeschlossen hatte. Sie stellte im Laufe zweier Jahre ihre Wohnung fast hundertmal für Geheimtreffs zur Verfügung. Anfangs war sie nicht einmal dabei, sorgte aber für die Absicherung und bewahrte Material, Waffen, Funkgeräte und Sprengstoffe auf, die sie später selbst besorgte, transportierte und handhaben lernte. Das alles geschah in einer Zeit, als sie schwanger war, das Kind zur Welt brachte und es als das größte Glück ansah, dass es gesund und normal in all diesem Wirbel der selbst übernommenen Aufgaben, Pflichten, Verstellungen und Bedrohungen aufwuchs.

Richard Sorge kündigte Ende des Jahres 1932 seine Abreise aus Schanghai an, um sich in Moskau auf seinen Einsatz in

Japan vorzubereiten. War er drei Jahre zuvor von General Jan Bersin, dem Chef des Aufklärungsdienstes der Roten Armee, mit dem Auftrag nach China entsandt worden, die dortige militärische, wirtschaftliche und politische Lage zu erkunden sowie Kontakte zu den kommunistischen Gruppen zu schaffen, so war nun durch die japanische Okkupation eine neue Situation eingetreten, die für die grenznahe Sowjetunion bedrohlich werden konnte. Schließlich bestärkte Sorge der Schanghai-Zwischenfall – die Misshandlungen und Tötungen von Kriegsgegnern – in seiner Ansicht, dass Japan nach weiteren Eroberungen strebte. Noch während seines Aufenthaltes in China befasste er sich intensiv mit der Situation in Japan und berichtete darüber, wobei ihm Ozaki Hotsumi beriet und half, der Korrespondent der Zeitung »Osaka Asahi«, den Agnes Smedley mit ihm bekannt gemacht hatte. Ozaki Hotsumi, der nie Mitglied der Kommunistischen Partei war, blieb auch später und bis zuletzt in Japan als Freund und Helfer an Richard Sorges Seite. Er wurde wie dieser nach über einem Jahrzehnt gemeinsamen illegalen Kampfes am selben »symbolischen Tag« der Oktoberrevolution, am 7. November 1944, in Tokio hingerichtet.

Lakonisch heißt es in »Sonjas Rapport« über Sorges Abschied von China: »Ich nahm den Hörer ab. Richard Sorge sprach. Er habe nachmittags zwei Stunden auf mich gewartet und immer wieder angerufen, aber niemand habe sich gemeldet. Er habe Abschied von mir nehmen wollen. Ich griff nach dem Stuhl vor dem Schreibtisch und setzte mich. Richard fragte, ob ich noch da sei, er wolle mir danken, ich hätte immer gut für ihn und die anderen gesorgt, aber das sei nur ein Anfang gewesen, vieles läge noch vor mir. Ich solle weiter die Ohren schön steifhalten, das müsse ich ihm versprechen, doch nun – alles, alles Gute und Auf Wiedersehen ... Die anderen Genossen habe ich in späteren Jahren wiedergesehen – Richard nicht.«

Kurz darauf erhielt sie von der Zentrale des Aufklärungsdienstes das Angebot, an einem halbjährigen Lehrgang in Moskau teilzunehmen, um als Funker für weitere illegale

Einsätze ausgebildet zu werden. Sie sollte allein fahren und musste sich für diese Zeit von ihrem Sohn trennen, da später womöglich andernorts seine erworbenen russischen Sprachkenntnisse zu verräterisch gewesen wären. »Dies kam ganz überraschend und bedeutete eine entscheidende Veränderung meines Lebens. Ich sagte zu. Der Gedanke, die Arbeit aufzugeben, um wieder ›normal‹ zu leben, wäre mir nie gekommen, und eine Ausbildung würde mir helfen, das, was ich tat, noch besser zu tun. Japans Kriegshandlungen, die ich täglich miterlebte, die Worte der Genossen aus der fernen Heimat ›Hitler bedeutet Krieg‹ und die Erkenntnis, gegen wen sich beide Angreifer eines Tages wenden würden, sorgten für meine rasche Entscheidung.«

Im Mai 1933 verließ sie mit Sohn Michael dennoch schweren Herzens Schanghai, sie reiste über Wladiwostok, Moskau und Prag zur tschechisch-deutschen Grenze, wo die Eltern ihres Mannes den Jungen in einer Grenzbaude, die sie dort besaßen, in Empfang nahmen; auch ihr Vater war bereits aus Berlin dahin geflüchtet. Der Junge blieb für ein Jahr bei ihnen, während sie zurück in die Sowjetunion zu dem Ausbildungslehrgang fuhr.

Antifaschist und Kommunist

Mit demselben Entsetzen wie Sonja sah Klaus Fuchs das Hakenkreuz über Deutschland. Während sie im Mai 1933 an
der Grenze ihren Sohn den Schwiegereltern übergab und
nun nicht einmal mehr ein kurzer Besuch in Berlin möglich war, befand sich Klaus Fuchs, von den Nazis steckbrief-
lich gesucht, schon seit Ende Februar, nach der Nacht des
Reichstagsbrandes, auf der Flucht. Nur durch Zufall war der
einundzwanzigjährige Physikstudent in Kiel, wo er auf der
Fahndungsliste stand, der Verhaftung entgangen. »Ich hatte
Glück«, sagte er selbst dazu, »denn am Morgen nach dem
Brand habe ich früh das Haus verlassen, um mit dem Zug zu
einem Treffen der kommunistischen Studenten in Berlin zu
fahren. Das ist der einzige Grund, weshalb ich einer Inhaftie-
rung entkommen bin. Ich erinnere mich genau, wie mir beim
Öffnen der Zeitung im Zug sofort die Bedeutung klar wurde.
Ich wusste, dass jetzt der Kampf im Untergrund begonnen
hatte. Ich nahm das Abzeichen der Kommunistischen Partei,
Hammer und Sichel, von meiner Jacke ab und steckte es in
die Tasche.«

Klaus Fuchs, am 29. Dezember 1911 im hessischen Rüssels-
heim geboren, war der Sohn eines lutherischen Pfarrers, der
nach seinem Theologiestudium und dem Militärdienst zwei
Jahre als Vikar in England, in den Slums von Manchester, gelebt und gepredigt hatte, wo viele deutsche und andere Immi-
granten in erbärmlichsten Verhältnissen gestrandet waren. Er
lernte Englisch von einer Presbyterianerin, fand Kontakt zu
den Quäkern, deren soziales Engagement er bewunderte; er
besuchte auch Meetings der Labour Party und wurde nach
dem grausigen Erleben des Ersten Weltkriegs ein entschie-
dener Pazifist. Im Jahre 1921 trat er als einer der ersten deutschen Pfarrer in die Sozialdemokratische Partei ein. »Mein
Vater war nie ein Mann der Kirche, sondern ein Mann des

*Die Mutter, Else Fuchs, geb. Wagner
(1875–1931)
Der Vater, Emil Fuchs (1874–1971)*

Glaubens. Eines sehr tiefen Glaubens, den ich respektiere, obwohl ich ihn nicht teile«, sagte Klaus Fuchs von ihm. »Ich hatte eine sehr glückliche Kindheit. Entscheidend war, dass mein Vater immer danach handelte, was er als richtig empfand, und er hat uns immer gesagt, wir sollten unseren eigenen Weg gehen, auch wenn er nicht einverstanden war.«

Anders als von Sonja sind von Klaus Fuchs aus jener Zeit nur wenige authentische Zeugnisse überliefert. Aber sein Vater, der Theologe Emil Fuchs, schrieb seine Erinnerungen – »Mein Leben« – nieder, die zugleich die dramatischen Lebenswege seiner Kinder umreißen und eine Chronik der Zeit sind. Er spricht, auf seine Predigerzeit in England zurückblickend, von der »unbegreiflichen und unverständlichen Tatsache des vollkommenen Versagens dieses Volkes gegenüber seiner untersten Schicht, den Gelegenheitsarbeitern und Erwerbslosen und ungelernten Arbeitern der Slums«. Da in seinen jungen Jahren sein Arbeitsgebiet in den Elendsvierteln von Manchester gewesen sei, habe er einen lebenslangen Eindruck wie nur wenige bekommen. »Ich habe sie zu jeder Tag- und Nachtzeit gesehen und durchwandert, dieses unendlich meilenweit ausgedehnte Gewirr enger Gassen, Häuslein um Häuslein, die alle halb zerfallen aussehen. Die Haustür führt zu ebener Erde von der Straße in die steingepflasterte Küche, die zugleich Wohnraum ist, manchmal nur ein Schlafraum, durch eine Leiter zugänglich, darüber. Holztisch, Schemel, Lagerstätte das Mobiliar, ein Kessel und zwei Pfannen das Küchengerät, natürlich eine offene Feuerstelle, Kamin. Alles schmutzig; die Menschen in zerrissenen Kleidern. Sehr oft nicht nur der Mann, sondern auch die Frau und die heranwachsenden Kinder dem Trunk ergeben. Ich habe an den arbeitsfreien Sonnabendnachmittagen in diesen Straßen junge Mädchen gesehen, die sich zu viert oder fünft untergefasst hatten und wankend durch die Straße zogen. Betrunkene Frauen waren ein häufiger Anblick. Ich hatte damals noch keine Vorstellung vom Massenelend unserer Groß- und Industriestädte, war also umso mehr entsetzt von diesem Zustand. Ich habe erst viel später erkannt, dass wir in Deutschland zwar nicht diese sichtbaren Elendsviertel hatten, aber tatsächlich in anderer Form dieselbe Not.«

Als Pfarrer in Eisenach bekennt er dann: »Immer deutlicher wurde mir, wie die Menschen dieser kapitalistischen Welt, ihrer Organisationen und ihrer ungeheuren Abhängigkeit von dieser Organisation gar nicht mehr imstande sind, die geistigen Mächte zu schauen, zu begreifen – noch weniger, ihnen zu vertrauen. Ich merkte, dass etwas anderes dazu kommen müsse, ein Wagen und Ringen, ein Leben, ein Beispiel, in dem sie das Vertrauen auf die Macht des Geistes anschauen und verstehen könnten. Das trieb mich auch in jene praktischen Tätigkeiten, Arbeiten, Kämpfe, in denen ich etwas von der Verwirklichung und Wirksamkeit dieser Geisteskräfte zu erreichen und zu beweisen suchte … Einmal hatten streikende Arbeiter die Fenster des Rathauses eingeworfen. Ich sagte in der Predigt, dass wir uns nicht nur entrüsten dürften über dieses Vorgehen, sondern uns ernstlich fragen müssten, welche Notstände vorlägen, dass Menschen unter uns in solche Erbitterung und Verzweiflung getrieben würden. Dann müssten wir uns bemühen, diese Notstände unter uns abzuschaffen. Man war empört, dass sich ein Pfarrer in solche Dinge einmischte, die ihn nichts angingen. Ähnliche

Fälle erlebte ich öfter, und sie machten mir klar, dass unsere sogenannten ›christlichen‹ Gemeinden vom Pfarrer eine Gewissenserweckung gar nicht mehr begehrten, sondern nur die Gewissensberuhigung.«

In einem in der DDR nur in einer Akademie-Veranstaltung gezeigten DEFA-Dokumentarfilm, den Joachim Hellwig in den letzten Lebensjahren von Klaus Fuchs begonnen und 1989 fertiggestellt hatte, hob seine jüngere Schwester, Christel Holzer, den starken, prägenden Einfluss hervor, den der Vater und auch die Mutter auf alle Kinder hatten: »Ich muss schon sagen, das war eine sehr schwere Zeit, in der wir aufwuchsen, zwischen zwei Weltkriegen, aber doch war es eine glückliche Zeit für uns, da wir in einem schönen Haus lebten, das immer ein sehr offenes Haus war. Der Vater hatte viele Gäste, Gäste aus aller Welt, und wir haben oft zum Abendessen zwölf Leute gehabt, da kann ich mich noch sehr gut daran erinnern, die alle mit dem Vater über Philosophie, über Politik gesprochen haben. Das war sicher ein sehr anregendes Milieu, in dem wir aufgewachsen sind. Vater war vom Quäkertum sehr beeindruckt, das er von England her kannte. Er hat uns immer davon erzählt, wie die Quäker auch in den Arbeitervierteln Manchesters arbeiteten, dass sie ihr Glauben

Die Eltern, Emil und Else Fuchs, mit den Kindern Elisabeth und Klaus im Rüsselsheimer Pfarrhaus

dazu brachte, ein soziales Gewissen zu haben. Und er hat immer gesagt, unsere lutherische Kirche hat es nicht. Das hat sich ja auch später gezeigt, als wir Hakenkreuzflaggen in den Kirchen gesehen haben, und er hat trotzdem noch öffentlich gegen Hitler gesprochen.«

Während der zwanziger Jahre, als sie in Eisenach lebten, sei diese engagierte und trotzige Haltung schon weithin bekannt gewesen, gefürchtet und verhasst bei den Nazis, hochgeachtet von den meisten in der Stadt mit der kämpferischen Arbeitertradition. Dort sei es geschehen: »Die SA-Leute hatten sich einige junge Männer gegriffen und sie ermordet, das waren Gewerkschaftsführer und führende Kommunisten. Darauf folgte ein Trauerzug durch die Stadt, die Särge wurden getragen, und mein Vater als der Pfarrer schritt da voraus in seinem schwarzen Talar. Am nächsten Tag zeigte die ›Eisenacher Zeitung‹ ihn mit einem roten Talar, und danach wurden wir dann alle ›die roten Füchse‹ genannt.«

In den Vorarbeiten zu dem Dokumentarfilm hatte Klaus Gysi – in der DDR Kulturminister, Botschafter und zuletzt Staatssekretär für Kirchenfragen – seine Erinnerungen an Klaus Fuchs, die gemeinsame Schulzeit mit dessen Bruder Gerhard und ein späteres Treffen in der Odenwaldschule zu Protokoll gegeben: »Wir sind damals ins Gespräch gekommen, Klaus und sein älterer Bruder Gerhard, wir fingen so um 7 Uhr abends an, und es war dann morgens, es wurde schon hell, gegen 5, 6 Uhr, da konnten wir nicht mehr. Es war also ein ganz langes Abend- und Nachtgespräch. Das Thema war eigentlich klar, beide Füchse waren zu der Zeit noch in der SPD, ich war seit drei Jahren im Kommunistischen Jugendverband und gerade im Begriff, in die Partei einzutreten oder schon eingetreten, also ging es um die politische Situation. Und da sich nun zwei Genossen aus der SPD und einer aus der KPD gegenüber saßen, so haben wir natürlich die ganzen Fragen des gemeinsamen Kampfes und der Möglichkeit eines kooperativen Vorgehens erörtert, kurz, wir haben alles von der Aktionseinheit und Einheitsfront bis zur Rolle der rechten SPD-Führer durchdiskutiert, worüber sich die beiden

79

völlig im Klaren waren. Aber im Verlauf des Gesprächs stellte sich dann immer mehr heraus, dass ihnen am meisten an der Frage nach der Zuverlässigkeit der KPD als Bündnispartner gelegen war, das ging weiter bis zur Frage nach ihren Zielen und Kampfmethoden. Ich weiß noch, dass ich damals über-

Klaus Fuchs (Zeichnung der Schwester Elisabeth)

rascht war, welche Bedeutung die Frage der politischen Moral als Mitglied einer Partei für sie hatte. Das heißt, ich ahnte, dass es ihnen eigentlich um viel mehr ging als um ein Gespräch, welche politischen Lösungen und welche politischen Aktionen im Augenblick am wichtigsten sind, sondern dass es zugleich eine Art Suche nach einer Sache, nach einer Überzeugung war, mit der es für sie persönlich möglich war, sich voll zu identifizieren.« Dazu erklärte Klaus Fuchs: »Zum größten Teil auch unter dem Einfluss meines Bruders, als er zur Universität ging, haben wir uns – das war ja die Zeit der Weltwirtschaftskrise –, da haben wir uns sehr intensiv mit den aktuellen Problemen beschäftigt. Aber doch auch sehr stark unter dem Gesichtspunkt des Versuchs zu verstehen, warum es dazu gekommen ist, wobei wir also das Studium von Marx und Engels sehr intensiv betrieben haben.«

Das außerordentliche mathematische Talent des Gymnasiasten Klaus Fuchs war bereits den Lehrern in Eisenach aufgefallen, er hatte einen Preis als bester Schüler erhalten, der ihm aber nicht offiziell im Auditorium, sondern wegen des »Rot-Fuchs«-Rufs der Familie in einer separaten Zeremonie überreicht wurde. Nach dem Abitur und zwei Studentenjahren in Leipzig folgte Klaus 1931 seinem Vater nach Kiel, der an der Pädagogischen Hochschule eine Professur für Religionswissenschaften übernommen hatte, und setzte dort sein Mathematik- und Physikstudium fort. So intensiv und erfolgreich er sich dem auch widmete, in dieser Zeit der heraufziehenden faschistischen Bedrohung engagierte er sich mehr und mehr für die Politik. Die Devise seines Vaters, immer zu tun, was das Gewissen gebot, bestimmte sein Handeln und ließ ihn bald über die christlich-sozialen Maximen seines Vaters hinausgehen. In den von den Braunhemden der SA angezettelten und immer brutaler werdenden Straßenkämpfen reihte er sich in die Kolonnen des Reichsbanners ein, der paramilitärischen Schutzorganisation der SPD. Der schmächtige Student mit der Brille beeindruckte durch seinen Widerstandsgeist die Mitstudenten und Freunde. Und immer öfter stellte er sich an die Seite der entschiedensten Nazigegner, der Kommunisten. »Hier brach ich mit der Philosophie meines Vaters, denn er war Pazifist«, bekannte er später. Seine Trennung von der SPD erfolgte, als sich die sozialdemokratische Führung dafür entschied, auf einen eigenen Kandidaten zur Präsidentenwahl zu verzichten und für den Weltkrieg-Feldmarschall Hindenburg votierte. »Mein Argument war, dass wir Hitler nicht durch Zusammenarbeit mit anderen bürgerlichen Parteien stoppen konnten, sondern nur durch eine vereinte Arbeiterklasse. In diesem Moment entschied ich mich, die offizielle Politik meiner Partei abzulehnen, und ich bot mich als Redner für den kommunistischen Kandidaten bei der Präsidentenwahl an.«

Das war Ernst Thälmann, für den er sich nun einsetzte und damit all seine früheren SPD-Genossen vor den Kopf stieß. Sie appellierten an ihn, nicht auszuscheren und die Parteidisziplin zu wahren. Als er sich nicht beirren ließ und die Partei seines Vaters ihn ausschloss, ging er zum Büro der Kieler KPD-Organisation und unterschrieb dort seinen Aufnahmeantrag. Das taten noch im selben Jahr – 1932 – auch sein Bruder Gerhard und die Schwester Elisabeth. »Da sie alle sehr begabt waren und die beiden Söhne gute Redner, wurden sie von der KPD in der politischen Agitation sehr stark eingesetzt und waren weithin bekannte, geliebte und gehasste Persönlichkeiten geworden«, berichtete der Vater in »Mein

Leben«. »Ich erinnere mich, als ich einmal einen großen Demonstrationszug der KPD vom Fenster her vorbeiziehen sah, wie der Parteisekretär, dem sie zur Rechten und Linken gingen, stolz zu mir heraufwinkte und dann seine Arme um ihre Schultern legte. Es war mir ein Sinnbild der drei an ihre gewaltige Zielsetzung. Sie liebten und bewunderten Thälmann, zu dessen Versammlungen sie immer gingen, wenn er in der Nähe sprach. Wie glühten sie im Bewusstsein, dass durch die große Katastrophe hindurch eine machtvolle Zukunft für die Sache des Kommunismus aufsteige! Dabei täuschten sie sich nicht über die Schwere der nun bevorstehenden Zeit.«

Als an der Kieler Christian-Albrechts-Universität die Nazi-Studenten einen Streik gegen den Rektor inszenierten, der demokratische Gesinnung noch zu wahren versuchte, stellte sich Klaus Fuchs mit den KP-Genossen den SA-Schlägertrupps und brüllenden Hitlerjungen entgegen. Er wurde zusammengeschlagen und entging nur knapp der braunen Lynchjustiz. »Ich weiß noch, in Kiel, dass die Nazis und auch andere Leute sich besonders gegen Klaus wandten«, berichtete die Schwester Christel. »Da war eine Horde von Menschen, die ihm nachliefen und alle schrieen, wir wollen den Fuchs in die Förde werfen und ihn ertränken. Das habe ich alles mit ange-

Die Fuchs-Geschwister: (v. l.) Christel, Elisabeth, Gerhard, Klaus

hört, aber am nächsten Tag ist der Klaus mit seinen Büchern in die Universität gegangen. Wir sagten alle, du sollst dich dort nicht zeigen, doch er hat so viel Mut gehabt, das zeigt auch seinen Charakter, dass er dahin ging, und man hat ihn nicht angerührt.«

Nach der Machtergreifung der Nazis und dem Reichstagsbrand war nicht nur Klaus Fuchs, sondern die gesamte Familie in höchster Gefahr. Der Bruder Gerhard, der von seinem Jurastudium exmatrikuliert wurde, tauchte in Berlin unter. Die ältere Schwester, Elisabeth, eine begabte Malerin, konnte ihr Kunststudium nicht fortsetzen und verbarg sich zunächst bei Angehörigen der kommunistischen Frauengruppe, in der sie mitgearbeitet hatte. Der Vater wurde mitten im Examen, als er gerade eine Gruppe seiner Studenten prüfte, von der Weisung aus

Selbstporträt Elisabeth 1933

Berlin in Kenntnis gesetzt, dass er sofort sein Lehramt niederzulegen und die Pädagogische Akademie zu verlassen habe. In seinem Haus erschien Polizei und durchsuchte es von oben bis unten, vor allem die Zimmer seiner Kinder, in denen Waffen vermutet wurden, wie Emil Fuchs berichtete: »Sie fanden keine Waffen. Es war zwischen mir und meinen Kindern selbstverständlich, dass wir nur mit geistigen Waffen fochten und es in unserem Haus materielle Waffen nicht gab. Sie fanden aber sehr viele Bücher, die sie auf einen gewaltigen Haufen in mein Zimmer warfen und mitnehmen wollten. Alles, was von Karl Marx, Friedrich Engels, Lenin und Stalin zu haben war, hatten wir, dazu sehr viel andere Literatur politischer und volkswirtschaftlicher Art. Es war starker Regen, und ich sah den Haufen guter Bücher. ›Wollen Sie die alle auf diesen offenen Lastwagen werfen?‹ ›Natürlich‹, sagten sie. Da gab ich ihnen einen guten Schließkorb dazu, um die Bücher zu schonen. Weder ihn noch sie sah ich wieder. – Aber welche Illusionen hatte man immer noch!! – Als sie die Tür zu Klaus' Zimmer öffneten, stand der Vervielfältigungsapparat da, mit dem vor der Abreise noch ein Flugblatt vervielfältigt werden sollte, den der Freund, der ihn abholen sollte, nicht mehr abzuholen wagte. Als die Polizisten weg waren, ging ich durch die Wohnung und fand in einer Ecke ein Blatt aus den Akten der Freien Sozialistischen Jugend. Ich ging zum Ofen des Zimmers, um es zu verbrennen; ich fand ihn schon vollgestopft mit diesen Akten. Sie hatten sie verbrennen wollen, hatten aber in der großen Eile der Fluchtvorbereitungen nicht daran gedacht, dass fest gestopftes Papier nicht brennt. Noch einige Stunden saß ich vor dem Ofen und steckte ein Blatt nach dem anderen ins Feuer, bis alles vernichtet war.« So fielen der Gestapo auch bei weiteren Hausdurchsuchungen keinerlei KPD-Akten und Papiere seiner Söhne und Töchter in die Hände, die sie und andere hätten gefährden können.

Aber Emil Fuchs hatte noch bis in den März 1933 hinein öffentlich die Machtübernahme der Nazis scharf attackiert. Seit November 1931 schrieb er an einem politischen Kalendarium, das Woche für Woche und mit Blick nicht nur auf Deutschland scharfsinnig und kritisch die politischen Geschehnisse analysierte. Der Bund der religiösen Sozialisten Deutschlands, der sich um ein Zusammengehen von Sozialdemokraten, Kommunisten und linksstehenden Christen gegen den aufkommenden Faschismus bemühte, hatte die »Wochenberichte« bis zum Verbot nach dem Reichstagsbrand im Februar 1933 regelmäßig in der Zeitung »Der religiöse Sozialist« veröffentlicht. Daran hatten, besonders im letzten Jahr, seine beiden Söhne zunehmend mitgearbeitet und einige Passagen – über deutsche Innenpolitik, die Sowjetunion und den antifaschistischen Widerstand – geschrieben. Diese Aufzeichnungen (hier auszugsweise zwei historische Wochen) sind das politische Vermächtnis eines sozialistischen Christen, der sich den Auffassungen seiner marxistisch gebildeten Söhne eng verbunden fühlte:

Politik der Woche 30. Januar bis 4. Februar 1933:
Innenpolitik: Hitler ist Kanzler und geht aufs Ganze. Das muss man ihm lassen. Den Versuch, das Zentrum für eine längere Tolerierung mit Vertagung des Reichstags für ein Jahr zu gewinnen, brach er ab. Die Rückfragen des Zentrums zeigten zu deutlich, dass dieses für irgendwelche Staatsstreichexperimente nicht zu haben ist. – Also versucht man die Jubelstimmung des Augenblicks bei den Anhängern auszunutzen, indem man Wahlen macht. Der Reichstag ist aufgelöst und soll am 5. März – also so rasch wie möglich – neu gewählt werden. Die Auflösung des Preußischen Landtags forderte ein Antrag der NSDAP. Er ist abgelehnt. Die KPD stimmte mit für Ablehnung. Im Dreimännerkollegium lehnten Braun und Adenauer ab, die Auflösung zu bewilligen. Auflösen will man und sucht die Möglichkeit. Hier wäre der erste ganz offene Verfassungsbruch. Wagt man ihn? – Darüber hinaus will man auch die Provinzial-Landtage, die kommunalen Körperschaften, in Preußen auflösen, von diesen den Staatsrat neu wählen lassen, also alle Macht in die eigene Hand bringen. Die schlaue Geschicklichkeit und die Brutalität sind groß. Alles, was rechts steht, betont immer, dass Körperschaften wie der Staatsrat gerade dazu nötig sind, allzu hemmungslose Beschlüsse und Entwicklungen der Volksstimmung zu regulieren. Wenn es um die eigene Macht geht, schaltet man das Instrument aus. Es gilt nur gegen das Volk. Noch keine Partei hat auch so schlau um die kleinen Vorteile gehandelt, wie es jetzt bei der Landtagsauflösung geschehen soll. Diese soll erst zum 4. März effektiv werden, damit bis zu diesem Tage die Diäten und Fahrkarten der Abgeordneten gehen.
Brutal ist auch die Selbstverständlichkeit, mit der die Ansprüche der getreuen Parteigenossen auf Ämter befriedigt werden. Es gibt keinen Respekt vor Tüchtigkeit und Leistung mehr, wo ein Amt von einem Pg. oder einem deutschnationalen Herren

begehrt wird. Göring sagte bei einem Besuch im Polizeipräsidium: »Ich betrachte mich als Kommandant eines Schiffes. Wer einsteigen will, soll es rasch tun. Später geht es nicht mehr.« Und Hitler sitzt zusammen mit Herrn von Papen, Hugenberg und Seldte im Ministerraum. Papen, sein Vizekanzler, der ihn sogar begleitet, wenn er dem Reichspräsidenten Vortrag hält. (Traut man einander nicht, oder traut man den Manieren Hitlers nicht?) – Hugenberg hat die beiden entscheidenden Ministerien für wirtschaftliche Gestaltung, das Reichswirtschafts- und Reichsernährungsministerium. Man will dadurch den Kampf der Industrie und Landwirtschaft beseitigen, der bis jetzt jede Rechtsregierung lähmte. Außerdem sind vom Reichsarbeitsministerium, das man Seldte anvertraut hat, die Fragen des Tarifrechtes, der Tarifpolitik, des Arbeitsrechtes und Arbeitsschutzes abgetrennt und Herrn Hugenberg übertragen worden. Dass der weiß, was er will, wussten wir schon. Ihm ist von der Arbeiterpartei das Schicksal der Arbeitermassen anvertraut. Kommissar für Preußen ist Herr von Papen, dem Herr Göring als Kommissar für das preußische Innenministerium zur Seite tritt. Die Reichswehr hat man dem bisherigen Kommandeur von Ostpreußen, Herrn von Blomberg, anvertraut, der der NSDAP nahestehen soll. Als Gegenleistung der Deutschnationalen für das Vertrauen, das man Hugenberg entgegenbrachte, wird, so scheint's, das preußische Kultusministerium den Nationalsozialisten überlassen; Herr Kahler geht. Es soll ein Studienrat Rust aus Kassel sein Nachfolger werden (Pg.) ...
Dazu geht durchs ganze Reich eine Welle der Begeisterung, Fackelzüge usw. Die Terrorwelle schäumt auf. Gewalt- und Mordtaten werden von überallher gemeldet. Das Bürgertum erfährt in seiner Presse nur, dass das die bösen Kommunisten sind, die das herausfordern. Man droht ein Verbot der KPD an, hat ihre Umzüge verboten, hat eine Demonstration der SPD in Berlin verboten, den »Vorwärts« beschlagnahmt wegen des Wahlaufrufs der SPD. Er und »Rote Fahne« sind bis 7. Februar verboten. Eine Verordnung, die die Presse- und Versammlungsfreiheit beschränkt, soll demnächst erscheinen (Verordnung des Reichspräsidenten »Zum Schutz des deutschen Volkes«) ...

Nein! Gegenüber Hitler steht heute als Kern allen Widerstandes die deutsche Arbeiterschaft. Sie ist die politisch und wirtschaftlich geschulte Kerntruppe, die deshalb begreift, um was es geht. Dass sie es begriffen hat, wird immer deutlicher. Hoffentlich wird es bald so deutlich, dass auch diese dumme Polemik zwischen SPD und KPD einer wirklich sachlichen Aussprache, sachlichem Austragen der nicht zu verdenkenden faktischen Meinungsverschiedenheit und einer klaren Entschlossenheit gemeinsamen Widerstandes weicht. Zu dieser Kerntruppe stoßen heute mit ganzer Entschlossenheit die Christlichen Gewerkschaften, die deutschen Gewerkvereine, ja sogar der Deutschnationale Handlungsgehilfenverband. Alle wirklich Organisierten haben das Signal vernommen …

Die Weltkatastrophe, deren Mittelpunkt Deutschland heißt, geht weiter. Von unserem klaren Mut hängt mehr ab als nur Deutschlands Existenz. Zumindest für Europa geht es um die Frage: Rettung der Kultur oder Zurücksinken in hoffnungslose Verelendung und Barbarei?

Politik der Woche 27. Februar bis 4. März 1933

Deutschland: Am Abend des 27. Februar brannte das Reichstagsgebäude aus. Man hat einen Holländer verhaftet, der aussagt, Kommunist zu sein und auch mit der SPD in Verbindung zu stehen. – Wie in einem überwachten Gebäude diese Tat möglich war, ist absolut unaufgeklärt. Die Regierung hat sich selbst die Möglichkeit genommen, den republikanisch denkenden Teil der Bevölkerung vom Rechte ihrer Ansichten und ihres Vorgehens zu überzeugen, indem sie SPD- und KPD-Presse, Flugblätter, Versammlungen, Demonstrationen verbot, der gesamten Presse solche Beschränkungen auflegte (Notverordnung »Zum Schutz von Volk und Reich«), dass man heute Kritisches gegen die Regierung mehr in der Rechts- als in der Linkspresse finden kann.

Gegen die KPD ist eine rücksichtslose Verfolgung ausgebrochen, Tausende verhaftet, überall Haussuchung. Torgler hat sich freiwillig gestellt, um Zeugnis abzulegen. Thälmann sei verhaftet (3. März 33). Auch Stampfer und der Auslandsre-

dakteur des »Vorwärts«, Schiff, sind verhaftet. Die Bestimmungen gegen inneren und äußeren Landesverrat überschreiten weit das bis jetzt vorstellbare Maß. Die SPD protestiert energisch gegen die Behauptung, dass sie in Verbindung mit diesem Verbrechen stehe. Beide Parteien haben keinerlei Möglichkeit zu Wahlagitation, während die NSDAP den »Tag der erwachenden Nation« proklamiert und mit Fackelzügen, Freudenfeuern usw. feiert …
Der Reichskanzler Hitler hat zwei im Auslande verbreitete Gerüchte in einem Presseinterview dementiert, das eine behauptet, man plane eine Bartholomäusnacht gegen die Marxisten. Ja, manche Blätter reden davon, dass das Ausland schützend eingreifen müsse. Hitler erklärte, dass das Unsinn sei. Die Verordnungen erlaubten, auf gesetzliche Weise mit allen Gegnern des Staates fertig zu werden. Gegen die Behauptung ausländischer Blätter, das Feuer im Reichstag sei nur ein Vorwand, um den Kampf gegen KPD und SPD zu rechtfertigen, erklärt Hitler, das Ausland solle ihm dankbar sein. Ohne sein Dazwischentreten wäre Deutschland dem Bolschewismus anheimgefallen …

In diesen Tagen und Nächten nach dem Reichstagsbrand, die der Auftakt zu einer zwölfjährigen Bartholomäusnacht waren, wurde auch die Zeitung der »Religiösen Sozialisten« verboten. Ein Mann wie Emil Fuchs, der solche anklägerischen Pamphlete gegen die Nazis noch nach ihrer Machtergreifung verfasste, konnte mit keiner Nachsicht rechnen. Diese renitente Haltung des Theologieprofessors, der in aller Öffentlichkeit der Nazilüge von der kommunistischen Urheberschaft des Reichstagsbrandes entgegentrat und den Widerstandskampf der KPD gerecht und ehrenvoll nannte, genügte als Vorwand, um ihn zu verhaften und mehrere Wochen ins Gefängnis zu sperren.

»Nun saß ich in der Zelle, vor mir die festverschlossene, gesicherte Tür mit dem kleinen Guckloch, hinter mir das vergitterte Fenster, neben mir das Bett mit dem schmutzigen Strohsack, der Schemel, der Tisch, das große Gefäß für menschliche

Bedürfnisse«, schrieb er in seinem Lebensbericht über dieses düstere Jahr. »Es wich nicht die furchtbare Lähmung einer unüberwindlichen Niedergeschlagenheit, ja Hoffnungslosigkeit. Nun in der Einsamkeit wurde die ganze Furchtbarkeit dessen in mir lebendig, was geschehen war: das deutsche Volk in einen hoffnungslosen politischen Irrtum verstrickt, grausame Vernichtung aller Möglichkeiten einer Änderung, aller Arbeiten und Versuche, die wir gemacht hatten, dem zu begegnen. Die Menschen, auf die man Hoffnung setzen konnte, wurden entweder grausam getötet oder befanden sich im KZ, im Gefängnis oder auf der Flucht. Eine ganz große Masse war umgefallen, auf die andere Seite gegangen, darunter auch solche, auf deren Urteil man Wert gelegt hatte. Bist du allein im Recht? Könnten nicht die anderen klarer sehen als du? Es waren doch auch fast alle Kirchenbehörden auf Seiten Hitlers ...«

Durch die Bemühung seiner Quäker-Freunde – Mitglieder der Gesellschaft der Freunde – wurde er auf Kaution freigelassen, zwei Jahre später in einer Prozess-Farce mit fadenscheinigen Anklagen zu der verbüßten Untersuchungshaft verurteilt. Indessen hatten die Nazis auch seine Tochter Elisabeth, die mit Gustav K., einem Kieler Kommunisten, verheiratet war, verhaftet und Mitte 1933 ins Kieler Frauengefängnis, ihren Mann ins Moor-KZ Papenburg gesperrt. Auch sie beide kamen durch die Bemühungen der Quäker-Freunde, nach achtzehnmonatiger Haft, zunächst Weihnachten 1934 frei. Wenige Tage darauf brachte Elisabeth ihren Sohn Klaus zur Welt, benannt nach ihrem Bruder, der sich zu dieser Zeit bereits in England befand. Vier Jahre später wurde ihr Mann erneut verhaftet. Er hatte mit Autos einer kleinen Verleihfirma, die von Emil Fuchs in Berlin als Notexistenz gegründet worden war, politisch und rassisch Verfolgte sowie antifaschistische Bücher und Schriften über die Kieler Förde und die tschechische Grenze gebracht.

»Wir besuchten meinen Schwiegersohn im KZ-Lager Roßlau«, schrieb der Vater in seinem Buch. »Er erzählte sehr betont, dass er außerhalb des Lagers auf einem Baggerschiff

Grafiken von Elisabeth aus dem Gefängnis

der Elbe arbeite. Nach dem Besuch sagte Elisabeth: ›Die Gegend muss ich mir ansehen. Das hat er nicht umsonst erzählt.‹
Wir gingen am anderen Ufer der Elbe hin. ›Siehst du, da drü-

ben liegt das Schiff! Ich habe einen Plan. Ich glaube, ich kann ihm zur Flucht verhelfen!‹ Ich erschrocken: ›Du wirst doch nicht auch noch dich und das Kind riskieren, das kann er gar nicht wünschen!‹ Sie: ›Ich weiß, dass ich ihm helfen kann. Wenn ich das nicht tue, kann ich nicht leben!‹ Wir fuhren todmüde nach Hause. Nach ein paar Tagen kam eine Frau zu ihr, Schwester eines Mitgefangenen in Roßlau, der einen Brief herausbekommen hatte mit einem Plan, dass beide zusammen fliehen wollten und nur Geld und Kleider brauchten. Nun setzte sich Elisabeth mit einem Genossen in Verbindung, der ein Motorrad besaß. Einige Male fuhr sie morgens vier Uhr nach Roßlau, bis es ihr gelang, durch Überschwimmen der Elbe und Umschwimmen des Schiffes in einem Augenblick, in dem der Wächter ins Innere des Schiffes verschwunden war, ihrem Manne Geld zuzustecken und kurze Vereinbarungen für einen bestimmten Tag zu treffen.«

Am Tag der geplanten Flucht wurde jedoch der andere Häftling bei der Morgenkontrolle zurückgehalten und weg-gebracht, so dass K. eher und anders als mit seiner Frau verabredet mit einem Anzug aus der Kleiderkam-mer geflüchtet und nach Dessau gelaufen war, wo er mit dem Geld, das er von ihr erhalten hatte, ein Taxi nahm und nach Berlin fuhr. Er stand dort vor Emil Fuchs und sagte lachend: »Heute suchen sie mich hier noch nicht.« Sie warteten auf Elisabeth, doch sie kam nicht. Ihr Mann musste sich bei Freunden in Berlin verbergen und schnellstens weiter über die Grenze. Der Vater

Die Schwester Elisabeth mit ihrem Sohn Klaus

saß diese ganze erste Nacht am Fenster und wartete auf seine Tochter. »Sie kam nicht, kam am nächsten Tag, die ganze Woche, vierzehn Tage lang nicht. Ihr Mann musste ohne sie wegfahren. Nach einigen Tagen erhielt ich übers Quäkerbüro einen Zettel, auf dem nur stand, ich solle mich über meine

Tochter nicht beunruhigen, sie sei bei Freunden. Er war vom schwedischen Pfarrer Forell. Am Ende der Woche erhielt ich eine Karte meiner Schwester: ›Komme sofort, ich habe Wichtiges mit Dir zu besprechen.‹ Ich fuhr hin. Sie kam mir entgegen: ›Ich habe eine Karte mit der Unterschrift deines Schwiegersohnes aus Prag. Das ist doch nicht möglich?‹ Ich sagte: ›Es ist möglich, er ist geflüchtet.‹ So waren wir über ihn in Gewissheit, aber über Elisabeth lag das Rätsel. – Endlich, in der Frühe des zweiten Sonntags kam sie an, ganz todmüde, völlig verstört aussehend, schmutzig, mit ungeordnetem Haar.«

Für eine Frau wie sie, die Bilder beschwörerischer Liebe für die Menschen und das sie umgebende Leben malte, war dieses Maß von Schrecken, Leid und Verwüstung unerträglich. Da sie außer dieser einen Karte an die Tante trotz verzweifelten Suchens auch über die Grenze hinweg keine weitere Nachricht von ihrem Mann erhielt und nichts über ihn in Erfahrung bringen konnte, stürzte sie sich im August 1939, kurz bevor der Krieg losbrach, in düsterer Verzweiflung auf der Fahrt nach Berlin aus dem Zug.

Emil Fuchs, nun allein mit ihrem Sohn, sagte sich damals, obwohl er glaubte, es nicht überleben zu können: »Um des Jungen willen musst du leben!« Seine Frau hatte sich 1931, als die Familie schon ersten Nazidrohungen und Verfolgungen ausgesetzt gewesen war, ebenfalls das Leben genommen. Sein Sohn Gerhard war über die Grenze geflüchtet, an Tbc erkrankt und lebte in der Schweiz. Vom Sohn Klaus hatte er eine Karte aus Paris mit der verabredeten Unterschrift »Dr. Dietrich« erhalten, dann weitere Botschaften aus England. Von seinem Schwiegersohn fehlte noch immer jede Nachricht. Die Tochter Christel war nach den USA ausgewandert. So war Emil Fuchs nun in Berlin mit dem knapp fünfjährigen Enkel allein, das Haus in Kiel geräumt, einige Möbel und Habseligkeiten von dort in einer Freienwalder Sommerlaube untergestellt, sonst bei Freunden oder in Untermietsstuben zu Hause, schließlich in einem zusammen mit einem befreundeten Ehepaar gemieteten kleinen Haus in Mariendorf.

Mukden, Warschau, Danzig und in der Schweiz

Sonja war fünfundzwanzig Jahre, als sie im Februar 1934 die Reise von Moskau zum weiteren illegalen Einsatz antrat, nachdem sich die Ausbildung im Nachrichtendienst der Roten Armee fast über ein Jahr erstreckt hatte. »Die Schule war in einem großen Backsteingebäude untergebracht, ein Posten stand vor dem Tor; sowjetisches Militär arbeitete und wohnte auch dort, wie ich glaube«, berichtete sie darüber in »Sonjas Rapport«, nachdem das Schweigegebot etwas gelockert war. »Das Gebäude lag in der Nähe eines russischen Dorfes, dessen Name mir entfallen ist. Ein Omnibus fuhr nach Moskau hinein; die Fahrt ging an den Leninbergen und dem Gorkipark vorbei. Heute ist das Dorf verschwunden und ein Teil der Stadt geworden. Ein Flügel des Hauses beherbergte die ausländische Gruppe. Wir waren sieben oder acht Schüler, die als Funker ausgebildet wurden. Ich lebte mich schnell ein; der Bau der Geräte machte mir Freude, beim Morsen kam ich gut mit; nur die Theorie lag mir überhaupt nicht. Ich glaube, dass ich ein williger, aber auf diesem Gebiet unbegabter Schüler war. Ich baute Sender, Empfänger, Gleichrichterschaltungen und Wellenmesser und lernte Russisch. Mir machte auch der politische Unterricht Freude.«

Sie sollte, nachdem sie den dreijährigen Sohn Michael aus dem tschechischen Grenzort von den Schwiegereltern geholt hatte, nach China zurückkehren. Die Reiseroute führte diesmal von Triest mit einem Passagierschiff übers Mittelmeer, durch den Suezkanal und über Indien, nach einem Aufenthalt in Bombay weiter nach Singapur, Hongkong und Schanghai, wo sie Rudi, ihr Ehemann, erwartete. Aber ihr neuer, von der Moskauer Zentrale festgelegter Einsatzort war das fast zweitausend Kilometer entfernte und von den Japanern besetzte Mukden. In ihrer Begleitung befand sich Ernst, ein Genosse aus Hamburg, der mit ihr in Moskau gemeinsam den Kurs absolviert hatte und die neue Gruppe leiten sollte. Er war ein Seemann und lange als Kurier der sowjetischen Armeeaufklärung tätig gewesen, nun, nach seiner zweiten Moskauer Lehrgangsteilnahme, ein Funkspezialist, mit dem sie Verbindung zu kommunistischen Gruppen in dem mandschurischen Kampfgebiet aufnehmen sollte. Dahin reisten die beiden im Mai, gemeinsam mit dem Jungen. Sonja war der Abschied von ihrem Mann nicht leicht gefallen, der unter dem Eindruck der Ereignisse in Deutschland und China zum Kommunisten geworden war und ihr bei der illegalen Arbeit beistand. Er half beim Besorgen, Transportieren und getarnten Verschicken von illegalem Material, Sprengstoff und der damals sehr sperrigen Funkgerätschaften – die Röhren und Spulen waren größer als später ganze Sender.

Nach dem japanischen Überfall war in den Bergen der Mandschurei und in kleinen Städten und Dörfern der Widerstandskampf entbrannt. Die drangsalierten chinesischen Bauern, Arbeiter, Studenten und Soldaten schlossen sich zu Partisanengruppen zusammen. Noch waren sie nicht in der Lage, größere Gefechte gegen die Japaner zu führen, ihre Aktionen richteten sich jedoch gegen das Transport- und Nachrichtenwesen sowie die Kommandostellen der Besatzer. Mit dem Sender von Ernst und Sonja wurde eine Verbindung untereinander und zur Sowjetunion geschaffen, die den Volksaufstand und die sich aus diesen Partisanengruppen formierende Rote Armee unterstützte. Sonja schrieb später dazu: »Es war selbstverständlich, dass die Sowjetunion am stärksten an einer internationalen Hilfe beteiligt war, und es ist nicht verwunderlich, dass die Genossen in der von Japanern besetzten Mandschurei mit der Hilfe der Sowjetunion rechneten und sie erhielten. Chinesische Genossen erlernten in der Sowjetunion das Partisanenhandwerk, und wie stolz waren die Ausgewählten darauf. Wir besaßen Decknamen und Treffpunkte für einige Partisanen, die eine Gruppe aufbauen, ausbauen und zur Aktion führen sollten.«

Sonja war es in Mukden gelungen, sich in einem Gartenhaus neben der leer stehenden Luxusvilla eines Pekinger Generals einzumieten, wo zuvor dessen Mätresse gewohnt hatte. Hier war es möglich, eine unauffällige Antenne anzubringen und den Funkverkehr durchzuführen, zweimal wöchentlich, meist die ganze Nacht hindurch bis zum frühen Morgen, wobei jede gesendete Nachricht kodiert und jede empfangene entschlüsselt werden musste. »Mein Haus mit den geschlossenen Fensterläden war wie eine Burg«, schrieb sie. »Das Licht im Zimmer war abgedeckt, ein kleiner Schimmer, gerade ausreichend zum Lesen und Schreiben, fiel auf die Tischplatte, alles andere lag im Dunkeln. Michael schlief fest im Raum nebenan. Die Stadt schlief, nur ich war wach und sendete Nachrichten der Partisanen in den Äther – und in Wladiwostok saß ein Rotarmist und fing sie auf. Doch häufig gab es Nächte, da fluchte ich dem Wecker und der Kälte im Raum. Der Ofen ging über Nacht aus. Ich saß im Trainingsanzug, in Decken gewickelt, am Schreibtisch und morste mit fingerlosen Handschuhen. Flugzeuge kreisten über dem Haus. Mal mussten sie mich ja erwischen. Einen Augenblick hoffte ich, der Partner würde sich nicht melden, ich würde so gern zurück ins warme Bett, aber dann müsste ich nächste Nacht wieder heraus.«

Hinzu kam die Scheinarbeit mit einem Buchvertrieb, für den sie in der unruhigen und bedrohlichen Situation nur wenige lesefreudige Kunden fand. Auch Ernst unterhielt zum Schein eine Firma für Rheinmetall-Schreibmaschinen, die mehr Aufwand kostete, als Nutzen brachte. Trotzdem dienten diese Geschäftsverbindungen der Tarnung geheimer Treffs mit Partisanenführern und Parteifunktionären, die Berichte übergaben und Informationen und Richtlinien für ihre Aktionen entgegennahmen. Oft waren dazu Reisen und auch nächtliche Zusammenkünfte in entlegenen Gegenden nötig, manchmal Hunderte Kilometer von Mukden entfernt. Ersatzteile für den Sender, Waffen oder Chemikalien für Sprengstoffe, manchmal zentnerweise, mussten beschafft werden. Indessen gelang es damit den Partisanen immer häufiger, Gleisanlagen zu blockieren, Militärzüge der Japaner anzugreifen oder zum Entgleisen zu bringen. Zu den illegalen Gruppen und Kampfeinheiten kamen immer mehr junge Menschen aus den Dörfern und Städten, so dass ihre Schlagkraft wuchs, damit freilich auch der wütende Hass, die Feindseligkeit und die Spitzeltätigkeit des japanischen Militärs und der Polizei.

Wie kaum anderswo unterlagen in der Mandschurei die Gegner des Regimes und der Besatzungsmacht, aus welcher Weltgegend sie auch kamen, einer drakonischen Überwachung und mörderischen Verfolgung, die äußerste Vorsicht und eine nahezu komödiantische Verstellungskunst gebot. In der Inszenierung einer gutbürgerlichen Lebewelt samt Haushaltsführung mit Dienerschaft war Sonja geübt, doch da ihr Ehemann außer zu kurzen Besuchen nicht zur Stelle war, ließ sich das Bild einer honorigen Familie nur mit vielerlei Verrenkungen und Ausflüchten herstellen. Mit noch mehr Bedacht wählte sie jedes Wort, das sie an die Eltern schieb, die inzwischen mit allen Geschwistern nach England emigriert waren. Manche Briefe gerieten dabei zu Meisterstücken der Desinformation an die Mitleser der observierenden Geheimdienste, wurden aber mit ihren spöttischen Seitenhieben und Übertreibungen, die politische und wirtschaftliche Tatsachen kurios auf den Kopf stellten, von allen aus der Kuczynski-Familie nur zu gut verstanden.

So schrieb sie an den Vater aus Mukden zu dessen achtundfünfzigstem Geburtstag am 20. Juli 1934:

Lieber Vat! Zum Geburtstag herzlich alles Gute! – Das Land hier ist außerordentlich interessant. Die Japaner führen großzügigste Aufbauprogramme durch. In Mukden entstehen vollkommen neue Stadtteile. In der Hauptstadt Himking sind riesige Regierungsgebäude im Entstehen, Fluglinien und neu gelegte Eisenbahnen durchkreuzen ganz Mandschouko. Japanische Waren überschwemmen Städte und Dörfer – sie bringen alle europäischen Firmen zu Fall. Sechzig Prozent der europäischen Kaufleute haben in Mukden in den letzten zwei Jahren pleite gemacht. Zugleich wird die eine Hälfte Mandschoukos von Fluten überschwemmt, die andere Hälfte hat

Dürre – die Folge ist Hungersnot. Im letzten Monat fanden allein in Fengtien, einer Provinz von Mandschouko, sechshundertfünfzig Überfälle von Banditen und Anti-Japan-Gruppen statt. – Michael ist ganz reizend, abgesehen von seiner Dürre, entwickelt er sich glänzend. Es wird Zeit, dass Du ihn kennenlernst.

Viele der Briefe, die sie aus Mukden an die Familie schrieb, sind in diesem Ton des Schönredens gehalten – auch des schwierig gewordenen Ehe- und Familienverhältnisses –, oder sie beschränkten sich fast nur auf Berichte über den heranwachsenden, nun dreijährigen Sohn Michael. Kaum finden sich Eingeständnisse ihrer problematischen Situation, der auch privaten Nähe zu ihrem Mitarbeiter Ernst, stattdessen nur Andeutungen mit gleichzeitigen Beschwichtigungen der Anverwandten im englischen und tschechischen Exil:

Mukden, April 1934
Ich führe genau das Leben, das ich mir wünsche, und ich bin sehr zufrieden. Ich gebe zu, dass ich ein geschütztes, behütetes, sehr viel sorgloseres Leben als Rolfs Frau immer nur an seiner Seite führen könnte – aber nur in der Theorie; in der Praxis wäre ich dann unglücklich …

Mai 34
Dear London-Landeshut! Insgesamt herzlichen Dank für alle guten Geburtstagswünsche. Nachdem ich mir die Mütterbriefe der letzten Male auf Fragen und Nachrichten hin noch mal durchgesehen habe, stelle ich fest, dass besonders aus Landeshut, aber fast ebenso aus London die Aktie Mischa sehr gefragt ist. Also speziell ein Michaelbrief dieses Mal, obwohl es mir vorkommt, als ob er sowieso schon den Hauptinhalt meiner Briefe ausmacht. Er befindet sich jetzt im Warum-Alter, Nervenprobe und Freude zugleich für die betroffene Mutter. Die Fragen: »Warum fallen beim Apfelbäumchen die Blüten auf einmal ab?«, »Warum hat man in der Nase zwei Löcher und nicht eins?« Er ist außerordentlich lebhaft in der Beobachtung

und sehr jungenhaft bei der Untersuchung von Sachen. Er liegt neben mir im Bett und sagt: »Wenn dein Arm krumm ist, ist er ganz.« Ich verstehe nicht, er erklärt: Na, wenn Du deinen Arm gerade machst, geht die Haut am Ellenbogen immer kaputt. – Ein neues Paar Schuhe beriecht er, einen neuen Stuhl beriecht er. »Die Gabel und die Butter gefallen mir nicht, die riechen, wie nichts riecht.« »Hm, Mutti, deine Haare riechen gut.« »Kann ich mal Salbe auf meine Hand schmieren, damit das

Mit Rudi Hamburger in Mandchoukuo, 1934

gut riecht? Mutti, wo bleibt die Salbe, wenn ich reibe, meine Haut hat doch keine Löcher?«

August 34

Ich brauche hier mit dem Kinde zusammen für Haus, Essen, Kleidung etc. monatlich nur hundertsechzig Schanghai-Dollar. Das Beste am Aufenthalt ist, dass ich Chinesisch lerne. Ammah und der Koch-boy sprechen nur Chinesisch.

Michael in Mukden

Und Mischa, der das erst ganz ablehnte, fängt jetzt an, und es macht ihm Spaß. Täglich überrascht er mich durch neue Worte, vor allem ist sein kleiner chinesischer Spielkamerad der anregende Teil. Nur meine Geschäfte waren im Juli schlecht – jetzt im August sehr gut, ich schaff es nicht mehr allein, das heißt, wenn ich sehr viel arbeite, ja, aber wenn ich mir eine japanische Hilfe nehme, so ist das sehr billig und ich erkaufe mir dadurch meinen halben freien Tag für Mischa, Bücher lesen, Chinesisch lernen etc. Wir haben eine feste Tagesordnung: Aufstehen 7 Uhr, Frühstücken, Mischa in den Klub bringen, 8 bis 9 Uhr Chinesisch, 9 bis 10 Uhr Tennis im Klub (Mischa Balljunge), 10.30 bis 11.30 Uhr Schwimmen, Mischa planscht in einem kleinen Bassin. 12 Uhr Mittagessen, bis 2 Uhr Mischa liegen, ich arbeiten. Mischa in den Klub, ich arbeiten; zwischen 5 und 6 Uhr Mischa besuchen und mit nach Hause nehmen, 6.30 Uhr Baden, 7 Uhr gemeinsames Abendbrot, 7 Uhr 30 bis 8 Uhr Geschichten erzählen und Bilderbücher ansehen. Mischa schläft, ich arbeite. Sonntags nehmen wir uns einen Pferdewagen und fahren in einen Wald. Die Deutschen hier sind durchaus nett zu mir – aber ausgehen tu ich kaum und Gäste habe ich noch weniger.

28. September 34

Das Land hier ist natürlich enorm interessant. Ein völlig anderes China – ganz japanische Atmosphäre und dabei modernstes europäisches Japan, mit großen Aufbauplänen in der Industrie und im Kampf gegen alles Traditionelle, was China hier übrig gelassen hat. Ich habe täglich Chinesisch und feiere das Fest meines fünfhundertsten Schriftzeichens noch in diesem Monat. Sprechen geht auch schon ganz ordentlich, aber Verstehen ist noch immer schwer. Ich lerne mit meinem Boy um die Wette schreiben, er geht jeden Nachmittag zur Schule, ein netter, intelligenter Kerl, dem ich die Zeit und die paar Groschen sehr gern gebe. Dafür bekocht er uns ideal. Ich denke daran, ihn mit nach Schanghai zu nehmen.

Juni 35 (?)

Langsam muss der Rest der Briefbogen aufgebraucht werden. (Geschäftsbriefkopf mit Aufdruck: Manchoukuo Book-Agency, Educational, Medical, Scientific Books, Manager U. Hamburger, Manch. P.O. Box 30, Moukden.) Hier alles prima. Mischa wie immer von morgens bis abends fröhlich und voller Einfälle. Er ist so temperamentvoll, manchmal steigert es sich zu Wutausbrüchen, die er sicher nicht von seinem Vater hat – aber auch bei mir ging es doch nie weiter als bis zum

Türenzuschlagen etc. Eine interessante Sache: Mein Nachbar ist ein deutscher Nationalsozialist, der sehr große Eisenfirmen hier vertritt. Er ist Mitte Fünfzig, ein starker Trinker und sehr lebenslustiger Mensch, hat vier Kinder in Deutschland. Mein Häuschen ist ein Nebenhaus zu seinem, beide romantisch durch einen unterirdischen Gang verbunden. Von den üblichen Auslandsdeutschen unterscheidet er sich wesentlich durch Bildung, Intelligenz und Aufrichtigkeit. Wir haben oft sehr lange Diskussionen, die nie unerfreulich werden, und wir waren auch schon oft zusammen unsolide tanzen bis 2 Uhr, japanisch essen usw., immer mit mehreren Leuten. Und manchmal las ich ihn bei einem Trinkstündchen irgendwo auf, dann bat er mich, ihn nach Hause zu bringen, damit er um Himmels willen aufhöre, das tat ich und blieb mit ihm den Abend zusammen bei wirklich amüsanten Unterhaltungen. Manchmal findet er seine Alkoholkurve zu stark, dann rührt er einen Monat lang keinen Tropfen an. Er kann unanständige Witze und Sachen erzählen, ohne dass es unangenehm wirkt oder er aus der Rolle fällt, weil er im Grunde ein großer Kavalier ist und sehr freimütig. Er sagt hier den deutschen Spießern, wie er sie nennt, furchtlos die tollsten Wahrheiten ins Gesicht und singt auf Naziversammlungen mein Loblied, denn er hat eine Schwäche für mich. Also dieser Mann hat Beziehungen zum herrschenden Fürsten der inneren Mongolei De Wang, der sehr einflussreich ist. Er hat den Fürsten jetzt besucht und soll zu dessen Generaladviser ernannt werden, also nur noch für ihn arbeiten. Der Fürst hat folgenden Plan: Er will die Wolle, die jetzt chinesische Händler in der Mongolei privat aufkaufen (sie geben den Mongolen eine Stall – Laterne für zweihundert Kilogramm Wolle) staatlich aufkaufen und verkaufen. Mein Nachbar wird sein Mittelsmann sein und diese Wolle zu sehr billigem Preis Deutschland anbieten. Fünfzig Prozent der Wolle sind in Waren zu bezahlen. Das Ganze ist eine interessante und bombige Sache. Der Clou ist, dass mein Nachbar eine Sekretärin braucht »mit Haaren auf den Zähnen«, die mit ihm zum Fürsten fährt, die ganze Mongolei mit ihm bereist und die gesamte, sehr interessante Korrespondenz erledigt (natürlich »platonische« Sekretärin, das weiß er). Mir blieben Kaffee und Kuchen im Munde stecken, als er davon sprach. Aber sorgt euch nicht, mal muss Schluss sein mit dem Vagabundieren – es kommt nicht in Frage für mich, zumal er schon bald jemanden brauchen würde.

Jede Woche denke ich jetzt mehr an den Urlaub. Separate Pläne mache ich noch nicht, aber die Vorstellung einer Ankunft von mir und Kind auf dem Bahnhof in London und Empfang durch sämtliche Geschwister und Eltern hat sich mir als Bild fest ins Gehirn gegraben. Mischa im neuen braunen Anzug, den Rudi ihm schickte. Vielleicht sollte man die Kinder dem Alter nach in Entfernung von je zwanzig Metern aufstellen, damit der Überfall von allen auf einmal nicht zu erschütternd auf mich wirkt …

Peking, 10. Juli 35

Dear family. Ich fürchte, diesmal kommt mein Brief verspätet. Die Tage fließen so gleichmäßig dahin, dass ich kaum an Daten denke. Der Garten hier ist entzückend. In einem großen Topf blühen jetzt Lotusblumen. Gestern kaufte ich für zwei Dollar hundertvierzig blühende Blumenbüsche, Astern, Löwenmaul, Goldlack, an jedem Busch fünf bis zehn Blüten, sie wurden gleich eingepflanzt, und nun leben wir im wahren Sinn des Wortes auf einem kleinen Blumenhof. Mischa bekam neben seiner Sandkiste, die ich ihm besorgte, ein extra Beet, das wohl unter seiner allzu zärtlichen Pflege (alle fünf Minuten Wasser gießen) eingehen wird.

Die Zeit unseres Wiedersehens kommt näher, ich denke schon immerfort daran. Ich werde wohl von hier aus erst noch zwei, drei Wochen nach Schanghai gehen und auf Japan verzichten. Dann werden wir, denk ich, via Sibirien kommen, Kind und ich wahrscheinlich direkt zu Euch, Rudi vielleicht zu seinen Eltern erst. Ich wünsche mir sehr, dass Jürgen oder noch besser die ganze Familie Jums gleich bei meiner Ankunft bei Euch ist. Auf Wiedersehen – es muss eine prima Zeit werden!

Juli 35

Liebe Familie. Endlich ist die Regenzeit vorüber. Das Wetter ist geradezu unwahrscheinlich schön. Knallblauer Himmel wie in Italien, über mittags recht heiß, aber immer angenehme trockene Hitze. Mischa hat pralle rote Backen, aber sonst dünn wie immer. Er schwimmt jetzt, ohne dass ich bei ihm im Wasser bin, mit Hilfe des Schwimmringes durch das tiefe Bassin, zwanzig Meter hin und auch zurück.

Unsere Ankunft wird wohl, wenn wir via Sibirien plus Dampfer kommen, zwischen dem 20. und 27. liegen, je nachdem wie die Dampfer gehen – ich glaube, nur einmal wöchentlich. Das kann man hier nicht erfahren.

Im April 1935 wurde Feng, der wichtigste Kontaktmann zu den Partisanen, verhaftet. Man hatte Sprengstoff bei ihm gefunden. Das bedeutete für Sonja und Ernst äußerste Gefahr. Die Moskauer Zentrale befahl den Abbau des Senders und den Abbruch jeder Verbindung zu den Partisanen. Ohne Hast und Panik, einigermaßen gutbürgerlich, erfolgte die Verabschiedung von der Mukdener Gesellschaft und Geschäftswelt, weit komplizierter und aufregender gestaltete sich jedoch die angeordnete Übersiedlung »mit Kind und Kegel« nach Peking, auch das weitere Zusammenleben mit Ernst und die Ehe mit Rudi. Zum »Kegel« des Anstoßes wurde dann jedoch der in einem Radioempfänger wohlverpackte Sender, der an der mandschurischen Grenzstation zurückbehalten und erst nach aufregendem Hin und Her und erneuter Reise zur Grenze geholt werden konnte – niemand hatte dort aber genauer nachgeschaut und den darin verborgenen Sender entdeckt. Nach wenigen Wochen in Peking und einem »Urlaub« am Gelben Meer – mit fast völlig ausgesetztem Funkverkehr und nur unbedingt nötigen Kontakten zu sowjetischen Verbindungsleuten – kam es jedoch zur Verhaftung eines weiteren Kundschafters ihrer Gruppe. Nunmehr wurde es allerhöchste Zeit für die Abreise aus China.

Wieder war Moskau, diesmal mit Michael, Zwischenstation und Lehr- und Vorbereitungsort für neue Aufgaben. Sonja, die nach den körperlichen und nervlichen Anspannungen entkräftet und um zwanzig Kilo abgemagert war, erwartete von Ernst ein Kind. Sie wollte es unbedingt und stimmte

103

trotzdem einem neuen Einsatz in Polen zu. Dort hatte sich eine Militärdiktatur unter Marschall Pilsudski etabliert, die im Jahre 1932 zwar einen Nichtangriffspakt mit der Sowjetunion, doch 1934 auch einen Pakt mit Hitlerdeutschland abgeschlossen hatte und nun eine bedrohliche antisowjetische Politik betrieb. Eine Rückkehr nach China und ein weiteres Zusammenleben mit Ernst in Reichweite von Rudi kam auch wegen der persönlichen Konflikte und zunehmenden Entfremdung für Sonja nicht in Betracht. Als man ihr vorschlug, mit Rudi, ihrem Ehemann, gemeinsam nach Warschau zu gehen, waren beide einverstanden. Weil er dort als Architekt arbeiten konnte, war eine Legalisierung mit ihm viel leichter möglich. Außerdem wollte Rudi ungeachtet der privaten Komplikationen mindestens bis zur Geburt des Kindes an ihrer Seite sein.

In späteren autobiografischen Aufzeichnungen Rudi Hamburgers, die erst nach seinem Tod (1980) bekannt wurden, sieht er in der »zwiespältigen Lage«, in der sie sich damals befanden, den Grund dafür, dass sich »der Riss in unser beider gemeinsamem Leben« vertieft habe: »Die Pflichten der Parteiarbeit drängten sie in ein Doppelleben, in dem eines mir verborgen blieb. Aus Parteidisziplin, hieß es. Wer nichts weiß, kann nichts aussagen. Ich war nicht begierig zu wissen, einzudringen. Sie besaß mein Vertrauen und kannte meine Sympathie für die Sache. Wie würde sie dieses Doppelleben bewältigen? Ihre Gedanken, beschäftigt mit der Arbeit, voll Teilnahme für den gefahrvollen Einsatz der Genossen, das Schicksal der Bedrohten – konnte sie ihre Gefühle abschließen, sich gewissermaßen umziehen, wenn sie heimkehrte – und war es Heimkehr? – in die gepflegte Atmosphäre des liebenswürdigen kleinen Reichs, das mit Liebe geschaffen war vom Architekten des Internationalen Settlements aus dem Verdienst für Projekte und Bauten der herrschenden Klasse, der kolonialen Unterdrücker, der Leute mit dem großen Besen? Sie war sich bewusst, dass ich in meiner Arbeit aufging. Wie sollte sie sich ihr gegenüber verhalten, wie meinem Enthusiasmus begegnen? Konnte sie Gedanken aussprechen, wie etwa: ›Gute Arbeit, aber leider verschwendet an die falsche Gesellschaft?‹ …«

Während Rudi weiter in Warschau sein Architekturbüro betrieb, fuhr Sonja damals im Auftrag der Zentrale mehrmals für Wochen und Monate nach Danzig, um einer Widerstandsgruppe beim Aufbau eines Senders zu helfen. Mit Michael und der aus England gekommenen Kinderfrau Ollo (die schon alle Kuczynski-Geschwister behütet hatte) richtete sie sich in einer kleinen, notdürftig mit einer Funkstation ausgerüsteten Wohnung ein. Die KPD war in der Freien Stadt Danzig bereits seit 1934 verboten, Hunderte saßen in Gefängnissen, praktisch regierten bereits die Nazis die Stadt. Hitlerbilder hingen in allen Amtsstuben, und Hakenkreuzfahnen flatterten auf den Dächern, Juden wurden verfolgt, verhaftet und allenthalben diskriminiert. Sonja sah, als sie in einem der vornehmsten Cafés zu einem Treff verabredet war, an der Tür das Schild: »Juden, Polen und Hunde unerwünscht.« Zu spät erfuhr sie, dass in dem Haus, in das sie eingezogen war und wo sie den in einem Grammophon verborgenen Sender jeweils zum nächtlichen Funkkontakt hervorholte, ein höherer Nazifunktionär wohnte, dem auffiel, dass in den späten Abendstunden oft sein Radioempfang gestört war. Er vermutete illegalen Funkverkehr, veranlasste Kontrollen und das Anpeilen des gesamten Wohnblocks, was seine geschwätzige Frau glücklicherweise Sonja ausplauderte. Eine der letzten Nachrichten, die Sonja noch empfangen hatte, war die Mitteilung: »Das Volkskommissariat für Verteidigung hat beschlossen, Sie mit dem Rotbannerorden auszuzeichnen. Wir beglückwünschen Sie herzlich und wünschen Ihnen weitere Erfolge in Ihrer Arbeit.« Nun wollte sie ihre Stellung trotz der bedrohlichen Situation nicht Hals über Kopf räumen und funkte entgegen allen Regeln noch einmal, um die Zentrale zu informieren. Sie erhielt die strikte Anweisung, den Funkverkehr sofort abzubrechen und Danzig zu verlassen. Wieder einmal löste sie einen Haushalt auf, diesmal mit Ollo, der

Kinderfrau, kurz vor Ninas Geburt. Für einige Zeit blieb sie noch bei Rudi in der Warschauer Wohnung, die untere Etage eines Zweifamilienhauses mit einem Garten, umgeben von Wald – Poststation Skolimow, vierzig Minuten Autobusfahrt zur Stadt. In den Briefen hielt sie noch immer gegenüber ihren Eltern, den Schwiegereltern und den Geschwistern den Anschein der intakten Ehe und Familie aufrecht.

Warschau, 2. Februar 36
Die Umgegend Warschaus ist keineswegs schön, aber gegen eine Stadtwohnung sträube ich mich, und auch Rudi zieht draußen vor. Rudi ist beruflich sehr beschäftigt, deshalb ist es schade, dass der Umzug nicht schon erledigt ist. Er muss zunächst einen Wohnblock mit zehn Wohnungen entwerfen. Sein genaues Arbeitsverhältnis zur Firma ist noch nicht festgelegt, da wir die Erlaubnis abwarten müssen. Warschau gefällt uns nicht schlecht, aber Europa ist mit China verglichen langweilig. – Rudi ist in der Garage, wo unsere bereits gekauften Möbel stehen, und streicht sie.

27. Februar 36
Dear family. Der Haushalt hat sich ganz gut eingelaufen. Besonders erleichternd ist der Rückgang der Kälte. Wir hatten an minus achtzehn Grad, und das Haus war nicht warm zu kriegen. Jetzt sind null Grad, und Mischa muss bereits den Schnee für die Skier auf vereinzelten Wegen suchen. Ollo scheint sich im Hause wohlzufühlen, aber hat Vorurteile gegen das Land. Sie ist durch die Großstadt London verwöhnt, und wir haben ja auch einen ziemlichen Weg in die Stadt. Sie triumphierte geradezu, wie sie Recht gehabt hatte mit ihrer Menschenkenntnis, als sie entdeckte, dass ihr Strümpfe und etwas Unterwäsche fehlten aus dem Koffer. Na, und die Sprache. Englisch wäre wenigstens so ähnlich wie Plattdeutsch gewesen, aber hier wäre ja kein Wort zu verstehen. Abgesehen davon pfeift und singt sie den ganzen Tag, hängt auch schon an Mischa und er an ihr, kann's aber gar nicht erwarten, bis das Baby kommt.

5. März 36

Ich war beim Arzt, da mir morgens ein paar Mal die Beine recht wehtaten, und ich mir ihn sowieso mal angucken wollte. Er macht den Eindruck eines freundlichen Schlächtermeisters aus einer deutschen Kleinstadt. Er hat 'nen kugelrunden Kopf mit enormer Glatze, eine Kartoffelnase und einen roten Schnurrbart, der sehr peinlich kitzelt, wenn er einem ohne Hörrohr die Lunge abhört. Er untersuchte also, und es ist alles in Ordnung. Wegen der Beine empfahl er mir eine leichte Gymnastik. Hinlegen, Beine grade ausstrecken und Fußsohlen nach oben biegen. Selbige Übung tat die ersten Male weh, jetzt mache ich sie ohne Schmerzen. Er spricht gebrochenes Deutsch. Nachdem er die Lage des Kindes untersucht hatte, sagte er: »Seine Kind steht gut.« Ich jammerte etwas, weil er zwanzig Zloty für die Konsultation nimmt, und besprach mit ihm die Klinikpreise. Er wird mir also die Adresse einer prima Klinik mit Hebamme sagen. Für zehn Tage hundertachtzig Zloty.

Die Tochter Janina wurde am 27. April 1936 in Warschau geboren, ein paar Stunden zuvor hatte Sonja nachts noch bei verdecktem Licht an ihrem Sender gesessen und gefunkt. Nach der Heimkehr aus der Klinik berichtete sie erleichtert und frohgemut den Eltern und Geschwistern, dass es »ein kräftiges, schönes Kind« sei. »Am 1.

Mit Nina, 1936

Mai, als Nina vier Tage alt war und ich sie zum Nähren bei mir im Zimmer hatte, drang plötzlich Musik von der Straße herauf – die Internationale! Eine illegale Demonstration! Ich stand auf und lief, das Kind im Arm, zum Fenster …«

Einige Zeit darauf kam es zu einem Treffen mit »Andrej«, ihrem direkten Vorgesetzten des Sowjetischen Aufklärungsdienstes, der von Moskau nach Warschau gekommen war, wie sie in »Sonjas Rapport« berichtete: »Ihm schien, ich strahlte nicht mehr die Fröhlichkeit aus, die ich auf der Schule in

Moskau besessen und die alle so gern gehabt hätten. Später teilte er mir mit, er sei mit meiner Arbeit zufrieden, das solle er mir auch vom Direktor ausrichten. Ich hingegen machte ihm klar, wie ungeübt ich mich in meinem Beruf fühlte, dass es mir schwer fiel, den neuen Entwicklungen im Senderbau zu folgen, und ich am liebsten noch eine weitere Ausbildung in der Sowjetunion gehabt hätte. Zu meinem Erstaunen stimmte Andrej zu. Ich sollte für ein paar Monate in die Sowjetunion kommen und dann wieder nach Polen zurückkehren.«

Drei Tage vor dem 30. Geburtstag, in Polen

In Moskau erhielt Sonja während dieses Aufenthalts aus den Händen von Kalinin den Rotbannerorden. »Lange hielt Kalinin meine Hand fest, lange klatschten die Rotarmisten, wahrscheinlich, weil ich die einzige Frau unter ihnen war. Ich habe Kalinins Güte, den Ausdruck seines Gesichts noch heute in Erinnerung.«

Außer »Kalinins Güte« hatte sie dabei durchaus auch anderes wahrgenommen: »Es war die Zeit des Personenkults und der Verletzung sozialistischer Gesetzlichkeit. Falsch wäre, diese Periode, die sich auf viele Menschen tragisch auswirkte, zu übergehen. Als ich meine alten Freunde in Sokolniki besuchte, traf ich nur Lisa und die Kinder an, der Mann war verhaftet worden. Lisa sagte mir ruhig und gefasst, niemals habe ihr Mann ein Verbrechen gegen die Partei oder die Sowjetunion begangen. Wir hatten beide die gleiche Erklärung. Es könnte sein, dass ihm ein ernster Fehler in der Arbeit unterlaufen war. In einer Zeit, wo die Imperialisten im verschärften Kampf gegen die Sowjetunion zahlreiche Agenten eingeschleust hatten, war es nicht immer leicht für die Verantwortlichen, zwischen

Fehlern ehrlicher Genossen und Taten des Gegners zu unterscheiden. Bei so vielen Schuldigen konnte es geschehen, dass auch Unschuldige mit betroffen wurden, aber das würde sich klären. Waren Freunde, denen ich wie mir selbst vertraute, von den Folgen dieser Zeit betroffen, erschütterte es mich tief. Ich blieb überzeugt, sie waren Kommunisten und keine Feinde, aber sie konnten Fehler gemacht haben, die einen Verdacht zur Folge hatten. Ich selbst arbeitete in einem militärischen Apparat, in dem ein einziger Fehler viele Mitarbeiter gefährden konnte und der Schuldige dafür zur Verantwortung gezogen werden musste.«

Sonja schilderte auch eine Begegnung mit dem damaligen Chef der militärischen Aufklärung (vermutlich General Semjon Urizki, dem Nachfolger des Generals Jan Bersin – beide wurden 1937 oder 38 hingerichtet): »Er befragte mich über meine Erfahrungen in Polen, besonders interessierten ihn unsere Bemühungen um die Aufenthaltserlaubnis, welche Fragen gestellt worden waren, wie wir geantwortet und mit welchem Rang in der Beamtenhierarchie wir verhandelt hatten, welche Möglichkeiten der Legalisierung es in Polen gab, wie ein illegaler Mitarbeiter am geschicktesten auftreten und welche Geschichte man ihm glauben würde. Während ich antwortete, hielt der Direktor meinen Pass mit vielen Stempeln zur Verlängerung des Aufenthaltes in den Händen und sagte: ›Sonja, ich weiß, was für ein Kampf allein darin steckt, dass ihr euch dort gehalten habt.‹ Es machte mir Freude, in diesem Zusammenhang auf Rolfs Verdienste hinzuweisen. Ich war sehr beeindruckt von diesem Genossen; sah ihn jedoch nicht wieder. Die Genossen in leitender Stellung wechselten damals oft ...«

Rotbannerorden

Im September 1937 kehrte sie auf Umwegen über die skandinavischen Länder nach Polen zurück. Nur eine kurze Zeit blieb sie noch in Warschau, im Oktober zog sie mit den Kindern nach Zakopane. Von da aus musste sie wiederum nach Danzig reisen, um die dortige Aufklärergruppe beim Aufbau eines neuen Senders zu unterstützen. Von Zakopane aus hielt sie Verbindung zu Bekannten aus Berlin in Genf, die beim Völkerbund beschäftigt waren und ihr wichtige Informationen geben konnten, und auch zu einer Gruppe illegaler bulgarischer Genossen, für die sie Nachrichten nach Moskau übermittelte.

Zakopane, 1. November 37

Wir sind alle ganz begeistert von unserer neuen Wohnstätte. Die Hauptzimmer haben einen Blick auf ein Bergpanorama von zweitausend Meter Höhe, die Fenster der Nebenzimmer gehen auf sanfte waldige Abhänge und grüne bekuhte Wiesen. Ollo und ich finden es bis auf die dichter gebauten und meist häss-

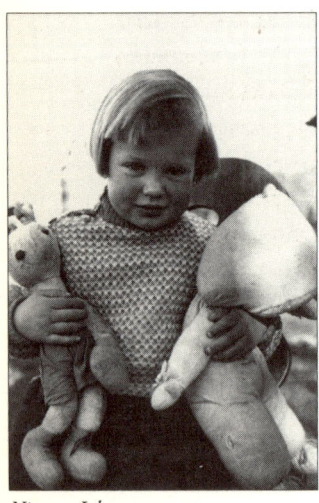

Nina, 2 Jahre

lichen Häuser landschaftlich noch schöner als die Grenzbauden. Die ersten drei Tage mit ganz blauem Himmel und vierundzwanzig Grad Wärme waren paradiesisch – die Kinder im Garten, der eine kleine Wiese ist, dazu die Berge im Hintergrund – einfach ideal. Das Haus hat sechs Zimmer, eine Veranda, zwei Balkons. Ein großes Zimmer mit extra Eingang werden wir zur Saison vermieten. Ein zweites großes Zimmer mit der Veranda davor bewohnt Ollo mit Janina.

Krakow ist über drei Stunden weiter oder vielmehr näher an Warschau. Rudi fährt nur zweimal im Monat hin – vorläufig, da erst im Frühjahr gebaut wird, und zeichnet hier in Zakopane. Unser Haus liegt absolut gebirgshaft-ländlich, auf der holprigen Chaussee kommen ab und zu Pferdewagen mit Einheimischen vorbei, auf allen Wiesen grasen Kühe, aber in fünfzehn Minuten ist man mitten im Städtchen mit Ladenstraße und Kino, das dreimal wöchentlich die Filme wechselt. Die Lebenshaltung ist etwas billiger als in Warschau. Fleisch, Eier, Milch erheblich billiger, Gemüse, Obst teurer. Seht Euch mal auf 'ner Karte an, wo wir wohnen – es ist näher an Wien und Prag als an Berlin.

Nach dem Abruf Sonjas im Juni 1938 aus Polen, war ihr nächster Einsatzort die Schweiz und ihr Einsatz also direkt gegen Nazideutschland gerichtet. Sie fuhr nach einem erneuten mehrmonatigen Moskau-Aufenthalt auf Umwegen zunächst nach England, um die Kinder und Ollo zu holen, die sich zwischendurch bei ihren Eltern und Geschwistern aufgehalten hatten. Von dort aus reiste sie unter falschen Namen mit falschen Papieren durch Nazideutschland, wo sie beim Umsteigen die Gelegenheit nutzte, bei Wartezeiten die Bahnhöfe zu verlassen und sich in den Städten umzusehen. Nun war Deutschland für sie wieder nahe gerückt und zugleich in düsterer Ferne. Ende September 1938, als sie in Lausanne eintraf und dort zuerst mit der Familie in einer Pension wohnte, wurde nach dem Einmarsch der deutschen Wehrmacht in Österreich und der Angliederung als Ostmark das Münchner Abkommen mit den Westmächten besiegelt. Damit war die Tschechoslowakei dem Hitlerschen Aggressionsdrang preisgegeben, was kurz darauf zur Okkupation Böhmens und Mährens führte. Nicht einmal sechs Monate später wurden die übrigen tschechischen Gebiete besetzt – zwanzig Jahre nach dem ersten Weltkrieg warf der zweite Weltkrieg seine Schatten voraus.

Montreux, 28. September 38
Dear family. Alles ist sehr aufregend. Ein Jammer, dass man nicht um den runden Tisch im Esszimmer sitzt und über alles reden kann – andererseits natürlich gut, die Reise hinter sich zu haben. Unsere Stimmung hat sich seit der »Einigkeit der Demokratien« trotz des Ernstes der Lage gebessert. Bis Ihr den Brief habt, sind die Würfel vielleicht schon gefallen. Privat ist folgendes zu melden: Wir haben uns in Les Moulins, Gryon, Caux und St. Cergue verschiedenes angesehen und in Caux was Entzückendes gefunden. Am Freitag müssen wir uns entscheiden. Die Nachteile sind Einsamkeit. Es liegt fünfzehn Minuten vom Bahnhof fort. Das nächste Haus ist ein Bauernhaus in hundert Meter Entfernung. Das übernächste Haus gehört einem Notar mit seiner Lehrerin-Frau in hundertfünfzig Meter

»La Taupiniere« in Caux bei Montreux mit Blick auf den Genfer See

Entfernung. Er ist auch der Besitzer unseres Hauses. Das dritte Haus, in zweihundertfünfzig Meter Entfernung, ist eine Schule für Kinder von drei bis zwölf Jahren (für circa zwanzig Kinder), von der Notar-Frau geleitet. Dann kommen eine Weile keine Häuser. Die Schule ist sehr verlockend. Die Leiterin macht einen sympathischen kultivierten Eindruck und würde Mischa gern nehmen. Schulunterricht täglich – einen Franc. (Falls dort Essen und Wohnen fünf Francs.) Unser Häuschen hat einen märchenhaften Blick über den See und liegt inmitten grüner Wiesen. Sein besonderer Reiz – es ist ein echtes altes Bauernhaus! Unten Küche mit Holztisch und Holzbänken zum dort Essen (Kohleherd), daneben Wohndiele mit schwerer Holztür ins Freie. Von der Küche die Treppe zum ersten Stockwerk, wo unterm Dach drei Schlafzimmerchen liegen. Das größte mit Balkon, die ganze Haussüdfront entlang. Da das Haus am Abhang liegt, kann man vom Balkonende auf drei Treppenstufen entlang auch gleich auf die Wiese hüpfen, angebaut sind zwei Ställe. Der einzige Nachteil der »Echtheit« des Bauernhauses sind die kleinen Fenster der Zimmer, durch die das Ganze etwas dunkel wird. Aber das Häuschen ist so

originell und hübsch und klein und gemütlich, dass wir ganz begeistert sind. Vergessen habe ich das eingebaute schöne Badezimmer mit einem hundert Liter elektrischen Badeofen, fließend Wasser etc. – Die Bahn fährt fünfundvierzig Minuten nach Montreux. Es gibt ein paar Lädchen.
Rudi ist für eine Woche hier und wird am 21. über Marseille nach China zurückkehren.

Über das weitere Schicksal Rudi Hamburgers ist in dem 2007 erschienenen Buch »Funksprüche an Sonja« (Neues Leben, Berlin) nachzulesen, dass er nach der Trennung von Sonja ebenfalls eine konspirative Tätigkeit für den Geheimdienst der Roten Armee aufnahm. »Er war dann in China als Kundschafter tätig, wo er verhaftet und gefoltert wurde. Nach seiner Freilassung setzte er die konspirative Tätigkeit in Persien fort und geriet den Amerikanern in die Fänge. Er konnte entkommen und floh zu seinen Auftraggebern in die Sowjetunion. Als er sich dort in Sicherheit wähnte, wurde er von einer paranoiden Justiz wegen angeblicher Spionage gegen das Land, für das er sich jahrelang eingesetzt hatte, zu mehreren Jahren Lagerhaft verurteilt. Auch hierüber hat er Aufzeichnungen hinterlassen ...«

Sonjas Post, wenige Wochen nach der Scheidung, dem Abschied von Rudi und dem Kriegsbeginn aufgegeben, erreichte dann erst nach Wochen, manchmal Monaten die Eltern und Geschwister in England:

23. Oktober 39
Dear family. Ich höre jetzt nicht viel von Euch, aber die Briefe gehen wohl langsam. Ich werde Euch zwischendurch immer mal eine englisch geschriebene Postkarte schicken, die wird Euch sicher schneller erreichen. Schreibt nur immer, wie es allen geht. Was machen Jums, was Vaters Arbeiten, Brigitte als Airwardian mit Luftschutzhelm auf dem Kopf kann ich mir vorstellen, hoffentlich bleibt es bei der Theorie. Macht doch mal ein Bild von ihr, damit ihre Kinder und Kindeskinder später

stolz auf sie sein können. Ich tue gar nichts, außer dass ich mal den Bauern beim Heuen helfe, Emigranten sind nicht zur Hilfe zugelassen. Hier oben wird was vom Roten Kreuz organisiert, aber mehr als Bänder an Kopfkissen zu nähen, werde ich wohl nicht zu tun kriegen. Man fühlt sich richtig als Parasit in dieser Zeit, mit nichts helfen zu können. Ich habe daher auf einen Aufruf hin mein Blut zwecks Bluttransfusion angeboten im Falle Verwundeter, wobei zu hoffen ist, dass dem Armen nicht meine schlechten Eigenschaften mit in die Adern laufen. Kinder blühend und munter wie immer. Tanja behauptet, dass Mischa sich so hübscht (mein Mischa!). Er bekäme jetzt solchen Liebreiz im Gesicht. Rudi schreibt etwas sehnsuchtsvolle Briefe, aber so wie er Schanghai im Moment beschreibt, ist es auch nicht verlockend. Schreibt, was alle machen …

Mit Nina und Michael vorm Berghaus

Das Berghaus La Taupiniere – Der Maulwurfshügel – lag in tausendzweihundert Meter Höhe unweit der Ortschaft Caux am Rande der französischen Alpen – mit Blick auf Montreux und den Genfer See. Anfangs war Rudi noch an Sonjas Seite gewesen, aber das Einrichten des Hauses in Caux besorgte sie im Grunde selbst, auch den Aufbau der Sendeanlage, für die der abgelegene Ort zwar ideal gewählt war, sich jedoch bald als problematisch erweisen sollte. Sonja hatte für die Schweiz nur eine Aufenthaltsgenehmigung bis September 1939, die

Schweizer Behörden drohten mit sofortiger »Rückstellung von Flüchtlingen in ihr Herkunftsland« bei nur geringster »politischer Tätigkeit«; zudem galt für Juden ein Arbeitsverbot. Trotzdem kamen viele deutsche Flüchtlinge ins Land, bemühten sich um Passverlängerung, Arbeit oder Weiterreise. Die Geheimdienstler aus West und Ost tummelten sich in Zürich, Bern und Genf, Schreckensmeldungen und wüste Gerüchte kursierten. Immer dramatischer wurde die Situation in den letzten Vorkriegsmonaten und als der Krieg ausbrach. Jeder Amateurfunkverkehr war strikt untersagt, was für Sonjas dennoch operierenden Sender die Gefahr beträchtlich erhöhte, geortet und entdeckt zu werden.

Das Berghaus mit illegalem Sender

Während ihres Londonaufenthalts hatte Sonja im Auftrag der Moskauer Zentrale zu einem deutschen Genossen, der am spanischen Bürgerkrieg teilgenommen hatte, Verbindung aufgenommen und ihn gebeten, ihr zwei zuverlässige Mitarbeiter zu nennen, die bereit wären, für illegale Arbeit nach Deutschland zu gehen. Deutsche Genossen kamen dafür wegen ihrer Gefährdung durch die Gestapo kaum in Betracht, deshalb wurden zwei Kommunisten aus dem britischen Bataillon der Internationalen Brigade ausgewählt: Allen Foote und Len Beurton, die Ende 1938 in der Schweiz eintrafen. Sie sollten, als wohlsituierte, englische Reisende getarnt, im nahen Süddeutschland illegale Gruppen unterstützen und **115** auch als Funker ausgebildet werden. Es wurden Anschläge auf Wehrmachts- und Nazieinrichtungen vorbereitet, unter anderem auf die Zeppelin-Halle eines Flugplatzes und sogar auf Hitler in einem Münchner Restaurant, wozu es aber wegen des Kriegsausbruchs nicht kam. Sonja nahm auch zu Sandor Rado in Genf Verbindung auf, der dem Widerstandskreis Rote Kapelle angehörte, und übermittelte fortan dessen äußerst wichtige Informationen an die Moskauer Zentrale. Sandor Rado, der als Geograf und Kartograf zur Tarnung eine Kartografische Agentur, Geopress, in Genf unterhielt, war wie sie als Achtzehnjähriger Kommunist geworden und nun GRU-Mitarbeiter. In seinem Buch »Dora meldet« berichtet er über seine Begegnung und Zusammenarbeit mit Sonja:

Ein Unbekannter, der durch Genf reiste, warf einen Brief in unseren Briefkasten im Hausflur. Darin hieß es, an einem der nächsten Tage werde durch einen Beauftragten der Zentrale die Verbindung wiederhergestellt. Tatsächlich fand sich nach einer gewissen Zeit eine hochgewachsene, schlanke Frau bei mir ein. Sie trug ein enganliegendes Kleid und mochte etwa dreißig Jahre sein. Ihre Bewegungen waren weich und ein wenig träge. In meinem Arbeitszimmer wechselten wir das Losungswort.

»Mein Deckname ist Sonja«, sagte meine Besucherin auf deutsch. Sie lächelte. »Ich habe vom Direktor die Weisung, mit Ihnen Verbindung aufzunehmen. Die Zentrale hat mir ihren Namen und Ihre Anschrift gegeben und mich beauftragt, Sie aufzusuchen und mich zu erkundigen, wie es steht. Der Direktor möchte wissen, in welcher Lage sich das Büro befindet und ob Sie Geld haben. Welche Möglichkeiten bestehen, Nachrichten zu beschaffen, und welche Hilfe Sie benötigen, um den Sender zu benutzen? In welcher Zeit kann die Funkverbindung hergestellt werden? Besteht vielleicht eine Chance, über Italien Kontakt zur Zentrale zu halten? Diese Fragen habe ich mit Ihnen zu klären, anschließend muss ich dem Direktor berichten. Über mich werden Sie sicherlich noch weitere Anweisungen erhalten.«

Ich teilte ihr zu allen Fragen meine Überlegungen mit und sprach dann über Probleme, die dringend gelöst werden mussten, wollten wir erfolgreich arbeiten. Die Agentur Geopress war noch immer ein sicherer Unterschlupf, die örtlichen Behörden misstrauten mir nicht. Mit dem Ausbruch des Krieges waren die Einnahmen der Firma zurückgegangen, denn nachdem die Schweiz ihre Grenzen nach Westeuropa geschlossen hatte, verloren wir viele ausländische Abonnenten und Auftraggeber. Wir konnten ihnen die Karten nicht mehr zusenden. Aber vom Konkurs waren wir noch weit entfernt, denn die Agentur versorgte die Schweiz mit Karten; nahezu alle bedeutenden Zeitungen nahmen bei uns ein Abonnement auf. Außerdem verkauften wir auch an die Geschäftspartner in Italien und Deutschland; die Verbindung zu ihnen war nicht abgerissen. Was die Kundschaftertätigkeit betraf, so gingen von den Quellen regelmäßig Informationen ein, viel interessantes Material hatte sich angesammelt, das ich nicht an die Zentrale hatte weiterleiten können. Um den Sender benutzen zu können, benötigten wir zunächst qualifizierte Funker und eine geeignete Wohnung. Zuverlässige Leute konnten wir nicht finden. Fraglich war unser Gerät; es war alt und keine besonders vertrauenswürdige Konstruktion. Wir benötigten einen Code, die Sende- und Empfangszeiten mussten festgesetzt werden.

»Wie Sie sehen«, sagte ich, »haben wir genug Probleme, Reisen nach Italien halte ich zur Zeit für irreal. Und müssen sie überhaupt sein, wenn wir mit Moskau in Funkverbindung stehen?«

Sonja versprach, am Tag darauf den chiffrierten Bericht an die Zentrale zu schicken. Wir vereinbarten außerdem, dass ich für sie künftig »Albert« sein würde. Ungefähr seit Anfang Januar 1940 hatten wir durch Sonjas Sender eine stabile Funkverbindung mit Moskau. Während der Zeit unserer Zusammenarbeit wusste ich nur wenig über Sonja. Ich hatte keine Ahnung, wo sie wohnte, wer ihre Mitarbeiter waren, und welche Informationen sie sammelte. Die Regeln der Konspiration verboten mir, mich danach zu erkundigen, und ihr, darüber zu sprechen.

Ich ahnte lediglich, dass sie eine zuverlässige Mitarbeiterin der Zentrale war und über beträchtliche Erfahrungen verfügte.

Im September 1939, als die deutsche Wehrmacht Polen überfiel, sahen sich andere benachbarte Länder ebenfalls bedroht, selbst die neutrale Schweiz. Die Armee wurde mobilisiert, die Kur- und Feriengäste verließen die Hotels, fast alle Läden und Restaurants von Caux wurden geschlossen. Die Kontrollen und Denunziationen nahmen zu, besonders Fremde gerieten allenthalben in Verdacht. Sonja wurde von dem Ladenmädchen des nahen Bergdorfs angezeigt, weil die bei ihr einen

Mit Len, Michael und Nina im Genfer Park, 1939

Morseapparat gesehen hatte, der ein Spielzeug der Kinder war, jedoch auch von den beiden Engländern zum Funktraining benutzt wurde. Diesen Verdacht konnte sie, als ein Beamter der Schweizer Sicherheit bei ihr erschien, relativ leicht ausräumen. Weitaus schwieriger war es jedoch, als Ollo, die gute Seele der Familie, aus übertriebener, geradezu närrischer Kindesliebe zum englischen Konsulat nach Montreux reiste und Sonja dort wegen der Funk- und Spionagetätigkeit anzeigte, um deren geplante Abreise mit den beiden Kindern und Len ohne sie zu verhindern. Zwar verstanden die Konsulatsbeamten ihr gebrochenes Englisch nur schlecht und sahen sich von derartigen Anzeigen überhäuft, doch die alte Frau ließ nicht locker. Die Kinder mussten anderswo untergebracht, Ollo weggeschickt und die Sendetätigkeit auf dem Berg vorübergehend eingestellt werden. Kein Wort hingegen hatte Ollo darüber ausgeplaudert, dass sie kurz zuvor selbst noch illegal und besten Gewissens politisch tätig geworden war: Sie hatte deutsches Geld, in einer Kleiderbürste versteckt, über die Grenze nach Deutschland geschmuggelt, um es Rosa Thälmann zu bringen. Sie konnte nebenher unbehelligt ihren Bruder besuchen und dann das Geld Rosa übergeben. »Ein Akt der Hilfe und Solidarität, wobei die Möglichkeiten, die wir besaßen, ausgenutzt wurden.« Im Grunde habe es, wie im »Rapport« vermerkt, nichts mit der Roten Armee und deren Aufklärungsdienst zu tun gehabt. »Doch die Tatsache, dass deutsche Genossen in der Sowjetunion die Gabe veranlasst hatten, war für Rosa ein großer moralischer Gewinn, der mehr wog als die beträchtliche Summe.« Und das schien wohl auch auf die Kinderfrau einen großen Eindruck gemacht zu haben. (Fünfunddreißig Jahre später schrieb Ruth Werner über diese Ereignisse die denkwürdige Erzählung »Muhme Mehle«.)

Für Sonja wurde es damals zur Existenzfrage, einen neuen Pass und damit eine Aufenthaltsverlängerung und baldige Reisemöglichkeit zu bekommen. Sie entschied sich nach der ohnehin erfolgten Trennung von Rolf für eine Scheinehe mit Len Beurton, einem der beiden Engländer, der sich als einsatzbereiter Mitstreiter und vertrauenswürdiger Freund erwiesen hatte. Im Februar 1940 hatte sie endlich alle Papiere über die Scheidung und für die Heirat beisammen. Am 23. Februar, dem Gründungstag der Roten Armee, ging sie mit Len zum Standesamt von Caux, der Pförtner und ein dortiger Beamter sprangen als Trauzeugen ein. Mit dieser Eheurkunde konnte sie beim englischen Konsulat einen Pass beantragen, der es ihr im Spätherbst ermöglichte, auf Weisung der Moskauer Zentrale über Frankreich, Spanien und Portugal mit den beiden Kindern nach England zu reisen. Len, der noch weiter für Sandor Rado und die Rote Kapelle tätig war, Funker ausbildete und mit »Jim« (Allen Foote) den Sender betrieb, folgte ihr im Sommer 1942. Da war Frankreich bereits besetztes Land, er musste auf verschlungenen Wegen mit falschem Pass als John Miller und falschem Arztattest reisen: Tbc, militäruntauglich. Nach seiner Heimkehr nach England meldete er sich jedoch sofort freiwillig zur englischen Armee, um am Anti-Hitler-krieg teilzunehmen – und die Scheinehe von Caux hielt dann mehr als ein halbes Jahrhundert, bis zu Lens Tod.

Physikerkarriere in England

Nach der Abreise aus Kiel am Morgen nach dem Reichstagsbrand ging Klaus Fuchs am Abend desselben Tages in Berlin zu der Konferenz der kommunistischen Studentengruppen aus ganz Deutschland. Wie damals üblich traf man sich im Hinterzimmer einer Kneipe, im sogenannten Vereinszimmer. Es war, wie es Klaus Gysi schilderte, für die meisten die erste illegale Zusammenkunft, weshalb man sich als »Rätselfreunde« tarnte. Irgendeiner sei auf diese glorreiche Idee gekommen, und Klaus Fuchs habe dann auch launig das Treffen mit der Ermahnung eröffnet, dass man sich daran halten möge und die Anrede »Liebe Rätselfreunde« für alle Anwesenden während der gesamten Konferenz gelte. Im Dunkel der Nacht ging man auseinander, das wirkliche Rätsel war nun aufgegeben und zu lösen: Was nun? Wie weiter? Wohin?

Einige Monate blieb Klaus Fuchs noch in Berlin, fand Unterstützung und Zuflucht bei Genossen und Quäkerfreunden seines Vaters, wechselte mehrmals die Wohnung und erfuhr von der fortdauernden Verfolgung seiner Familie in Kiel. Die Genossen rieten ihm dringend zum Verlassen des Landes, über Paris sollte er nach England reisen, wo er wiederum mit der Hilfe von Freunden seines Vaters rechnen konnte. Er sah es als einen Parteiauftrag an, sein Studium fortzusetzen. »Die Partei hat mich dorthin geschickt, um zu studieren und das Beste daraus zu machen«, war er doch fest davon überzeugt, dass »nach der Revolution in Deutschland Leute mit technischem Wissen für den Aufbau eines kommunistischen Deutschlands gebraucht werden«.

Erst einmal erreichte er als Flüchtling Paris, mittellos, ein junger namenloser Mann, der alles hatte zurücklassen müssen, was bisher sein Leben ausgemacht hatte. Er traf dort Grete Keilson, eine deutsche Genossin, ebenfalls aus Deutschland mit ihrem Mann geflüchtet, die dann während des Krieges in der Sowjetunion lebte und dort Wilhelm Piecks Sekretärin war. »Da also tauchte ein junger Mann aus Berlin auf, von dem man sagte, er sei ein Pfarrerssohn«, erinnerte sie sich später. »Das war natürlich für uns sehr interessant, so was hat man ja nicht alle Tage, und so haben wir miteinander Bekanntschaft gemacht. Wir haben zwar wenig miteinander gesprochen, weil er immer irgendwo in einer Ecke saß und schrieb und schrieb und schrieb. Ich habe ihn manchmal mit nach Hause genommen zum Abendbrot, weil er ja doch so ganz allein war. Und so sind wir von der Metro Jaures bis Petit, wo dieses Hotel Meuble war, da sind wir immer zusammen gegangen. Das war ein ganzes Stück, mir schien, wir haben uns da auch sehr lebhaft unterhalten. Aber als ich ihn dann näher kennenlernte, musste ich feststellen, dass ich eigentlich diejenige war, die meist geredet hat. Er war sehr still,

Klaus Fuchs, 21 Jahre, vor der Flucht aus Deutschland

so dass mein Mann, wenn Klaus von uns wegging, mir sagte, er verstehe nicht, warum ich ihn immer mitschleppe. ›Der lässt sich doch die Worte wie Würmer aus der Nase ziehen.‹«

Grete Keilson und ihr Mann hatten Klaus Fuchs in dem von Henry Barbusse geleiteten Komitee zur Vorbereitung des Pariser Weltkongresses gegen den imperialistischen Krieg und Faschismus getroffen, an dem sich auch Wilhelm Florin von der KPD-Auslandsleitung beteiligte, die zum Widerstand und zur Bildung von Kampfkomitees, von Abwehrstaffeln der Arbeiter und Hilfsorganisationen für die Opfer des Naziterrors aufrief. Einmütigkeit bestand unter den mehr als dreitausend Delegierten aus vielen Ländern, dass der Kampf gegen den Krieg nicht vom Kampf gegen den Faschismus getrennt werden könne und man daher vereint, in breiter Front und grenzüberschreitend Widerstand leisten müsse.

Emil Fuchs hatte von seinem Sohn eine Postkarte aus Paris mit der Unterschrift »Dr. Dietrich« erhalten, wie es zum Zeichen der geglückten Flucht »über Aachen nach Frankreich« verabredet gewesen war. In seinen Erinnerungen vermerkt der Vater dazu: »Einige Monate litt er in Paris große Not, dann aber wurde er von einer englischen Familie, die durch Bekannte auf ihn aufmerksam gemacht worden war, nach England eingeladen.« Mit einem Kanaldampfer traf er Ende September 1933 auf der Insel ein, sechs Jahre vor Kriegsbeginn, den er längst voraussah. Er war einer von Tausenden Hitlergegnern, einer von Hunderten Kommunisten, die damals dort Zuflucht und günstige Aufnahme fanden, weil viele Engländer angesichts des deutschen und italienischen Faschismus und der japanischen Expansion in Ostasien eine größere Gefahr durch die Rechten als die Linken auf sich und ihr Land zukommen sahen. Selbst die Regierung war sichtlich bemüht, den politischen Füchtlingen aus Deutschland und Österreich mit Arbeit, Ausbildungsmöglichkeiten, Kleidung und Unterkunft zu helfen. Fuchs gelang es durch Vermittlung eines Quäker-Freundes, Bekanntschaft mit der wohlhabenden Familie Ronald Gunns, eines Unternehmers der Imperial Tabacco Company, zu schließen, der ihn in sein Haus in Somerset einlud und großzügig unterstützte, so dass er schon bald das Physikstudium – dem er sich neben der Mathematik nun zunehmend widmete – im nahen Bristol aufnehmen konnte. Die Gunns waren selbst keine Quäker, wussten aber von dem großen Respekt, den man dem sozialen Engagement seines Vaters in diesen Kreisen entgegenbrachte. Zwei Mal war Ronald Gunn in die Sowjetunion gereist, er war ein Sympathisant der russischen Revolution. Durch ihn kam Fuchs schon als Student in ein Team begabter junger englischer und deutscher Physiker um Nevill Mott, dem auch Hans Bethe als Assistent angehörte. Ihr Forschungsgebiet war die Quantenmechanik, die Entschlüsselung der physikalischen Gesetze der Mikrowelt. Nach einjähriger Zugehörigkeit zu diesem Team verfasste der damals vierundzwanzigjährige Fuchs bereits seine erste wissenschaftliche Abhandlung, die in den Akademieberichten, den »Proceedings of the Royal Society«, in London veröffentlicht wurde: »A Quantum Mechanical Investigation of Cohesive Forces of Metallic Copper«, was ein weiteres Jahr später auch sein Dissertationsthema wurde.

»Ich war ein sehr junger Professor, gerade berufen an die Universität Bristol«, berichtete Nevill Mott. »Zum Glück hatten wir die Möglichkeit, dank der Unterstützung einer Tabakfirma, einigen Wissenschaftlern aus Deutschland Stipendien anzubieten. Nicht wenige waren Juden. Ich erinnere mich noch – eines Tages kam ein Freund, ein Quäker, in mein Büro und brachte einen jungen, ziemlich wortkargen Deutschen mit, Klaus Fuchs. Er konnte kaum Englisch, aber ich konnte ein bisschen Deutsch. Er wollte bei mir promovieren, er blieb vier Jahre. In dieser Zeit arbeitete er an Fragen, die mich interessierten, ausgehend von der neu entdeckten Quantenmechanik Heisenbergs, Max Borns, Schrödingers, um die Eigenschaften einiger Metalle zu bestimmen. Zum Beispiel, man nahm einfaches Metall, einfach für den Physiker, so wie Natrium, und ich bat ihn, seine elastische Beständigkeit zu errechnen. Wie würde es einem Biegungsversuch widerstehen? Dazu schrieb er eine sehr gute Abhandlung. Und dann untersuchte er dünne Metallschichten, das interessierte die

Versuchsmannschaften in Bristol und ist nach wie vor für die Festkörpertechnologie von Interesse. Dadurch zeigte er, dass er ein sehr fähiger theoretischer Physiker war, was seine damals veröffentlichten wundervollen Arbeiten beweisen, auf die man sich heute noch beruft. Hätte es keinen Krieg gegeben und wäre er in England geblieben, wäre er bestimmt mit vierzig Jahren Professor an einer britischen Universität geworden. Ich konnte natürlich nicht voraussagen, ob er einen Nobelpreis bekommen würde oder ob er Fellow der ›Royal Society‹ geworden wäre. Aber für einen Mann solchen Kalibers habe ich eine große Karriere in der Physik vorausgesehen.«

So fand Klaus Fuchs starken Rückhalt bei den Wissenschaftlern des Instituts, die sich für ihn einsetzten und für ihn bürgten, als seine KPD-Mitgliedschaft und seine politischen Aktivitäten vor 1933 in Deutschland bei den Behörden des Home Office (Innenministerium) bekannt wurden und sein weiterer Aufenthalt in Frage stand. Doch obwohl die Denunziation, er sei ein »gefährlicher Marxist«, durch die deutsche Botschaft, die Kieler Gestapo und irgendeinen Informanten erfolgt war, gelang es Mott durch seine Intervention den weiteren Verbleib von Klaus Fuchs zu sichern.

Der hielt sich, anders als in Kiel oder Berlin, wo er als leidenschaftlicher Diskutierer und Redner bekannt war, bei politischen Gesprächen in Bristol auffallend zurück, wirkte »einsilbig« und »frostig«, hörte meist nur stumm zu. Mott sagte von ihm: »Er war scheu und reserviert, und ich erinnere mich an keine politische Diskussion mit ihm.« Er sprach zwar bald perfekt Englisch, doch er blieb noch lange, auch im Kreis befreundeter Wissenschaftler, selbst bei ihn zweifellos sehr berührenden Themen, ein Außenseiter, den die Vorsicht des politischen Flüchtlings nie ganz verließ. Für sich allein, an den Abenden und in den Nächten, scheint er sich aber desto intensiver mit Politik, und der marxistischen Philosophie beschäftigt zu haben. Die Klarheit und Logik der Schriften von Marx, Engels und Lenin faszinierten den Wissenschaftler.

»Die Idee, die mich am meisten beeindruckte«, erklärte Fuchs später über diese Studien, »war die Erkenntnis, dass die

Menschheit früher unfähig war, ihre eigene Geschichte und die entscheidenden Kräfte der gesellschaftlichen Entwicklung zu verstehen. Jetzt war der Mensch zum ersten Mal in der Lage, die historischen Kräfte zu verstehen und zu kontrollieren, und deshalb war er zum ersten Mal wirklich frei.«

Im Dezember 1936, nach erfolgreicher Promotion, erhielt Klaus Fuchs auf Empfehlung von Prof. Mott die Möglichkeit, nach Edinburgh zu gehen, wo Max Born, einer der Pioniere der Quantenmechanik, einige der fähigsten Physiker um sich geschart hatte. Auch Hans Kellermann, der wie Klaus Fuchs aus Deutschland geflüchtet war, arbeitete in dieser Theoretischen Abteilung, die nur aus einem Zimmer bestand. »Einem großem Zimmer«, wie Kellermann sich erinnerte, »mit einem Tisch und einem Telefon, das an der Wand hing, und wenn ich da hineinkam, dann war Born an seinem Schreibtisch, und da war ein junger Mann, der mit an dem Tisch saß und Papier vor sich hatte und schrieb und rechnete, das war Klaus Fuchs.«

Max Born schätzte den »brillanten jungen Kollegen« sehr, er sei »äußerst bescheiden« gewesen, hätte zurückgezogen gelebt und »niemand gehabt, mit dem er die Wochenenden oder freien Tage verbringen konnte«. Stark sei sein Hass auf die Nazis gewesen, von denen er und seine Familie mehr zu erdulden gehabt hätten, als viele andere Flüchtlinge. Er habe ihn als leidenschaftlichen Russland-Sympathisanten und auch als einen »sehr netten, ruhigen Menschen mit traurigen Augen« in Erinnerung. Born verschaffte ihm ein Stipendium, erkannte immer mehr seine außergewöhnliche Begabung und bezog ihn in die wichtigsten Forschungen ein. Gemeinsam publizierte der berühmte, dreißig Jahre ältere Gelehrte mit seinem jüngsten Assistenten mehrere grundlegende wissenschaftlichen Arbeiten in den »Proceedings of the Royal Society«.

»Max Born schulde ich sehr viel«, bekundete Klaus Fuchs noch in seinen letzten Lebensjahren. »Vielleicht kann ich es am besten an einer These von Lenin illustrieren, der sagte, dass jede neue Revolution in der Physik auch eine Revolution des dialektischen Materialismus bedeutet. Und wie mir Engels geholfen hat, die Quantentheorie zu verstehen, muss ich sagen, dass Born mir, ohne dass er das wusste, geholfen hat, diese These von Lenin zu verstehen. Von Born habe ich nämlich gelernt, wie die Quantenmechanik entstanden ist, welch ein kompliziertes Ringen um das Verständnis der Natur das war, die komplizierten, experimentellen Daten erst einmal in ein Schema einzuordnen, aber darüber hinaus von diesem Schema vorzudringen in das eigentliche Wesen der Dinge.«

Auf »Umwegen und in vorsichtiger Sprache geführt«, meist mit »Dr. Dietrich« unterzeichnet, erhielt sein Vater, wie er in seinen Erinnerungen schrieb, damals hin und wieder Post von seinem Sohn aus England: »Klaus hatte in Bristol als Gast der Universität zu Ende studieren können und war Assistent des großen Physikers Born in Edinburgh geworden. So kam er zur Atomphysik und schickte mir zwei Abhandlungen, die von ihm in den ›Proceedings of the Royal Society of London‹ veröffentlicht worden waren, bestehend aus einer langen mathematischen Formel nach der anderen mit nur wenigen und unverständlichen Worten dazwischen. Zwei mir befreundete Professoren der Physik, allerdings anderer physikalischer Gebiete, erklärten sich unfähig, mir zu sagen, was das alles bedeute. Ich konnte nur feststellen, dass seine Arbeiten von der ›Royal Society‹ für wertvoll gehalten wurden.«

Noch konnten derartige Forschungsberichte publiziert und weltweit zu Kenntnis genommen, wenn auch nur von wenigen in ihrer wahren Bedeutung und letzten Konsequenz verstanden, werden. Aber zu Beginn des Jahres 1939, als Hitler seine Weltherrschaftspläne schon geschmiedet hatte, traf in England die aufsehenerregende Nachricht aus Deutschland ein, dass Otto Hahn und Fritz Straßmann im Laboratorium des Berliner Kaiser-Wilhelm-Instituts ein Stück Uranerz mit Neutronen bestrahlt und dabei nach vielen Versuchen den Nachweis erbracht hatten, dass das Uranatom zerplatzt war und Spuren eines anderen Elements, nämlich Barium, freigesetzt worden waren. Das bedeutete nichts anderes, wie Wissenschaftler in aller Welt nun im Laufe dieses schicksalsträchtigen Jahres zur Kenntnis zu nehmen hatten, als dass es gelungen war, Uranatome zu spalten und dabei durch eine Kettenreaktion explosionsartig Teilchen der Materie in Energie zu verwandeln. Da wussten Männer wie Born, Mott und wohl auch Fuchs, was die Stunde geschlagen hatte. Es war der letzte Beweis der Einsteinformel: Energie ist Masse mal Lichtgeschwindigkeit hoch zwei – also Masse kann in eine unvorstellbar große Menge Energie umgewandelt werden.

Carl Friedrich von Weizsäcker hat später im Rückblick auf diese Schreckstunde der Wahrheit erklärt: »Jeder Mensch, der Kernphysik konnte, konnte sich sagen, wenn bei einer Spaltung des Urankerns mehr als ein Neutron herauskommt, dann wird dieses Neutron wieder Spaltungen auslösen, und das wird in dem Uran eine Kettenreaktion geben, dadurch wird ein erheblicher Teil des Urans gespalten werden. Die Energie, die rauskommt, kannte man, das hieß, das wäre 'ne Bombe. Das wusste man also sofort.«

Nach dem Überfall auf Polen und dem darauf folgenden Vormarsch der Naziwehrmacht im Westen war gerade in England und in den USA, wo viele deutsche und andere Ausländer Zuflucht gefunden hatten und wohin nun auch aus den besetzten Ländern jüdische und nichtjüdische Wissenschaftler kamen, die Furcht groß, dass Hitler durch diese Entdeckung als erster eine Waffe bisher nie gekannten Schreckens in die Hand bekäme. Weltbekannte Physiker, darunter Joliot-Curie in Frankreich und Einstein in den USA, wandten sich an die Regierungen und wiesen sie auf die außerordentliche militärische Bedeutung und Gefahr hin; sie drängten auf eine Intensivierung spezieller Forschungsarbeiten.

»Auch in England begann man sehr früh, mit Unterstützung der Regierung am Problem der Atomspaltung zu arbeiten«, schreibt Robert Jungk in »Heller als tausend Sonnen«. »Kaum hatte George P. Thomson, Physikprofessor am Imperial College in London, im Frühjahr 1939 in der ›Nature‹ die Arbeiten von Joliot und seinen Mitarbeitern über die Neutronenemission gelesen, als er sich mit Henry Tizard in Verbindung setzte, einem Wissenschaftler, der seit 1934 die Forschungsabteilung der ›Royal Air Force‹ leitete. Auf Empfehlung Tizards begab sich Thomson ins Luftfahrtministerium. Als er dort den Beamten entwickelte, welche enormen energietechnischen und militärischen Konsequenzen diese Entdeckungen haben könnten, sei er sich wie eine Figur aus einem ›drittklassigen Schundroman‹ vorgekommen, hat Thomson später erzählt. Man nahm aber seine sensationellen Erklärungen durchaus ernst und bot ihm, wenn auch etwas skeptisch, Hilfe durch Lieferung von Uranoxyd und kleine Geldsummen. Beeinflusst mag diese schnelle Bereitschaft durch Informationen über die Sitzung einiger deutscher Atomforscher im Reichserziehungsministerium gewesen sein, die der englische Physiker schon Mitte Mai aus Berlin mitgebracht hatte. Bei Kriegsbeginn wurde Thomson allerdings bedeutet, dass er für seine Versuche keine Vorzugsquote erhalten könne. Es gebe vorläufig Dringenderes zu tun. So kam es, dass zu den als ›nicht so wichtig für die Kriegsanstrengung‹ betrachteten Arbeiten für die Atomspaltung vor allem ausländische Physiker hinzugezogen wurden: O. R. Frisch, der gerade aus Kopenhagen nach England geflüchtet war, Rudolf Peierls und Franz Simon. Der bekannteste ›refugee physicist‹ (Physiker-Emigrant), Max Born, der in Edinburgh lehrte, beschloss schon damals unter dem Einfluss seiner Frau, einer Quäkerin, sich von aller Kriegsarbeit fernzuhalten. Etwas später stieß einer seiner begabtesten Studenten zum Team von Peierls: der über Paris geflüchtete deutsche Pfarrerssohn Klaus Fuchs.«

Ehe Klaus Fuchs zu diesem Forscherteam kam, wurde er im Juni 1940 von Polizisten aus dem Edinburgher Labor geholt und in ein improvisiertes Internierungslager auf der Isle of Man gebracht. Das »Home Office« hatte angesichts des Hitlerschen Vormarsches in Westeuropa eine erneute Überprüfung aller Deutschen angeordnet, besonders in Nähe der Küste, so auch in der Universitäts- und Hafenstadt Edinburgh. Der ersten Internierungswelle am Anfang des Krieges war Klaus Fuchs entgangen, was er seinen »guten Beziehungen zu den Quäkern und ihrer Fürsprache« zuschrieb; er sei »als Emigrant doch recht gut eingestuft worden«. Aber als dann der Zusammenbruch Frankreichs und die Besetzung bis zur Kanalküste erfolgte und eine Invasion Englands drohte, wurde auch er, obwohl sich seine Kollegen für ihn verwandten, als Angehöriger eines »feindlichen Staates« behandelt und mit über zehntausend Deutschen und Österreichern, Nazis und Antifaschisten, auch vielen Kommunisten (u. a. Hermann Duncker, Mitbegründer der KPD) und Juden, unter entwürdigenden Bedingungen nach Kanada verschifft. Er wurde mit Hans Kahle, dem legendären Kommandeur der Thälmann-Brigade im Spanischen Bürgerkrieg, und seinem Physikerkollegen Hans Kellermann, die ebenfalls interniert waren, Mitglied der Lagerleitung. Das »Füchslein«, der schmächtige Neunundzwanzigjährige, gehörte zur roten Lagerfraktion, eng mit Kahle befreundet und längst nicht mehr so zurückhaltend wie in den englischen Labors. Er organisierte Diskussionsrunden, hielt politische und naturwissenschaftliche Vorträge und engagierte sich für andere Mitgefangene: »Als Genossen sahen wir unsere Aufgabe darin, zuerst den jüdischen Emigranten das Rückgrat zu stärken, die ja nun völlig desorientiert waren, und auch uns, alle Genossen, davor zu bewahren, dass wir in ein Kriegsgefangenenlager verfrachtet wurden, wo wir dann dem Terror der Nazis ausgeliefert gewesen wären.«

Da sich Max Born zäh und ausdauernd für seinen Assistenten einsetzte und seine Entlassung aus der Internierung forderte, dazu noch Ester Simpson, ein Mitglied der »Society for the Preservation of Science and Learning« als Fürsprecher gewann, gelang es schon gegen Ende des Jahres 1940 seine Rückkehr nach England zu erwirken.

Klaus Fuchs blieb jedoch nur kurze Zeit in Edinburgh, dann folgte er dem Ruf von Rudolf Peierls, der als Jude ebenfalls vor den Nazis aus Deutschland geflüchtet war, an dessen Institut in Birmingham. Peierls, der schon die ersten Bombenangriffe der Nazi-Luftwaffe erlebt und selbst Brände mit gelöscht hatte, kannte Klaus Fuchs von Bristol her und hatte eine hohe Meinung von ihm. »Daher fragte ich ihn, ob er uns helfen wolle, und er kam dann und war wirklich sehr, sehr nützlich. Er war ein sehr begabter Theoretiker und half mir sehr viel mit Arbeiten, die wir dort zu machen hatten.«

Diese Forschungen, die unter dem Decknamen Tube Alloys (Röhrenlegierungen), aufgenommen wurden, galten den zentralen Fragen des Atombombenprojekts, wie Peierls rückblickend erklärte: »Damals war auch Otto Robert Frisch in Birmingham, und wir haben viel über diese neue Entdeckung der Fission gesprochen. Und ich hatte sogar eine theoretische Arbeit geschrieben, um die kritische Masse für eine Kettenreaktion zu berechnen.« Peierls und Frisch verfassten als Ergebnis ihrer Forschungen und Überlegungen im Jahre 1940 ein an die englische Regierung gerichtetes Memorandum: »Über die Konstruktion einer ›Superbombe‹, die auf der nuklearen Kettenreaktion in Uran basiert.« Daran war Klaus Fuchs zwar nicht von Anfang an beteiligt, doch er kam bei den weiteren maßgeblichen Forschungsarbeiten hinzu: »Als ich aufgefordert wurde, daran mitzuwirken, das war nach Ausbruch des Zweiten Weltkrieges, aber noch vor dem Überfall auf die Sowjetunion, war mir natürlich klar, dass hier Entwicklungen stattfanden, die von großer Bedeutung sein würden. Meine Arbeitsgebiete waren zunächst Abschätzungen über die notwendige Größe einer solchen Bombe, doch bald konzentrierten wir uns auf Fragen der Isotopentrennung. Es war ja notwendig, das Uran 235 von Uran 238 zu trennen. Das war einer der Wege zur Atombombe.«

Zu dieser Zeit hatte Klaus Fuchs die tragische Nachricht aus der Heimat erreicht, dass sich seine Schwester Elisabeth das Leben genommen hatte. Den jungen Physiker traf dieses Unglück tief, und er wäre gern an der Seite seines Vaters gewesen, der Elisabeths Kind, den vierjährigen Enkel, der ebenfalls Klaus hieß, zu sich genommen hatte. Doch einen Weg dahin gab es für ihn nicht. Sein brennender Hass auf die Nazis drängte ihn zum Handeln, alle etwaigen Bedenken, Rücksichten oder Ausflüchte fielen weg. Ihm war nun bis zur letzten Konsequenz klar, dass es an dem Platz, wo er sich mit all seinen Kräften und Fähigkeiten einsetzte, um weit mehr als die Entscheidung über eine wissenschaftlich-technische Entwicklung ging.

Liebesbriefe aus Oxford

Sonjas Reise im zweiten Kriegswinter mit den beiden Kindern aus der Schweiz nach England dauerte mehr als zwei Monate. Am 18. Dezember 1940 fuhren sie, von Len verabschiedet, bei beißender Kälte im ungeheizten Autobus von Genf los, passierten die französische und die spanische Grenze unter strengsten Gepäck- und Kleiderkontrollen, nachts ging es über die Pyrenäen und nach Barcelona, weiter mit dem Zug nach Madrid und über die portugiesische Grenze bis Lissabon, das sie am Weihnachtsabend erreichten, alle drei krank. Das englische Konsulat brauchte drei Wochen, um die nötigen Papiere und die Reisemöglichkeit auf einem der wenigen noch verkehrenden Schiffe nach England zu beschaffen. Noch einmal drei Wochen dauerte die Seereise, die in einem Konvoi mit zwölf anderen Schiffen und zunächst in entgegengesetzter Richtung nach Gibraltar erfolgte, kriegsgemäß wegen der U-Boot- und Fliegergefahr in verdunkelten Kabinen und mit griffbereiten Rettungswesten.

Mitte Februar erreichten sie Liverpool, wo Sonja als einzige der Passagiere verhört wurde: Wo ist Ihr Mann? Warum ist er nicht mitgekommen? Warum sind Sie nicht bei ihm geblieben? Wo wollen Sie sich niederlassen? Wovon wollen Sie leben? Wovon lebt er?

Selbst wenn sie es gewollt hätte, auf manche dieser Fragen konnte sie auch Tage und Wochen nach ihrer Ankunft keine Antwort geben. In London waren wegen der deutschen Luftangriffe besonders die Kinder und auch viele ältere Einwohner evakuiert worden. Sonjas Eltern und Geschwister wohnten, was sie erst nach und nach erfuhr, in abgelegenen, weniger gefährdeten Gegenden. Sie versuchte in der Nähe Oxfords, wo die Eltern vorübergehend bei Freunden lebten, eine Bleibe für sich und die Kinder zu finden, was aber nahezu hoffnungslos war, da es dort allzu viele Wohnungssuchende aus den größeren Städten gab. Nach mehrmaligem Umzug von einer Untermietsstube in die andere entdeckte sie ein freies möbliertes Zimmer, das aber die Wirtin nur einer Person vermieten wollte – also musste sie die Kinder zunächst in einem Internat unterbringen. Schließlich gelang es ihr, in Kidlington, vor den Toren Oxfords, einen Bungalow zu mieten, wohin für einige Zeit auch ihre Schwester Brigitte zog.

Kurz nach ihrer Ankunft in England bemühte sich Sonja, wie schon in der Schweiz über Funk verabredet, an einer bestimmten Straßenkreuzung in Nähe des Londoner Hydeparks ihren Kontaktmann für die Aufnahme ihrer Informations- und Sendetätigkeit in England zu treffen. Jede zweite Woche fuhr sie deshalb nach London und wartete vergeblich zur festgesetzten Stunde auch bei Fliegeralarm und unter giftigen Zurufen der dort patrouillierenden Prostituierten. Erst nach drei Monaten fand die Kontaktaufnahme statt: »Ein Mann kam auf mich zu, nicht der erste in dieser verdammten Straße, aber diesmal war es der Richtige. Er begrüßte mich mit den abgesprochenen Erkennungsworten, und ich eilte beschwingt zwei Straßen weiter, wo unser endgültiger Treffpunkt war. Der sowjetische Genosse brachte mir Grüße und Glückwünsche zur Ankunft und gab mir genügend Geld, um aller finanziellen Sorgen ledig zu sein. Er hatte einen Autounfall gehabt, dadurch war sein Kommen hinausgezögert worden. Nun erläuterte er mir die Bedeutung der Arbeit in einem Land, das Krieg gegen die Nazis führte, in dem aber einflussreiche reaktionäre Kreise jederzeit zu einer Verständigung mit Hitler auf Kosten der Sowjetunion bereit wären. Die Zentrale wünschte Nachrichtenmaterial. Welche Kontakte könnte ich aufnehmen? Zum Militär? Zu politischen Kreisen? Ich sollte versuchen, ein Nachrichtennetz aufzubauen. Wann könnte meine Funkstation arbeiten?«

Ihre Briefe an Len, der in der Schweiz zurückgeblieben war und weiter für Sandor Rado den Sender betrieb, schrieb sie im Original englisch und noch mehr als bisher auf Alltägliches, Familiäres und Allerprivatestes konzentriert. Bei der immer bedrohlicheren Kriegslage und den andauernden

Bombardierungen nahm der Deutschenhass zu, und es galt, so wenig auffällig wie nur möglich zu sein, um nicht zusätzlich beargwöhnt zu werden. Dennoch schrieb sie fast Woche für Woche – Liebesbriefe einer Illegalen an einen Illegalen über Grenzen und Fronten hinweg:

Oxford, Ende Februar 1941
Dear Len, mach Dir um mich und die Kinder keine Sorgen. Ich gebe zu, die Reise war schwer, zu schwer fast für mich, aber jetzt ist alles vorbei. Ich konzentriere mich darauf, für die ersten drei Monate komplette Ruhe zu haben. Ich habe nicht nur mein Gewicht wiedergewonnen, sondern sogar ein wenig zugenommen. Das blaue Kostüm, das Du so magst, aber immer unbefriedigend gebügelt fandest, ist sogar fast ein wenig zu eng. Die Kinder sind an einem neunundneunzig Prozent bombensicheren Platz. Ich bin andauernd beim Zahnarzt usw. und fühle mich (vielleicht, weil ich nicht genug Vorstellungskraft besitze) sehr ruhig bei den Bombenangriffen in London, wo ich hin und wieder über Nacht bleibe. Ich bin ruhig in Bezug auf mein eigenes Leben, aber ich hasse es, die Flieger und die Bomben zu hören. Die U-Bahn-Stationen mit ihrem »Nachtleben« sind sehr beeindruckend. Da sind lange Reihen von Doppelstockbetten, und Hunderte gehen dorthin, um eine sichere Zuflucht zu haben, einige schon seit Monaten, und es hat sich ein fremdartig anmutendes »Gemeindeleben« entwickelt. Sie kommen mit ihren Bündeln nach 7 Uhr an, besonders Leute mit Kindern (obwohl nicht mehr viele Kinder in London sind), sie packen ihr Abendbrot aus und gießen sich Tee aus Thermoskannen ein, nehmen ihr Strickzeug heraus, ihre Zeitungen, Vater raucht, Mutter tratscht, die Kinder spielen Verstecken, die Müden legen sich in den oberen Betten schlafen, die Verliebten sitzen aneinander geschmiegt zusammen, der Backfisch lackiert sich die Fingernägel, ein anderer lockt sich die Haare, ein Kommunist liest ein Buch über Marxismus vor. Viele, viele verschiedene Leute zusammengeworfen, die Atmosphäre trauter Heimlichkeit verbreitend auf ihren kleinen Doppelstockbetten im gedämpften Licht der U-Bahn Station.

Die lauten Züge fahren ein und aus, halten, Menschenmassen strömen heraus, andere hinein, jeder bemüht, auf keine der schlafenden Personen, die kein Bett mehr fanden, zu treten. Die Umstände scheinen besser zu werden, es gibt Lautsprecher, die Musik abspielen, und eine Art transportabler Kantine serviert Tee und etwas zu essen. Du wirst lachen, aber ich könnte mir vorstellen, zwei Monate auf den verschiedenen Stationen zuzubringen und dann ein Buch darüber zu schreiben, kein journalistisches, eine richtige Erzählung. Es wundert mich, dass das noch niemand gemacht hat, es gibt Hunderte von Möglichkeiten, wie ich finde. Ich lief durch viele Londoner Stadtteile. Vieles ist zerstört, aber weniger, als ich erwartet hatte, und es überrascht mich, wie das normale Leben weiterläuft. Ich merke, dass ein großes Geschäftshaus, das in Trümmern liegt, einen weniger bedrückt als eine kleine zerbombte Wohnung – die Wäsche, Kinderkleider, die noch auf der Leine über dem Küchenofen hängen.

Insgesamt sind die Leute netter zu mir, als ich zu hoffen wagte. Aber die Wirtin meines Oxforder Stübchens sagte mir, dass ich umziehen müsste. »Weil«, wie sie anderen erklärte, »sie so ausländisch aussieht, und ich so sehr britisch bin, dass ich es nicht aushalte.« Armer Len, was für eine Frau hast Du genommen? Du merkst, dass die Leute, die noch nicht gelitten haben in diesem Krieg, viel snobistischer und intoleranter sind als die, welche der Krieg berührte. Ich halte die Einstellung des normalen Menschen hier dem Krieg gegenüber für die richtige. Sie haben nicht diese großtuerische Glorifizierung des Krieges, die ich so verachte. Alle stimmen sie überein, dass Krieg eine bestialische Sache sei, dass jeder ihn gerne vermieden hätte, er nun aber unabdingbar sei, um Schlimmeres als Krieg zu verhindern.

Habe ich je den ersten Soldaten erwähnt, den wir bei unserer Ankunft trafen? Das war im Zug nach Oxford. Nina gewann sein Herz im Sturm, er formte eine kleine Pistole aus ihrer Knete, sein Käppi saß bald auf ihrem Kopf, und ein kleiner, lustig geschnitzter Hund aus seiner Hosentasche hing bald an einer Schnur um ihren Hals. Dann zog er seine Jacke aus, und die Kinder starrten bewundernd auf die Tätowierungen, die den Körper des ehemaligen Matrosen bedeckten. Nina konnte ihren Blick nicht von einer nackten Frau lassen, um die sich eine Schlange wand – sie stellte die peinlichsten Fragen dazu. Michael, der anständige Bursche, mochte mehr zwei Tauben, die an einem Herz zerrten. Nina wollte unbedingt die gleiche Dekoration, so dass der Soldat schließlich auf ihren Arm spuckte, seinen Tintenstift nahm und ihr ein wunderschönes Bild bis hinauf zum Ellenbogen malte, dass ich für zwei Wochen nicht abwaschen durfte. Michael erlaubte er, seinen Dolch zu benutzen, den er immer wieder in den Boden des Abteils warf, das Gewehr wurde ihm erklärt, schließlich schenkte er ihm eine Fliegerbrille. Er errötete vor Freude, und die beiden spielten stundenlang Karten. Das gab mir ein gutes Gefühl.

Manchmal wundere ich mich, dass Du so wenig schreibst. Natürlich wäre ich, wenn Du Details schriebest, nur neidisch. Neidisch auf Valentine, die Deinen Raum saubermacht, neidisch auf die Person, die Dir das Essen macht, und noch viel neidischer auf jeden, mit dem Du Deine Freizeit verbringst …

Anfang März 41

Lieber Len. Danke für Dein Telegramm, ich habe an Dich gedacht an Deinem Geburtstag und noch mehr am 23., unserem Hochzeitstag. Es scheint so lange her zu sein. Der Tag selbst war solch eine Mischung aus Sorgen und fremdartigen Gefühlen für uns beide. Du erinnerst Dich daran, genau wie ich, da bin ich mir sicher. Du warst nicht zufrieden mit mir, weil ich so aufgeregt und verzweifelt wegen all der Schwierigkeiten war, und ich wollte, dass Du einen Hut trägst, und wir mussten so lange auf das Omelett warten und die Kuchen, die O. gebacken hatte, und Du, wie ein Schuljunge – aber sehr schön in Deinem blauen Anzug aussehend. Aber der ganze Tag hatte wenig mit uns zu tun, und deswegen hege ich nicht so tiefe Gefühle, wenn ich an diesen Tag denke. Es ist komisch, welche Momente Herz oder Gehirn sich aussuchen, um sich an sie zu erinnern. Wochen zuvor mussten wir diesen Bilderbuchbürokraten aufsuchen mit seiner starren Erscheinung. Wir sind in sein Büro gegangen, Du hast immer noch gehumpelt, und wir beide saßen auf der unkomfortablen kleinen Ledercouch. Er schrieb unsere Personalien auf, und aus irgendeinem Grunde fühlten wir uns beide in dem Moment sehr glücklich.

Es ist deprimierend zu schreiben und nicht zu wissen, wann der Brief ankommt, vielleicht gar nicht. Ich fragte Dich, ob Du ab dem 14. Januar an diese Adresse schreiben könntest, und ich habe noch nicht einen einzigen Brief von Dir. Der letzte, den ich von Dir habe, ist vom 30. Dezember oder 1. Januar. Dieser hier ist der dritte Brief, den ich Dir schreibe, seitdem ich hier bin. Wir haben viele Probleme. Nach einer langen Zimmersuche fanden meine Schwester mit ihrem Baby und ich zwei Räume, aber die Vermieterin schmiss uns raus, weil sie kein Baby in ihrem Haus haben wollte. Wir suchten zehn Tage von morgens bis abends weiter, fanden etwas und zogen ein, ich packte all unser Zeug aus, und daraufhin sagte der Vermieter uns, dass er lieber eine einzelne Frau und nicht drei Personen haben würde. Also müssen wir wieder ausziehen. Wir sind so leise und atmen kaum, auf dass sie uns nur wohnen lassen – aber siehst Du, da sind Hunderte von Leuten, die ein Zimmer suchen, und sie alle haben keine Babys. Ich könnte etwas finden, aber ich will nicht, dass meine Schwester mit dem Baby allein wohnt. Sie hat eine schlechte Gesundheit und ist sehr traurig, dass sie von ihrem Mann getrennt wurde. Und sie ist nicht der Typ, der es aushält, alleine zu sein. Lass uns hoffen, dass wir bald etwas finden, wo wir uns ausruhen können. Wie auch immer, ein kleines Problem, wenn man bedenkt, was in der Welt passiert, aber Du, der Umziehen so sehr hasst, wirst uns verstehen.

Gestern habe ich die Kinder für eine Stunde besucht, es war sogar noch trauriger, als sie im Glander Internat zu besuchen. Die Schule mag es nicht, wenn die Eltern kommen, und man zeigt es auch.

Michael schien sehr glücklich zu sein und sich mit jedermann zu verstehen. Aber er ist der älteste Junge dort, er lernt absolut gar nichts, wie ich fürchten muss. Trotzdem werde ich ihn und Nina bis mindestens Ostern dort lassen. Die Lehrer und insbesondere der Direktor und die Hausfrau sind sehr nett, ziemlich modern und fortschrittlich, das Essen scheint gut zu sein und die Kinder fröhlich. Nina, das arme Mädchen, hat Probleme, die Sprache zu lernen. Die ersten beiden Sätze, die sie lernte, waren »Stop it« und »Go away«. Ich vermisse sie, wenn ich sie doch nur für ein Wochenende hier haben könnte, aber es gibt keine Hoffnung, dass ich eine eigene Wohnung finde, weil eine mit zwei Zimmern in jemandes Wohnung schwer zu organisieren ist. Ich besuchte meinen Bruder, war rudern mit ihm und denke, dass ich nicht viel von ihm sehen werde. Brigitte behält ihre Londoner Wohnung, was sehr günstig für mich war, ich blieb dort zwei Nächte, kaufte ein und machte Stadtrundfahrten. Der Vorteil der Wohnung ist, dass sie Parterre in einem soliden Haus ist, so dass man bei Fliegeralarm in keinen Bunker gehen muss. Die erste Nacht konnte ich wegen des Lärms nicht schlafen, in der zweiten hatte ich mich so daran gewöhnt, dass ich kaum aufwachte. Wenn die Kinder nicht wären, würde ich dort bleiben. Ich lese viel und genieße es. Das Leben ist teuer, und ich bin mir noch nicht sicher, wie ich es organisieren werde. Ich wünschte, Du wärst hier und wir könnten es besprechen.

20. März 41

Es scheint unglaublich – wir haben einen eigenen Platz gefunden, einen kleinen Bungalow, vier Meilen vor Oxford in einer Art Vorort mit vielen kleinen Reihen von Bungalows. Es ist ein kleines Etwas mit vier kleinen Räumen, einer kleinen Küche, einem Bad und einem großen Garten. Ich bin ziemlich glücklich damit, aber die Miete ist fürchterlich: drei Pfund pro Woche. Der Bungalow ist möbliert, ich teile ihn mit meiner Schwester und ihrem Baby. Und ich werde die Kinder von dieser teuren Schule zu mir nach Hause nehmen. Wie schön es sein wird, die Kinder zurückzuhaben – ich hoffe, dieses Mal kommt nichts dazwischen. Wir werden in zwei Wochen dort einziehen. Wenn Du kommst, wird natürlich auch ein Platz für Dich da sein. Meine Schwester will sowieso zu ihrem Mann, wenn möglich, in ein paar Wochen.

Kidlington, 3. Mai 41

Mein lieber Len! Seit Tagen will ich Dir schon schreiben, es scheint lächerlich zu sagen, in den letzten sieben mal vierundzwanzig Stunden hätte ich keine Zeit gehabt, aber es ist wirklich wahr. Obwohl ich jeden Morgen um 7 Uhr aufstand und um 12 zu Bett ging, hatte ich keine freie Minute. Das Einkaufen, das Aufräumen, das Waschen der Kleidung, die Kinder, das Ausbessern, es ist unvorstellbar, wie viel Zeit das verbraucht, ich bewundere Ollo noch nachträglich für ihre Fähigkeit, all das selbst zu tun. Natürlich gibt es hier und da einige Stunden, die ich anderweitig verbringe, ab und zu verbringe ich zwei Tage mit Vater in London, aber das wirft den Haushalt jedes Mal so zurück, dass es Stunden dauert, das wieder aufzuholen. Auch der Garten hier braucht seine Zeit, Brunnen- und Senfkresse können schon gegessen werden, Salat und Radieschen zeigen ihre ersten Blätter.

Unwichtige Neuigkeiten, ich frage mich, warum ich Dir all die Tage schreiben wollte, wenn ich nichts zu erzählen habe – ich glaube, der Wunsch, Dich bei mir zu haben, lässt mich Dir schreiben, viel mehr als irgendwelche Neuigkeiten selbst. So viele kleine Begebenheiten – Du würdest lachen, wenn Du mich heute gesehen hättest, wie ich mit dem Kinderwagen losrannte, um ihn mit einem Sack Kohle zu beladen, denn ich hatte gerade rechtzeitig gehört, dass welche angekommen sei. Was bedeutet, dass wir – Hurra! – seit Wochen das erste Sonnabendbad bekommen, da wir den Herd mit Kohle heizen müssen. Normalerweise bade ich die Kinder jeden zweiten Tag im Küchenbecken, das gerade die richtige Größe für sie hat, wenn sie die Knie an das Kinn ziehen. Barbara und ich benutzen den Wasserkocher in der Küche unter viel Gelächter und Akrobatik für unsere hygienischen Zwecke. Es ist lustig, dieser Lebensstil macht mich pausbäckig und sonnenverbrannt. Ich hatte Schwierigkeiten, eine vernünftige Schule für Michael zu finden. Die Oxforder Highschool nimmt Jungen nur ab elf Jahren – es ist eine Art Schule zweiten Grades, die Elementarschule in unserem Vorort ist zu anspruchslos, und die auf die Public Schools vorbereitenden Schulen sind zu versnobt und zu teuer. Ich habe jetzt eine gefunden, die billiger als die teuersten ist, dort werde ich ihn als Tagesjungen hinschicken, Gott weiß, wie lange ich mir das leisten kann, auch wenn das heißt, keine Hilfe im Haus zu haben, kein Kino und ein bescheideneres Leben.

Es ist Mitternacht. Der Luftalarm hat gerade angefangen, jemand wird ausgebombt oder tot sein, bevor ein paar Minuten vergangen sind. Ich gehe besser schlafen. Ich schlafe auf dem schlechtesten Bett im Haus, ein sehr schmales und hartes Campingbett, ohne ein Kissen unter meinem Kopf, da ich nicht weich und zu bequem werden will. Meine ehrgeizigen Ideen habe ich vorerst aufgegeben. Etwas zu tun und Gemüse pflanzen und »graben für den Sieg« – wie es hier genannt wird – ist auch eine Arbeit. Aber sobald wir Hilfe für den Haushalt finden, werde ich darauf zurückkommen. Deine Briefe vermitteln mir, dass Du daran glaubst, bald herkommen zu können, Du scheinst Dir dessen fast sicher zu sein. Ich jedenfalls glaube weniger als sonst daran, so wie die Dinge aussehen. Ich finde es in Ordnung, wenn Deine Uniform khakifarben ist, Du hast braune Augen, aber das passt dazu, der Mann meiner Schwester hat blaue Augen – wie auch immer, die Airforce ist moderner. Du wirst Dich in ihr auch besser fühlen, nehme ich an. Du überschätzt mich. Auch ich bevorzuge eine besser aussehende Uniform an Dir – zu müde, ich gehe besser ins Bett.

1. Juni 41

Seltsam, wie solch ein Spaziergang so nah am Haus die ganze Haushaltsatmosphäre und all die anderen Sorgen vertreibt. Ich fühle mich leicht, zufrieden und gesund, und ich habe dieses Gefühl, aufregend jung zu sein, ohne Last und Beschwernis. Zu meiner Überraschung habe ich dieses Gefühl noch nicht verloren. Fast schäme ich mich dafür, es scheint meinem Alter nicht angemessen zu sein. Ich schaue nach links und nach rechts, und weil dort niemand ist, fange ich an, den Weg zur nächsten Brücke zu rennen. Ich setze mich und denke immer noch, allein zu sein, deshalb könnte ich mich genauso gut hinlegen und ein bisschen singen – eine Angewohnheit, wenn ich

Zufriedenheit ausdrücken möchte, obwohl ich mir über meine schreckliche Stimme und meine falschen Töne im Klaren bin. Die Blumen in meiner Hand brauchen Wasser, und es ist spät. Ich gehe langsam zurück, unter der Brücke steht ein Paar, und sie küssen sich. Ich kann es nicht vermeiden, an ihnen vorbeizulaufen. Ich erkenne den Fliegersoldaten – das Mädchen schaut auf, und ihr glückliches erhitztes Gesicht wird weiß vor Schreck, es ist die fünfzehnjährige Tochter des Nachbarn. Sie musste sich so sicher gefühlt haben, so weit weg von Zuhause und von allen Personen, da muss ich vorbeikommen, armes Kind. Natürlich werde ich ihrer Mutter nichts sagen, aber ich kann es dem Kind nicht sagen, dass ich nichts verraten werde, da sie das ermutigen könnte, und sie ist doch noch so jung.

Ich fühle mich plötzlich alt, ich habe wirklich ganz schön viele graue Haare. Ich habe mit meiner Mutter darüber gesprochen und ihr gesagt, dass ich sie vielleicht färben möchte. Sie sagt, dass es manchmal grün anstatt weiß wird, was für ein schrecklicher Gedanke, und dann sagt sie, dass ich ein Typ bin, der sehr schön aussehen wird mit einem jungen Gesicht und weißen Haaren, und dass sowieso die Dinge, die attraktiv an mir sind, nicht vom Alter abhängen, und dass ihre Vermieterin, die ein Doktor ist und mich gesehen hat, meinte, dass ich schrecklich viel Sex-Appeal habe. »Obwohl«, wie Mutter fortfuhr, »ich nicht hoffe, dass du dieses während der Abwesenheit deines Mannes benutzt.« Tja, Ehemann, was sagst Du dazu?

8. Juni 41

Morgen kommen die Eltern zu ihrem wöchentlichen Nachmittagsbesuch. Meine Beziehung zu Vater ist wunderbar, eigentlich ist jedermanns Beziehung zu Vater zurzeit wunderbar. Da er jetzt fünfundsechzig ist, musste er sich von der Universität zurückziehen. Das hat unangenehme Konsequenzen, denn er hat sehr wenig Geld. Es läuft darauf hinaus, sich einen anderen Job zu suchen. Er ist viel zu bescheiden, viel zu aristokratisch, viel zu vornehm und viel zu stolz, um ein guter Jobsucher zu sein. Das ist eigentlich eine Schande und zeigt, dass vieles falsch ist mit der Welt von heute, dass er sich Sorgen machen muss, um einen Job zu finden, der ihn über Wasser hält. Seine wissenschaftliche Kompetenz steht außer Frage, er wird überall als Ehrengast empfangen und überall als weltbekannt gerühmt, als herausragend in seinem Wissensgebiet usw. Sein ganzes Leben hat er an Dingen von wahrem wissenschaftlichen Wert gearbeitet, aber mit fünfundsechzig Jahren weiß er nicht, ob er einen Job finden wird, um sich Brot und das Nötigste kaufen zu können. Seine Zeit ist ausgefüllt mit Bücherschreiben, die von erstrangigen Instituten, Regierungsstellen usw. in Auftrag gegeben wurden. Aber all das ist ehrenamtlich, nichts wird bezahlt. Eine lächerliche Situation. Mit Mutter komme ich gerade so zurecht, sie geht mir immer auf die Nerven, wenn ich sie länger als eine Stunde sehe, so wie sie es immer getan hat seit dem Tag meiner Geburt. Brigitte ist in der Hinsicht noch viel schlimmer, die gute Barbara hat mehr Geduld und sagt, das ist unsere Schuld. Denn Mutter ist ja eine gute Seele, wann immer wir wollen, dass sie kommt und nach den Kindern schaut, macht sie es. Liest Du all das mit Ungeduld, nicht wissend, warum ich Sachen wie diese schreibe, oder bist Du dankbar für meinen Versuch, etwas von meinem Leben hier aufzuzeichnen und Dich daran teilhaben zu lassen? Ich weiß nicht. Ich habe für Michael aus London den »Dog Crusoe« als ein Geschenk von Dir mitgebracht. Am heutigen Sonntag zog er sich mit dem Buch in den Armsessel zurück und hat sich seitdem kaum bewegt, er liest und liest. All das sind kleine Dinge, sie sind sehr überschattet durch die Weltsituation, es sieht auf jeden Fall im Moment nicht besonders rosig aus …

Juli 41

Ich finde es schwierig, jetzt, wo Deine Rückkehr so unwahrscheinlich ist, so dass es lächerlich erscheint, all die kleinen täglichen Dinge zu erwähnen. Intellektuell gesehen ist das Leben sehr interessant. Es gibt viel zu lesen, ich fühle, wie ich das von morgens bis abends machen könnte, aber die Zeit ist knapp. Man trifft nette Leute, man fühlt sich nicht so abseits der Ereignisse wie in dem kleinen Berghaus. Ich würde auch gerne mehr ins Kino gehen. Zu Vorlesungen, zu Konzerten, ins Theater, aber ich gehe nicht. Die Busverbindungen sind schlecht am Abend, alleine gehen macht keinen Spaß. Ich denke, wenn Du hier wärst, würden wir öfter ausgehen und es genießen, zu lesen und zu diskutieren. Oxford ist ein Zentrum für intellektuelles Zeugs geworden. Meine Schwester Brigitte war für drei Tage bei uns. Michael war sehr angetan von ihr und sie von ihm. Sie machten eine Fahrradtour zusammen. Ich war mit den Kindern auf dem Land für einen Sonntagsspaziergang. Nina wollte Vögel beobachten, sie ging auf Zehenspitzen, verhielt sich still, einen Finger vor ihrem Mund, vor einem blühenden Busch mit einem singenden Vogel – ein Bild perfekter Schönheit. Die Art, wie sie langsam und vorsichtig auf den Baum zulief, kann man sich nicht vorstellen in ihrer Anmut. Komisch, wie manche Leute mit solch lieblichen Bewegungen geboren sind und andere sie einfach nicht haben. Lass uns hoffen, dass sie das nicht verliert, wenn sie selbstbewusster wird – ja, schon bin ich wieder mitten im Kindergerede …

14. August 41

Liebster Len, nichts Neues von Dir seit ungefähr drei Wochen, als drei Briefe auf einmal kamen. Ich bin sehr müde, aber es macht keinen Sinn, das Briefeschreiben zu verschieben. Dieses neue Ausbreiten des Krieges, dieses schreckliche Blutvergießen – ich nehme an, der Mensch hat eine Art Sicherheitsgrenze in seinem Gehirn, so dass man sich nicht die ganze Zeit klar vorstellen kann, was vorgeht in diesem 20. Jahrhundert, da man sonst verrückt würde. Aber diese Begrenzung ermöglicht es einem, das Haus sauberzumachen, Salat zu pflanzen, den Kindern die Haare zu kämmen und ihnen beizubringen, sich die Hände zu waschen vor dem Essen, es macht es sogar möglich, einen anspruchslosen Film zu genießen, Poesie zu lesen, über Witze zu lachen. Hör nicht zu oder besser lies nicht, da diese Stimmung sich bald in die richtige ändern muss, in meinen normalen todsicheren Glauben, dass nach diesem Krieg eine bessere Welt aufgebaut werden wird. Erst jetzt merke ich, wie sehr ich unterbewusst mit Deiner **143**

Rückkehr gerechnet habe. Du kennst all die kleinen, täglichen Dinge. Dieser Spaziergang, den wir zusammen machen müssen, der Pudding, den Barbara heute gemacht hat und den sie wieder machen muss. Wenn Du hier bist, wenn ich nur rechtzeitig erfahre, dass Du kommst, kann ich ein paar Eier für Dich aufsparen, da es nur eins pro Person und Woche gibt. Dieses Buch, was ich gerade lese, werden wir diskutieren, wenn Du hier bist. Wie angenehm es Dir sein wird, mit Michael zu reden. Ich muss ein paar gute Strümpfe aufheben, nein, wenn Du bald kommst, muss ich nicht, meine Beine sind sehr braun, Du wirst sie ohne Strümpfe mögen. Und einen Tag werden wir das Boot nehmen, losrudern und dann den reizenden Berg mit den Schafen darauf besteigen, und die Sicht über das ganze Land und das alte Haus neben der Kirche werden Dich begeistern. Und wir müssen Mittag essen in dem gleichen Gasthaus mit dem lustigen alten Kellner, in dem ich letzte Woche war. Und Du wirst mich von der Bahn-Station abholen, damit ich nicht so schwere Sachen tragen muss. Und die Abende werden nie wieder einsam sein – und nun verbiete ich mir selbst jegliches Taggeträume wie dieses und gewöhne mich daran, dass keines dieser Dinge wahr wird.

Weißt Du, ich habe definitiv die Hoffnung auf Dein Kommen aufgegeben. Ich kann mir nicht vorstellen, was sie jetzt überzeugen könnte, Dir ein Transitvisum zu geben, wenn sie es für die letzten sechs Monate verweigert haben. Aber, bitte, lass mich detailliert wissen, was Du versucht hast und worauf Deine noch existierende Hoffnung gebaut ist. Oder hast Du die auch verloren? Für mich sind die Details nicht wirklich nötig, da ich weiß, dass Du Dein Bestes versucht hast, mich zu erreichen, und wenn nicht mich – dann das Land. Aber die Eltern fragen manchmal, und einmal auch George. Barbara erwartet ihren Mann, bezieht die Betten neu, kocht ein besonderes Abendessen, zieht ihr schönstes Kleid an und rennt den ganzen Tag mit Lockenwicklern im Haar herum, um schön zu sein, wenn ER ankommt. Er kommt jetzt praktisch jedes Wochenende, da er näher an uns stationiert ist. Es ist hart für mich, nicht manchmal sentimental deswegen zu werden. Ich habe ein neues Kleid, ich denke, es ist das erste, das Du nicht kennst. Barbara gab mir den Stoff irgendwann als Geschenk, es ist rot mit kleinen weißen Tupfen, kurzen Puffärmeln, einem runden, farbigen Stehkragen und einem weißen Gürtel. Es passt sehr gut zu dem Teil meines Haares, der noch schwarz ist. Hey, ich wünschte, mir wäre wirklich spaßig zumute. Liebster, alle meine vernünftigen Gedanken helfen nicht, ich vermisse Dich so sehr.

August 41

Es ist ein anderes Leben, da wir Hilfe im Haus haben. Sie kommt viermal die Woche für zwei Stunden. Natürlich bleibt genug Arbeit übrig, aber es ist nicht mehr das hektische Umherhetzen ohne Pause. Ich genieße es, selbst Sorge für die Kinder zu tragen. Sag, was Du willst, es ist ein Unterschied, ob eine Kinderfrau sie wäscht, kämmt, füttert, oder ob Du es selbst machst. Obwohl es natürlich bedeutet, dass man weniger Zeit für sich hat. Die Frühlingszwiebeln und der Spinat kommen nicht, und ich fürchte, der Mohn auch nicht. Vielleicht ist es gut, dass die Blumen nicht kommen. Es erinnert mich zu sehr an die Vergangenheit. Aber der Salat ist vorzüglich, ich werde bald wieder neuen pflanzen. Barbara ist fort für ein paar Tage. Ihr Mann hat Urlaub, und ich genieße es, das Haus für mich alleine zu haben. Ich mag es, für eine Weile allein zu sein. Und ich liebe es, das Baby alleine zu umsorgen, obwohl es mir einen gewissen Schmerz bereitet, ich möchte so schrecklich gerne noch eins haben. Ich weiß, es ist hoffnungslos im Moment, und es wäre unvernünftig, selbst wenn es möglich wäre, aber das ändert nichts daran, dass ich den intensiven Wunsch habe.

Ernst ist Ninas anhaltende Reaktion auf den ersten Bombenangriff, den sie erlebt hat. Sie beschreibt sehr plastisch das Beben des Hauses und wie es ein schrecklich lautes Geräusch »in den Mauern unter dem Bett, über dem Bett, in meinen Ohren, in der Decke, überall« gab. Wann immer sie einen Reifen platzen hört, ist sie ängstlich, und jeden Abend protestiert sie gegen das Zubettgehen, weil »Bomben wieder das Geräusch machen werden«. Insgesamt nehmen Kinder es sehr normal auf. Sie scheinen sich daran zu gewöhnen, so wie die Erwachsenen. Natürlich ist der Distrikt, in dem wir leben, zu neunzig Prozent sicher …

Wie verbringst Du deine Zeit? Ich möchte sehr, dass Du Dich mit sinnvollen Dingen befasst. Oh, und bitte verliebe Dich nicht in jemand anderen – und wenn doch, lass es mich wissen.

12. September 41

Lieber Len, Dein letzter Brief erreichte mich vor zwei Wochen. Ich erwarte den nächsten nicht bald, man gewöhnt sich an die langen Intervalle, aber man gewöhnt sich nie daran, das metallische Klicken zu überhören, wenn andere unwichtige Briefe durch den Türschlitz fallen und sie mit Gelassenheit aufzuheben. Wenn ich wüsste, dass Du in drei Monaten hiersein würdest, würde es mir nichts ausmachen. Ich hätte die Willenskraft, Dich nicht so viel in meinen Gedanken zu haben, aber so, wie es ist, sinniert man die ganze Zeit und macht sich Sorgen, Hoffnungen und wieder Sorgen. Es ist nutzlos und ermüdend, noch lange so weiterzumachen. Oft habe ich entschieden, Dein Nichtkommen für sicher anzunehmen und entsprechend zu handeln. Aber dann schien wieder eine Möglichkeit da zu sein, und ich wartete weiter. Ich würde auch gerne weiter und länger warten, wenn es sicher wäre, dass Du kommst. Nur dieser unentschiedene Stand der Dinge macht mich unausgeglichen, ich fühle, dass ich gerne all meine Kraft benutzen würde, um die Vergangenheit und Dich auszublenden. Und wenn ich das alleine nicht schaffen würde, einfach mit dem Ersten zusammenzugehen, der es will. Brutal, das aufzuschreiben. Es tut vielleicht genauso weh, als wenn es schon ein Fakt wäre – aber das ist es, was ich oft fühle und denke. Ich war Dir mental und physisch treu, wie es scheint, sogar unterbewusst, da ich, als ich so schreckliche Qualen beim Zahnarzt litt, als der Zahnarzt mich betäubte (mit Gas), Deinen Namen rief, bevor ich bewusstlos wurde.

146 Ich lese den Brief durch, vielleicht sollte ich ihn nicht abschi-

cken, Du wirst ihn missverstehen. Ich werde nichts tun, das Dir schaden oder Dich verletzen könnte, so lange Du weg bist und es eine Chance Deines Kommens gibt. Sogar wenn ich wollte (und ich will nicht), würde ich es nicht tun, es wäre so gemein Dir gegenüber, Du dort drüben, inmitten von lauter Sorgen. Aber bitte komme bald. Bitte schreibe oft in der Zwischenzeit.

23. Oktober 41

Mein lieber Junge, es ist einer dieser Tage, an denen der Wind alles beherrscht. Die Wolken segeln mit enormer Geschwindigkeit. Die Bäume beugen sich tief – ich vermisse das Wasser. Du kamst eines Tages nach Hause, nachdem Du den Kai entlanggelaufen bist und hast mir darüber erzählt. Ich vermisse Dich mehr als das Wasser. Ja, zehn Monate sind vorbei, und die Hoffnung, dass Du kommst, wird jeden Monat geringer. Ich habe nicht mal große Hoffnungen auf Glück, wenn Du kommst – unsere Vergangenheit erlaubt das nicht. Und trotzdem, ich vermisse Dich, ich fühle mich Dir nah, ich fühle stark wie immer, auch in den Momenten des tiefen Widerspruchs bei den Dingen, die uns zusammenbinden. Ich mache mir Vorwürfe, dass ich Dir nicht geschrieben habe während der letzten Wochen. Aber ich hatte alle Hoffnungen aufgegeben, dass meine Briefe Dich erreichen würden, und war überrascht, gestern einen Brief von Dir zu bekommen, geschrieben am 25. September. Du erwähnst zwei meiner Briefe, Juni und September, ich habe ungefähr vier oder fünf dazwischen geschrieben, die Du nicht gekriegt hast. Du darfst keine Scheu haben, mich nach Hilfe zu fragen. Es gilt, was gar nicht gesagt werden muss, dass ich nur glücklich wäre, wenn ich Dir helfen könnte. Ich habe verschiedene Sachen ohne Erfolg versucht. Aber meine Möglichkeiten sind noch nicht erschöpft. Obwohl ich ein bisschen depressiv werde und ungeduldig durch den Verlust von Zeit, den die Fehlschläge bringen. Wenn alles schiefgeht, bitte, Len, zweifle nicht daran, dass ich alles probiert habe, was möglich war.

11. Dezember 41

Genau nachdem ich das Telegramm abgesandt habe, in dem ich sage, dass Du aufhören sollst, Briefe zu schreiben, kam Dein Brief vom November an – der, in dem Du mir rätst, Shakespeare zu lesen und seinen Geburtsplatz zu besuchen. Du bestätigst auch den Erhalt meines Septemberbriefes, und deswegen werde ich weiterschreiben. Meine Lektüreauswahl ist limitiert auf das Bibliotheksangebot. Shakespeare, wie Du Dir vielleicht denken kannst, kenne ich zum Teil – modernes Zeug ist nicht so gut repräsentiert in der Bibliothek. Ich hab mit Biografien angefangen, aber irgendwie ist die eine genauso wie die andere – immer das Haus des Lehrers oder Direktors mit vier bis acht Kindern, in einem lieblichen Landhaus am Wasser, wo man die Kirchenglocke hören kann und die Mutter solch eine herzliche Person ist und Vater solch ein gerader Charakter, bewundert bei jung und alt, arm und reich. Meine Landspaziergänge sind jetzt beschränkt, da mehr Arbeit da ist. Da B. mich verlassen hat und wir jetzt drei Leute in vier Räumen sind, werde ich einen Evakuierten aufnehmen müssen – ich bevorzuge ein Kind vor einem Erwachsenen, obwohl das natürlich nicht nur die Arbeit vermehren, sondern mich noch mehr an das Haus binden wird. Aber das ist das wenigste, was ich tun kann für den Kriegsaufwand (nicht zu vergessen das Stricken für Royal Navy und die Russen – wie jeder andere auch). Einmal im Monat geh ich ins Kino, das ist fast ein Prinzip, da ich sonst nie am Abend wegkomme und am Tag in London nie genug Zeit ist für Filme. Das Kino ist nur zehn Minuten Fußweg vom Haus entfernt.

Es scheint, dass der größte Teil Deiner Briefe verlorengeht – aber es ist es wert, Dinge aus anderen Briefen zu wiederholen –, dieser eine wird vielleicht genauso verlorengehen. In einem meiner Briefe habe ich Dir geschrieben, dass ich Dir bis jetzt treu war. Ich wiederhole es, da Du vielleicht manchmal darüber nachdenkst. Ich erinnere mich nicht, ob ich es erwähnt habe, dass eine ziemlich nette Person in mich verliebt ist, aber wir sehen uns sehr selten, und ich habe mich nie auch nur küssen lassen. Es tut gut, einige nette Komplimente zu hören und mit wirklicher Wärme und Sorge begrüßt zu werden. Aber da ich nicht die Absicht habe, es weiterzutreiben, wird es besser bald gestoppt werden. Und es scheint nicht fair ihm gegenüber, es so weit kommen zu lassen. Also ist dies definitiv nichts zum Sorgen machen. Ich habe es nur um der Wahrheit willen erwähnt. Und du? Tja, Männer haben das Privileg, in dieser Hinsicht anders beurteilt zu werden. Und Dein Leben ist insgesamt soviel unangenehmer als meines, dass ich fast wünschen sollte, jemand wäre für Dich da. Aber wie auch immer meine Meinung ist, Du würdest nicht lange danach fragen, wenn Du Dich wirklich verlieben solltest, also bitte ich Dich nur, mich den Fakt wissen zu lassen, wenn es passiert. Weihnachten wird bald da sein. Ja, ich werde auch an Dich denken am Weihnachtsabend, und ich weiß, ich werde Dich vermissen, obwohl das Haus sehr voll sein wird. Die Eltern, Barbara, Frank, Duncan und vielleicht sogar Brigitte und Tony werden kommen.

28. Juni 42

Ich habe oft die Briefe von Dir gelesen, in denen Du über deine Beziehungen zu anderen Leuten sprichst – mich inklusive. Ich wünsche so sehr wie Du selbst, dass Du die Umgebung haben könntest, die Du Dir wünschst. Das wäre wichtiger für Dich, als zu mir zurückzukehren, wichtiger für Deine Entwicklung und Deine Zufriedenheit im Leben. Was ich für Dich wünschte, so man wählen könnte, wäre, dass Du hierher kommst, dass wir einige wenige Monate oder wenigstens Wochen zusammenhaben. (Während der Zeit könntest Du eine Ausbildung bei einer der Streitkräfte haben und dass sie Dich irgendwohin schicken, wo der Kampf am heißesten ist, und dass Du dort eine individuelle Aufgabe mit dem richtigen Maß an Abenteuer, Gefahr, Verantwortung übertragen kriegst, und da das nur ein Traum ist, könnte ich hinzufügen, dass ich wünschte, dass Du erfolgreich wärst und lebend zurückkommen würdest!) Ich weiß nicht, ob Du immer noch viel über unsere Zukunft und die möglichen Schwierigkeiten usw. nachdenkst. Ich möchte nicht, dass Du komplett aufhörst über mich nachzudenken, **149** aber Du sollst nicht mehr über Probleme nachdenken, die vielleicht wieder auftauchen. Es mag komisch sein, dass ich das jetzt sage, da ich immer die war, die wollte, dass die Dinge zwischen uns durchdacht und so klar wie möglich sind.

Endlich ist der Sommer da. Welch simple Worte, wie oft gesagt, aber wie viel meinen sie. Ich komme gerade vom Schwimmen. Sich in die brennende Sonne zu legen, noch tropfend vom Schwimmen, die Bienen zu hören und die verschiedenen Blumen zu riechen, die Grashalme über einem sich bewegen sehen, all das bringt mich in einen Zustand kompletter Ruhe und des Glücks.

Michael spricht nicht oft von Dir, aber immer in einem bestimmten Zusammenhang. Wann immer es etwas Mutiges zu tun gibt oder ich jemanden dafür bewundere, etwas Mutiges getan zu haben, sagt er, oh, Len hätte das auch hingekriegt. Ich glaube, Dein unerschrockenes Skilaufen und Dein furchtloses Schwimmtraining müssen ihn beeindruckt haben.

Juli 42

Ich fühle jetzt manchmal, dass neben meiner Aufgabe, Michael zu kleiden und zu ernähren, meine Rolle in seinem Leben kleiner wird. Das ist natürlich und stört mich nicht. Andererseits fühle ich mich ihm immer noch näher als irgendeiner anderen Person auf der Welt und weiß, dass ich seine Ansichten, Gedanken und Launen stark beeinflusse, obwohl er seine täglichen Interessen mit anderen teilt. Diesen Morgen hatte ich große Schwierigkeiten mit Michael. Er mag seine Schule sehr und ist normalerweise ruhig und beherrscht. Diesen Morgen hat es geregnet, und ich gab ihm einen Brief mit, der sagte, dass er schon um 11 Uhr gehen müsste, weil er einen Zahnarzttermin hatte. Der Regen machte es erforderlich, dass er seinen alten Regenanzug anzog, sein Jersey mit dem Hochziehkragen und die Wellingtons. Er begann sich aufzuregen: »Ich bin sicher, dass ich zu spät komme, wenn ich alles das anziehen muss und vor der Stunde wieder ausziehen muss.« Wie immer, wie an hundert anderen Morgen, erklärte er mir, dass er fertig sei, aber die Schuhe und Zähne waren nicht

sauber, das Haar nicht gekämmt. Ich befahl ihm, das zu tun.
Auf einmal fing er an zu weinen. »Kann ich nicht hier zu Hause
bleiben, bis wir zum Zahnarzt müssen. Es lohnt nicht, für zwei
Stunden zur Schule zu gehen.« Ich mochte das nicht, da er
genug Stunden durch seine Krankheit verpasst hatte und es
war auch noch nicht zu spät für den Schulanfang. Michael bestand darauf, flehte mich an, weinte. Mein Herz war schwer,
als ich ihn so unglücklich sah. Doch ich dachte, dass er in
Zeiten wie diesen, wo er jeden Tag von mir und meinem Schutz
getrennt werden könnte, jetzt besser durch seine Schwierigkeiten durchmüsse. Er stand da, schluchzend: »Mutter, du
weißt nicht, wie ich mich fühle, wenn du es wüsstest, würdest
du mich nicht fortschicken.« Ich erklärte ihm alles, wie wichtig es ist zu lernen, solche Aufregungen zu überstehen und
wie gut er sich fühlen würde, wenn er nach all dem doch geht
und seine Stunden macht und dass er danach sehen wird, wie
übertrieben seine Aufregung war. Tja, ich sandte ihn trotzdem
los, aber mit dem Kompromiss, dass ich ihm einen Brief mit-
gab, der erklärte, warum er so spät kam. Es passte mir nicht,
ihn loszuschicken in diesem aufgeregten Zustand auf seinem
Fahrrad inmitten des Verkehrs. Drei Stunden später traf ich
ihn beim Zahnarzt wieder. Er war sehr fröhlich, die anderen
waren gerade von der Kapelle zum Unterricht gegangen, als
er ankam, und niemand hatte irgendetwas gemerkt. Ich sagte:
»Siehst du.« Und er: »Das ist nicht logisch, das zu sagen, Mutter«, und recht hatte er.

Ende Juli 42
Liebster Len, der Mensch ist schwach, ich hatte eigentlich
nicht mehr daran glauben wollen, dass die Möglichkeit Deines
Kommens bestünde. Trotzdem gibt es Momente, in denen ich
zutiefst verzaubert bin von der Vorstellung, wie es sein wird,
wenn Du ankommst. Ich bin entschlossen, dann den Haushalt
für drei bis sieben Tage hinter mir zu lassen und diese Zeit
komplett mit Dir zu verbringen. Es hängt von der Jahreszeit
und dem Wetter ab. Entweder in einem Hotel in London (ich
kenne eins, das einen großen Garten mit Liegestühlen hat

und das sehr landmäßig ist) – oder irgendwo, wo es wirklich schön ist, auf dem Lande. In vielerlei Hinsicht wäre es vielleicht komfortabler in unserem Bungalow. Aber Du weißt ja, dass Barbara und das Baby da sind, dass wir so nicht die Zurückgezogenheit hätten, die wir nach solch einer langen Trennung wollen. Ich würde ja auch jede andere Jahreszeit dem Winter vorziehen. Irgendwie war alles, was wir hatten, so sehr mit der Natur verbunden …

So viel Persönliches die Briefe auch zur Sprache bringen, von den dramatischen Ereignissen und gefahrvollen Unternehmungen Sonjas gerade dieser zwanzig Monate verraten sie nichts. Nach dem Naziüberfall auf die Sowjetunion im Juni 1941 hatte ihre Kundschaftertätigkeit für die Rote Armee noch an Bedeutung gewonnen. Zweimal wöchentlich sendete sie nachts trotz schärfster Funkkontrollen an die Zentrale, mindestens zweimal monatlich fuhr sie nach London zu illegalen oder privaten Treffs. Sie erhielt von ihrem Vater, der auch nach seiner Verabschiedung von der Ökonomie-Hochschule weiter mit linksgerichteten Wirtschaftswissenschaftlern und Labour-Politikern Kontakt hielt, wichtige Informationen und industrielle Daten. Noch weiterreichende Verbindungen, bis in Regierungs- und Geheimdienstkreise, nutzte ihr Bruder Jürgen, um Analysen über die deutsche Kriegswirtschaft und die militärischen Planungen der Alliierten zu übermitteln, auch zur immer wieder aufgeschobenen zweiten Front jenseits des Kanals. Darüber hinaus lernte sie durch ihn Personen kennen, die auf speziellen Gebieten bestens bewandert waren – so Ernst Kahle, den Kommandeur der Thälmann-Brigade im Spanischen Bürgerkrieg (den auch Klaus Fuchs kennengelernt hatte), der nach Flucht und Internierung nun über die Kriegslage in englischen Zeitungen schrieb und durch die KPD-Auslandsleitung an sonst unzugängliche Hintergrundinformationen kam. Und eines Tages – es war im Spätsommer 1942 – stellte ihr Bruder Jürgen den Kontakt zu Klaus Fuchs her.

Entscheidung in Birmingham

Die Nachrichten aus Deutschland von der Verhaftung und Verfolgung seines Vaters, des Bruders und des Schwagers, schließlich vom verzweifelten Sprung seiner Schwester Elisabeth aus dem fahrenden Zug und die nun Moskau bedrohende Hitlerarmee hatten Klaus Fuchs gegen Ende des Jahres 1941 in Birmingham zur Entscheidung gedrängt. Er war kein Abenteurer, kein Hasardeur und kein Spion, der aus der Kälte kam und zu eisigen Entschlüssen neigte. Ein kühler Rechner war er im Kreis der Wissenschaftler, die sich die theoretische und praktische Entwicklung der Uranbombe, speziell die Berechnung ihrer kritischen Masse und Zündung, zum Ziel gesetzt hatten. Es war ihm klar, dass er damit entscheidend beteiligt war, eine Waffe von apokalyptischer Zerstörungskraft zu schaffen. Er wusste zwar durch Einblick in geheime Berichte aus Berlin, deren Auswertung man ihm übertragen hatte, dass die deutschen Kernphysiker bisher keinen Vorsprung bei diesen Forschungen errungen hatten, eher war das Gegenteil der Fall. Aber noch immer konnte nicht mit völliger Sicherheit ausgeschlossen werden, dass Hitler vor dem Ende des Krieges die Bombe haben würde. So war es für viele der Wissenschaftler, zumal die aus Deutschland und Österreich geflüchteten Antifaschisten, das entscheidende Motiv für ihre Mitarbeit am Atomprojekt: Nazideutschland um jeden Preis dabei zuvorzukommen. Es war Klaus Fuchs auch bekannt, dass es bereits Kontakte zwischen den Regierungen Englands und den USA gab, die Forschung und technologische Entwicklung zur Produktion gemeinsam zu betreiben. An eine Zusammenarbeit mit der Sowjetunion oder auch nur an ihre Information durch die westlichen Alliierten war jedoch nicht gedacht, obwohl der englische Premier, Winston Churchill, beim faschistischen Überfall auf die Sowjetunion erklärte: »Russlands Gefahr ist auch unsere Gefahr« und »jede

153

technische und ökonomische Hilfe, die möglich und nötig ist« im gemeinsamen Kampf gegen Nazideutschland zusicherte.

Was auch immer die Regierenden erklärten, Klaus Fuchs war in den Jahren seit seiner Flucht zu viel Widersprüchlichem, Heuchelei, Verblendung und antikommunistischen Vorurteilen, selbst auf Seiten eingeschworener Hitlergegner, begegnet, als dass er noch etwas auf solche Verlautbarungen gab. Von früh an durch seinen Vater anvertraut, galt für ihn der buchstäblich biblische Grundsatz: »Verleugne niemals dein Gewissen«, wobei für ihn Gewissen zugleich Wissen, kritisches Denken und Handeln bedeutete. Er formulierte es später, als er wegen seiner Gewissensentscheidung vor Gericht gestellt wurde, noch drastischer und selbstbewusster: »Es muss von Zeit zu Zeit Menschen geben, die vorsätzlich Schuld auf sich nehmen, weil sie eine Situation klarer erkennen als jene, die die Macht haben.«

Schmerzlich, mit minimalem Verständnis hatte er hingenommen, dass er im ersten Kriegsjahr verhaftet, interniert und ein Jahr lang wie ein Sträfling in einem Lager gefangen gehalten wurde, ohne verlässliche Informationen vom Kriegs- und Weltgeschehen, nur weil er ein Deutscher war. Er hatte auch die Häme und Attacken, die endlosen Erörterungen, die Zweifel an den eigenen Überzeugungen unter Gesinnungsgenossen und an sich selbst wegen des Hitler-Stalin-Paktes erfahren. Zum ersten Mal vermochte er sich nicht völlig mit der sowjetischen Politik zu identifizieren. Nach langen, quälenden Grübeleien beschied er sich jedoch damit: »Das russisch-deutsche Abkommen war schwer zu verstehen, aber schließlich akzeptierte ich, dass Russland so gehandelt hatte, um Zeit zu gewinnen und seinen Einfluss auf dem Balkan erweitern zu können, gegen die Umtriebe Deutschlands. Schließlich schien der Überfall Deutschlands auf die Sowjetunion zu beweisen, dass die Sowjetunion sich nicht entzog und bereit war, eine Außenpolitik zu betreiben, die das Risiko des Krieges mit Hitlerdeutschland einschloss. Russlands Angriff auf Finnland war gleichfalls schwer zu verstehen, aber die Tatsache, dass England und Frankreich die Intervention in Finnland vorbereiteten, zu einer Zeit, als sie nicht bereit waren, ernsthaft gegen Deutschland zu kämpfen, machte Russlands Erklärung verständlich, dass es seine Verteidigung gegen mögliche imperialistische Angriffe vorbereiten müsse. Letzten Endes akzeptierte ich, dass meine Zweifel falsch waren und die Partei Recht hatte. Als dann Deutschland wirklich Frankreich überfiel, war ich interniert und lange Zeit waren mir Zeitungen verboten. Wir wussten nicht, was draußen und in England vorging, ich hatte keine Chance, den wirklichen Charakter des britischen Volkes in diesem Kampf gegen den Faschismus kennenzulernen.«

Nun war die Lage anders, er war hier am Ort mit einer bedeutenden Aufgabe betraut. Die Westmächte und die Sowjetunion waren Verbündete, doch noch immer blieben Misstrauen und Vorbehalte gegen dieses Land und die dort machthabenden Kommunisten. Auch in Birmingham waren die früheren politischen Aktivitäten des Klaus Fuchs als Student und Jungkommunist bekannt und im streng geheimen Tube Alloys-Programm neue Sicherheitsüberprüfungen gegen ihn eingeleitet worden, obwohl man ihm nach langem Hin und Her die englische Staatsbürgerschaft zuerkannt hatte. Dennoch sollte er auf Weisung des Geheimdienstes nur die für seine Aufgaben nötigen Informationen und Einblicke erhalten, was Prof. Peierls, der dortige Projektleiter, und die anderen Wissenschaftler als unzumutbar und für ein Forscherteam als unpraktikabel zurückwiesen. Hatte Klaus Fuchs anfangs auch nicht das Ausmaß der dortigen Arbeit erkennen können, so wurde es ihm spätestens klar, als ihm das Memorandum Prof. Peierls an die britische Regierung in die Hände kam. Dessen Hauptpunkte lauteten: »1. Als Waffe wäre der Superbombe so gut wie nichts entgegenzusetzen. 2. Wegen der Verbreitung radioaktiver Substanzen durch den Wind ist zu erwarten, dass die Waffe nicht eingesetzt werden kann, ohne eine große Zahl von Zivilisten zu töten, und deshalb ist ihr Gebrauch durch dieses Land wohl nicht in Betracht zu ziehen.«

Dennoch wurden die Forschungsarbeiten sowie die technologischen Vorbereitungen für den Bau der Bombe ungebremst fortgesetzt und von Woche zu Woche intensiviert, obwohl es durchaus fraglich war, ob sie noch in absehbarer Zeit und im Krieg gegen Hitlerdeutschland zum Einsatz kommen würde. Indessen nahm gerade in der englischen Öffentlichkeit der Unmut über das Verzögern der zweiten Front durch die Westalliierten angesichts der gewaltigen Kriegsverluste der Sowjetunion zu, es wurde mehr und effektivere Hilfe gefordert. »Zu dieser Zeit«, so Klaus Fuchs im Rückblick, habe er »volles Vertrauen zur russischen Politik« gehabt. »Und ich war davon überzeugt, dass die westlichen Alliierten vorsätzlich zuließen und zusahen, wie sich Russland und Deutschland gegenseitig vernichteten.« Er wusste von anderen Wissenschaftlern, die über die Konsequenzen ihrer Arbeit an der Bombe nachzudenken begannen und sich keineswegs politischen Überlegungen verschlossen. Der Physik-Nobelpreisträger Max Born, der sich zu Kriegsbeginn intensiv für Fuchs' Entlassung aus der Internierung eingesetzt und ihn als einen »unter den zwei oder drei begabtesten theoretischen Physikern der jungen Generation« bezeichnet hatte, berichtete in seiner Autobiografie von jenen Auseinandersetzungen. Noch ehe Klaus Fuchs zu Peierls nach Birmingham und damit zum Atomprojekt gegangen sei, habe er Born um Rat gefragt und mit ihm in Edinburgh darüber diskutiert: »Auf jeden Fall war Fuchs in diesen Dingen ein besserer Experte als ich; denn er wusste viel mehr über Kernphysik. Er neigte dazu, Peierls' Angebot anzunehmen. Ich war unsicher und warnte ihn. Ich erinnere mich nur dunkel an die Diskussion mit Fuchs, doch ich glaube, ich hatte das starke Gefühl, dass eine atomare Superbombe eine teuflische Erfindung wäre, mit der ich nichts zu tun haben wollte. Denn obwohl ich Hitler und die Nazis mehr hasste, als ich mit Worten ausdrücken kann, und obwohl ich das deutsche Volk verachtete, weil es ihn an die Macht gebracht hatte und für ihn wie irrsinnig kämpfte, konnte ich mich nie dazu überwinden, Aktionen gutzuheißen, durch die nicht nur Nazis und Hitlers Soldaten getötet wurden, sondern auch unschuldige Kinder und Menschen, die meine Gefühle teilten. Doch Fuchs war anderer Meinung. Er hasste Hitler und seine Bande so leidenschaftlich, dass er bereit war, jede Waffe zu benutzen, um sie zu vernichten und um zu verhindern, dass sie sich der Welt bemächtigten.«

Noch entschiedenere und weitgehendere Skrupel und Einwände als Max Born hatte der Däne Niels Bohr gegen die Bombe, von dem grundlegende Erkenntnisse zur Atomphysik stammten. Er war nach der Nazibesetzung seines Heimatlandes auf abenteuerliche Weise in die USA geflüchtet, wo Fuchs ihn traf und erfuhr, dass er sich mit seinen politischen Bedenken direkt an Präsident Roosevelt gewandt hatte. »Er hat offenbar viel intensiver nachgedacht als all die anderen«, so urteilte Klaus Fuchs. »In seinem Memorandum kommt auch sehr deutlich die Notwendigkeit des harmonischen Zusammenwirkens zwischen den USA und der UdSSR zum Ausdruck. Und um das notwendige Vertrauen herzustellen, plädierte er dafür, dass die USA vor Einsatz der Atombombe die UdSSR unterrichten sollten. Roosevelt brachte es dann auch in einer Diskussion mit Churchill zur Sprache, aber Churchill war absolut dagegen, und er ging in seinem ersten Ausbruch so weit zu sagen, man sollte Niels Bohr als einen Verdächtigen verhaften.«

Das war um Monate später, als Klaus Fuchs seine Entscheidung bereits getroffen hatte. Was dann Niels Bohr im kleinen Kreis von Wissenschaftlern noch pointierter äußerte, kam durchaus seinen Ängsten und Befürchtungen vor einem kommenden Wettrüsten und Massensterben nahe. Sie dachten beide schon über den Krieg gegen Hitler hinaus, dem sie nicht mehr zutrauten, dass er diese Waffe noch in die Hand bekam, aber zogen daraus unterschiedliche Konsequenzen. Immer mehr waren sie sich der furchtbaren Bedrohung durch die Bombe bewusst, falls sie nur im Besitz der einen Seite blieb. Wollte die Sowjetunion nicht ihre Unabhängigkeit verlieren und vom Wohlwollen der Westmächte abhängig sein, müsste sie eigene Atomwaffen haben, meinte Bohr, und befürchtete wie Fuchs die Gefahr des atomaren Wettrüstens und der atomaren Erpressung, wenn nicht gar eines atomar geführten Krieges.

Ohne Zweifel war Klaus Fuchs schon bevor er solch prominenten Zu- und Widerspruch erhielt, zu dem Entschluss gekommen, auf eigene Faust zu handeln. Er wusste, dass er niemanden in seiner Nähe, auch nicht befreundete Wissenschaftler und die hochgeschätzten Teamkollegen fragen und zu Rate ziehen konnte, mehr noch, dass er sich gegen die eingeschworene Gemeinschaft stellte, die alle ihre Kräfte und Fähigkeiten für Monate und Jahre dieser Arbeit gewidmet hatte. Wie problematisch letzten Endes das Resultat dieser wissenschaftlichen Entdeckung war, mochte zunehmend auch manch anderer an seiner Seite empfinden. Doch angesichts des andauernden Krieges, von Bombardierungen und angedrohten und dann zur Realität gewordenen deutschen V-Waffen, die noch schlimmere Endkampfszenarien befürchten ließen, verschloss es allen den Mund, die wie er etwas kompetent zu sagen und zu tun in der Lage gewesen wären. Also entschied er, im Geheimen zu handeln und das zu tun, was andere von Präsidenten, Ministern und der Generalität offiziell, allerdings vergeblich, gefordert hatten. Er gab sein Wissen weiter und setzte damit die Sowjetunion über die Entwicklung der ungeheuerlichsten Waffe der Menschheitsgeschichte in Kenntnis, damit sie nicht in einem bereits drohenden dritten Weltkrieg zum Einsatz kam.

Lapidar berichtete Jürgen Kuczynski in seinem Buch »Freunde und gute Bekannte« darüber: »Klaus war ja ein Genosse und kam nach seiner Ankunft aus Frankreich natürlich zu mir, da ich politischer Leiter der KPD-Gruppe in England war. Wohl etwa 1942 hatte mir Bernal, der berühmte Physiker und spätere Präsident des Weltfriedensrates, mit dem ich gut befreundet war, ganz vage erzählt, dass man bei der Vorbereitung einer ganz gefährlichen, ungeheuer wirksamen Waffe war, das war alles, was ich wusste. Klaus Fuchs erzählte mir natürlich Näheres, denn er war ja direkt daran beteiligt, und er fragte, ob das nicht wichtig für die Sowjetunion sei. Ich sagte: ›Selbstverständlich‹ und gab ihm eine Verbindung zu einer Sowjetstelle.«

Klaus Fuchs dachte zuerst nur daran, die Ergebnisse seiner

eigenen Arbeit weiterzugeben, immerhin ein beträchtlicher wissenschaftlicher Beitrag, der sich zumeist direkt oder indirekt auf das Forschungsprojekt der Bombe bezog. Nur ein Teil davon ist in den Vorkriegsjahren und noch nach Kriegsausbruch in den Abhandlungen der Royal Society, der britischen Akademie London und Edinburgh, veröffentlicht worden, einige der bedeutendsten in Zusammenarbeit mit Max Born. Aus einer bloßen Aufzählung der veröffentlichten Titel mag vielleicht auch der Nichtfachmann ersehen, mit welch vielfältigen Themen sich Klaus Fuchs befasst hatte und was es hieß, daraus die für Wissenschaft, Kriegsrüstung und nicht zuletzt für politische Entscheidungen relevanten Erkenntnisse auf illegalem Wege weiterzuvermitteln.

Elektronentheorie der Metalle

»A Quantum Mechanical Investigation of Cohesive Forces of Metallic Copper«, Proc. Roy. Soc. (London) A151 (1935), p. 585 bis 602

»A Quantum Mechanical Calculation of the Elastic Constants of Monovalent Metals«, Proc. Roy. Soc. (London) A153 (1936), p. 622-639

»The Elastic Constants and Specific Heats of the Alkali Metals«, Proc. Roy. Soc. (London) A157 (1936), p. 444-450

»The Conductivity of Thin Metallic Films According to the Electron Theory of Metals«, Proc. Cambr. Phil. Soc. 34 (1938), p. 100-108

»Operator Calculus in the Electron Theory of Metals«, Proc. Roy. Soc. (London) A176 (1940), p. 214-228

»Crystal Theory of Metals: Calculation of the Elastic Constants«, (mit H.W. Peng) Proc. Roy. Soc. (London) A180 (1942), p. 451-476

Statistische Mechanik

»The Statistical Mechanics of Condensing Systems«, (mit M. Born) Proc. Roy. Soc. (London) A166 (1938), p. 391-414

»The Vapour-Pressure Curve«, Proc. Roy. Soc. (London) A179 (1942), p. 194-201

»Statistical Mechanics of Binary Systems«, Proc. Roy. Soc. (London) A179 (1942), p. 340-361
»The Statistical Mechanics of Many Component Gases«, Proc. Roy. Soc. (London) A179 (1942), p. 408-432
»Pressure Dependence of the Equilibrium Constant of Ammonia«, Proc. Roy. Soc. (London) A179 (1942), p. 433-438
»On the Statistics of Binary Systems«, Proc. Roy. Soc. (London) A181 (1943), p. 414-415

Relativitäts- und Quantenfeldtheorie
»On the Invariance of Quantized Field Equations«, Proc. Roy. Soc. (Edinburgh) LIX (1938/39), Part II, p. 109-121
»On Fluctuations in Electromagnetic Radiation« (mit M. Born), Proc. Roy. Soc. (London) A170 (1939), p. 252-265
»The Mass Centre in Relativity« (mit M. Born), Nature 145 (1940), p. 587, p. 933
»Reciprocity, Part II: Scalar Wave Functions« (mit M. Born), Proc. Roy. Soc. (Edinburgh) LX (1939/40), Part I, p. 100-116
»Reciprocity, Part III: Reciprocal Wave Functions« (mit M. Born), Proc. Roy. Soc. (Edinburgh) LX (1939/40), p. 141-146
»Reciprocity, Part IV: Spinor Wave Functions«, Proc. Roy. Soc. (Edinburgh) LX (1939/40), p. 147-163

Theorie des Atomkerns
»On the Stability of Nuclei Against ß-Emission«, Proc. Camb. Phil. Soc. 35 (1939), p. 242-255
»On the Statistical Method in Nuclear Theory«, Proc. Roy. Soc. (London) A174 (1940), p. 509-522

Ein Mann mit dieser wissenschaftlichen Leistung, der sich entschließt, Forschungsergebnisse – und seien es vorrangig auch eigene – weiterzugeben, überschreitet eine Tabu-Grenze und muss sich als Außenseiter oder Abtrünniger sehen, selbst wenn er sich dabei auf das Wohl und Wehe der gesamten Menschheit, eine friedliche Zukunft und den Sozialismus beruft. Er selbst hat später vor Gericht von dem Konflikt gesprochen, in den er sich gestellt sah: »Im Verlauf meiner Forschungsarbeit hatten sich natürlich persönliche Bindungen und Freundschaften entwickelt, die ich trotzdem nicht in Frage stellen wollte. Ich verwandte meine marxistische Philosophie dazu, um in meinem Inneren zwei verschiedene Bereiche streng voneinander zu trennen. Einen Bereich, in welchem ich mir erlaubte, meine Freundschaften zu pflegen, persönliche Beziehungen zu haben, Leuten zu helfen und in allem der Mensch zu sein, der ich sein wollte und der ich vorher gewesen war im Umgang mit der Kommunistischen Partei und ihren Sympathisanten. Ich konnte frei und heiter sein, ohne Angst zu haben, mich zu enttarnen, weil ich wusste, dass der andere Bereich eingreifen würde, wenn Gefahr drohte. Ich konnte einfach den anderen Bereich vergessen und mich trotzdem auf ihn verlassen. Es erschien mir zu dieser Zeit, dass ich ein freier Mann geworden war, weil ich es geschafft hatte, im anderen Bereich völlig unabhängig von der mich umgebenden Gesellschaft zu sein ...«

Im Rückblick erklärte er dieses Verhalten mit der ihm eigenen Unbedingtheit als »kontrollierte Schizophrenie«. Aber war das nicht jedes Tun und Lassen in einer solch beispiellosen Situation? Als in Guido Knopps TV-Historienserie »Topspione – Verräter im Geheimen Krieg« und den zugelieferten Goldmann-Büchern Klaus Fuchs an die Reihe kam, geriet diese »Schizophrenie« (wie auch in anderen Publikationen) ins Zentrum der Deutung und Betrachtung: »Patentrezept: gespaltene Persönlichkeit. Solange die beiden ›Abteilungen‹ im Kopf von Fuchs säuberlich getrennt blieben, konnten ihm kaum Fehler unterlaufen. Wie ›kontrolliert‹ diese selbst diagnostizierte Schizophrenie auch immer war, Fuchs hatte eine Lösung für Loyalitätskonflikte und Skrupel gefunden, die alle Geheimdienste der Welt wohl gern patentieren lassen würden. Für den GRU (Aufklärungsdienst der Roten Armee) jedenfalls erwies er sich als der vollkommenste Glücksfall. Weil er aus innerer Überzeugung handelte, war nicht einmal Bargeld vonnöten, um Informationen aus dem Zentrum der westlichen Kernforschung zu erhalten.« Geschildert wird, wie sich dieser Überzeugungstäter dem sowjetischen Militärattaché

Kremer, der zugleich GRU-Resident unter dem Decknamen Alexander war, »kontrolliert« angenähert habe: »Bei ihrem ersten Treffen in einem Haus in der Nähe des Hydeparks händigte Fuchs seinem Kontaktmann Durchschläge von Kalkulationen über die bei einer Kernspaltung auftretenden Kräfte aus. Mit Naivität und Kaltblütigkeit, den charakteristischen Merkmalen ihres neuen Agenten, wurden die sowjetischen Geheimdienstler nur wenige Tage später konfrontiert. Fuchs wollte sich vergewissern, ob seine Informationen auch an der richtigen Stelle landeten, und spazierte geradewegs in die Botschaft der Sowjetunion in London, um sich zu erkundigen. Zufällig traf er den Attaché Kremer auf einem Gang des Gebäudes. Alexander war einen Moment perplex angesichts dieses Verstoßes gegen alle Vorsichtsregeln, zog Fuchs dann aber schnell in einen leeren Büroraum und versicherte ihm, er sei tatsächlich an die Auslandsaufklärung der Sowjetunion geraten. Anschließend begann er dem Geheimdienstneuling einige grundlegende Lektionen im Handwerk der Spionage zu vermitteln.«

Jürgen Kuczynski hat zu dieser entscheidenden Kontaktaufnahme in dem Dokumentarfilm aus dem Jahre 1989 nichts von solchen Eskapaden berichtet, sondern lediglich: »Ja, zunächst hatte er eine Verbindung zu jemandem aus der Sowjetbotschaft, das habe ich arrangiert, und als diese abbrach, wohl aus Vorsicht von Seiten des Genossen aus der Sowjetbotschaft, habe ich die Verbindung zu Sonja gemacht. Also beide Verbindungen von ihm habe ich arrangiert.« Und Klaus Fuchs dazu: »Er gab mir dann beim nächsten Besuch eine Adresse, zu der ich zu einer bestimmten Zeit gehen sollte, das war zunächst mal in London meine Anlaufadresse. Später wurde eine etwas konspirativere Methode gefunden, dass ich mich zu bestimmten Zeiten mit einer Genossin treffen sollte, wir haben dann jedes Mal verschiedene Treffpunkte ausgemacht, entsprechende Erkennungszeichen wurden vereinbart.«

Kurz vor seinem Tod hat Klaus Fuchs noch einmal die Gründe seiner Entscheidung bekräftigt: »Ich habe mich nie als Spion gesehen. Ich konnte nur nicht verstehen, warum der

Westen nicht bereit war, die Atombombe mit Moskau zu teilen. Ich war der Ansicht, dass etwas mit einem so ungeheuren Vernichtungspotential den Großmächten in gleichem Maße zugänglich sein musste. Die Vorstellung, dass eine Seite in der Lage sein sollte, die andere mit einer solchen Waffe zu bedrohen, fand ich einfach entsetzlich. Das wäre so gewesen, als würde ein Riese auf Liliputanern herumtrampeln. Ich hatte nie das Gefühl, mir etwas zuschulden kommen zu lassen, als ich Moskau mein Geheimwissen zur Verfügung stellte. Es wäre mir wie ein sträfliches Versäumnis erschienen, es nicht zu tun.«

Banbury

Nach den Jahren der Ungewissheiten scheint es fast ein Idyll zu sein, betrachtet man Sonjas Alltag im Spätsommer 1942, als Len aus der Schweiz zurückkehrte und die Familie nach fast zwei Jahren wieder vereint war. Die Scheinehe hatte sich trotz der langen Trennung und anderer Versuchungen in eine wahre Lebensgemeinschaft verwandelt. Man zog nach Summertown in ein Haus im grünen Randgürtel von Oxford. Das Haus war klein und uralt, die einstige Kutscherwohnung gegenüber einer Villa, jedoch mit einem grasbewachsenen Hinterhof und vielen Schuppen, früheren Pferdeställen, und rundum hundertjährigen Mauern aus Kalkstein. Freilich zogen sie nicht allein wegen des malerischen Umfelds dahin, sie konnten schwerlich in einer Stadtwohnung den Sender installieren und Funkverkehr betreiben, den die Kriegsgesetzlichkeit auch in England strengstens untersagte. Selbst in der Summertown-Ländlichkeit war es bedenklich, eine Antenne vom Hausdach zu einem der Schuppen zu spannen. Sonja musste einen Bittgang zu der Besitzerin der Villa gegenüber antreten, der auch das Kutschhaus gehörte, und unter allerlei Vorwänden um Erlaubnis nachsuchen. »Sie war einverstanden und verhielt sich auch bei anderen Gelegenheiten freundlich zu uns«, heißt es dazu in »Sonjas Rapport«, als sei dies von größter Wichtigkeit gewesen. »Ich war zufrieden, dass diesmal Len die Antenne errichten konnte. Im Bungalow Kidlington war ich allein auf dem Dach herumgeklettert.« Ihr war vom sowjetischen Kontaktmann ein Sender übergeben worden, der viel handlicher und kleiner war als in den Vorkriegsjahren, ein Gerät von etwa zwanzig Zentimeter Länge und fünfzehn Zentimeter Höhe. Wurde nicht gesendet, kam es aus dem Haus und wurde in der alten Hofmauer versteckt. »Wir lockerten einen Stein an einer Stelle, wo der Mörtel bereits brüchig war, nahmen den Stein dahinter heraus, taten unseren kleinen Sender hinein und legten den bemoosten Verschlussstein zurück. Der Mauer war keinerlei Veränderung anzusehen.«

Immer noch erhielt Sonja Informationen von ihrem Bruder Jürgen und ihrem Vater, von Hans Kahle und auch einem englischen Luftwaffenoffizier, der aus Sympathie zur Sowjetunion zu Rat und Hilfe bereit war. Da er mit technischen Aufgaben befasst war, hatte er Zugang zu neuesten Entwicklungen der Flugzeugkonstruktion und konnte exakte Daten und sogar Zeichnungen und Konstruktionsteile von Maschinen beschaffen, die sich noch im Versuchsstadium befanden. Auch Bekannte von Len, die jetzt im Kriegsdienst waren, informierten über militärische Neuentwicklungen, unter anderem über das Radar und über Landungsfahrzeuge, wobei sie zumindest ahnten, für wen diese Informationen bestimmt waren. »Wir hatten es bis zum Ende des Krieges nicht schwer, Menschen zu gewinnen, denn die Arbeit für die Sowjetunion war zu dieser Zeit Arbeit für den Verbündeten Englands im Krieg gegen Hitler«, berichtete Sonja. »Das englische Volk sympathisierte mit der Sowjetunion. Wurde in Kriegsbetrieben bekannt, ein Waffenmaterial gehe nach Murmansk, erhöhte sich die Produktion merklich, in einigen Fällen bis auf das Doppelte. Selbst ›Damen der höheren Gesellschaft‹ konnten sich dieser Stimmung nicht entziehen und strickten Fausthandschuhe für die Rote Armee! Die Verzögerung einer zweiten Front auf dem Kontinent durch England und die USA löste bei vielen Menschen Empörung oder zumindest Unbehagen aus. Trotz aller Versprechungen ließen die beiden Länder ihren Verbündeten bluten – auch später griffen sie nur mit beschränkten Mitteln ein. In den Städten Englands stand 1942 in roter Farbe die Forderung des Volkes an den Mauern: ›Beginnt die zweite Front jetzt!‹«

Trotzdem blieb für Sonja und Len und alle, die ihnen Hilfe leisteten, die Gefahr, entdeckt und als Landesverräter und Feindagent gebrandmarkt und verurteilt zu werden. In dem Bericht über dieses Summertown-Jahr schrieb sie von der wachsenden Sorge, dass man ihren Treffen, den illegalen Verbindungen und nächtlichen Sendungen auf die Spur kam.

Äußerste Vorsicht galt es bei den Zusammenkünften zu wahren, besonders mit Informanten, die keine konspirative Erfahrung hatten und manchmal ziemlich unbefangen agierten. Oft gab es Verabredungen fern von Summertown und Oxford, zweimal im Monat traf sie sich in London mit dem sowjetischen Kontaktmann, bei besonderen Anlässen auch öfter. Meist wohnte sie dann bei ihren Eltern, die wieder nach London zurückgekehrt waren, oder bei den Geschwistern. Selbst die Verabredungen zu ihren Besuchen, wenn sie nach London reiste, umschrieb sie in ihren Briefen und gab nur notfalls verschlüsselt Daten und Termine kund, meist in Mitteilungen über den Familienalltag versteckt.

Aus der entscheidenden Zeit von Ende 42 bis Sommer 43, als sie sich mindestens einmal im Monat mit Klaus Fuchs traf, sind so gut wie keine Briefe vorhanden. Vielleicht sind sie vernichtet worden, als nach dem Krieg Sonjas Tätigkeit ins Visier der englischen und amerikanischen Geheimdienstler geriet und Hausdurchsuchungen zu befürchten waren. Bei dem hohen Preis, um den es ging, wäre die geringste Spur und Nachlässigkeit damals nicht nur für sie äußerst verhängnisvoll gewesen.

Ein halbes Jahrhundert verging, ehe Sonja – nun als DDR-Schriftstellerin Ruth Werner weithin bekannt – von ihrer wichtigsten Mission als sowjetische Kundschafterin sprechen konnte. Zum ersten Mal erschienen in der englischen Buchausgabe von »Sonya's Report« (London 1991) Schilderungen von den Zusammenkünften mit Klaus Fuchs in der Nähe Banburys. Bis dahin hatte sie darüber auch gegenüber den eigenen Kindern, besten Freunden und Genossen hartnäckig geschwiegen und jede Beteiligung bestritten. Im später erweiterten Englandkapitel dieses Buches beschreibt sie ihr erstes konspiratives Treffen mit Klaus Fuchs, das sich als äußerst folgenreich erweisen sollte, lapidar und ohne jede nachträgliche Bedeutsamkeit:

Gegen Ende 1942 gab es ein weiteres unerwartetes Ereignis. So weit ich begriff, hatte ein Genosse, der wertvolle militärische Informationen besaß, die Verbindung mit der Sowjetunion verloren, und zwar schon seit geraumer Zeit. Er hatte sich an meinen Bruder Jürgen gewandt und ihn als Leitungsmitglied der KPD-Organisation in England um Rat gefragt. Jürgen sagte mir, er hätte eine codierte Nachricht an die Zentrale des sowjetischen Aufklärungsdienstes geschickt und die Antwort bekommen, dass der Kontakt hergestellt werden sollte. Der Name dieses Kontaktmannes: Klaus Fuchs. Damals wusste ich nicht, dass er ein hervorragender Wissenschaftler war und mit einer Gruppe zusammenarbeitete, die eine Atombombe bauen sollte, in Zusammenarbeit mit den USA. Das war natürlich topsecret und damit Jürgen und mir nicht bekannt. Ich wusste jedoch, dass Klaus Fuchs in Birmingham lebte, und wahrscheinlich arrangierte er über Jürgen ein Treffen in der Umgebung von Banbury, das Städchen zwischen Birmingham und Oxford.

Als ich Klaus zum ersten Mal traf, gingen wir nach dem altbewährten Liebespaar-Prinzip Arm in Arm spazieren und sprachen miteinander, auch über Dinge, die mit dem eigentlichen Inhalt unseres Zusammenseins nichts zu tun hatten. Es war angenehm, sich mit einem so feinsinnigen, klugen Genossen und Wissenschaftler zu unterhalten. Mir fiel schon bei diesem ersten Mal auf, wie ruhig, überlegt, taktvoll und gebildet er war. Wir redeten über Bücher, Filme und die gegenwärtigen Ereignisse.

Bei unserer nächsten Zusammenkunft hatte er Fragen an die Zentrale, die mir eine Vorstellung von der Art seiner Arbeit vermittelten. Ich gab sie verschlüsselt über meinen Sender weiter und entschlüsselte die Antwort der Zentrale an ihn. Für unsere Treffs bediente er sich eines ›Briefkastens‹, obgleich dieses Wort in unserem Fall nicht genau passte. Ich suchte die Orte für unsere geheimen Zusammenkünfte aus und arrangierte sie außerhalb der Stadt in einsamen Gegenden, so dass ich mein Fahrrad benutzen konnte. Dieses Rad besaß einen bequemen Kindersitz aus geflochtenem Stroh, für den meine Tochter schon fast zu groß war. Als ich meinen Jüngsten, im Herbst 1943, erwartete, schmückte ich den Sitz mit einem neuen bunten Kissen – ich sehe es noch heute vor mir: Gänseblümchen auf grünem Grund. Die ländliche Umgebung und die Möglichkeit, sich dort freier zu bewegen, halfen uns, die Gegend besser im Auge zu haben. Einmal sagte Klaus, dass es ihm gut täte, außerhalb der Stadt zu sein und mit mir zu reden. Ich empfand ihn als zurückhaltend und bescheiden. Ich glaube, er wäre nirgends besonders aufgefallen.

Abgesehen davon, dass es außerhalb der Stadt weniger leicht möglich war, uns zu beobachten und zu beschatten, verlegte ich unsere Treffs in Landschaften, weil ich mich in der Natur besser zurechtfand. Ich besinne mich darauf, wie wir auf schmalem Pfad über Wiesen gingen und einen Platz in der Nähe des Waldrandes im Gestrüpp aufsuchten. Dort gruben wir zwischen Wurzeln eine kleine Höhle. Das heißt, ich kniete nieder und grub sie; Klaus stand daneben und schaute mir durch seine Brille zu. Ich fand das ganz in Ordnung, weil ich viel praktischer als er war. Einmal sah ich zu ihm auf und dachte: Oh, du großer Professor!

Klaus kam niemals in meine Wohnung, und nie besuchte ich ihn in seiner. Keiner kannte des anderen Adresse. Ich glaube fast, er wusste nicht einmal, dass ich Jürgens Schwester war. Einmal, es muss 1943 gewesen sein, als ich noch in Oxford, im Stadtteil Summertown, wohnte, gab mir Klaus ein dickes Buch mit Blaupausen, sicher über hundert Seiten stark, mit der Bitte um schnelle Weitergabe. Um meinen sowjetischen Kontaktmann ohne feste Verabredung zu erreichen, musste ich nach London fahren und zu einer bestimmten Uhrzeit an einem bestimmten Ort ein Stück Kreide zertreten. Das bedeutete, dass wir uns unbedingt treffen mussten. Zwei Tage später radelte ich von Oxford ein paar Kilometer bis zur großen Kreuzung, der heutigen 40T und A34 in Richtung Cheltenham. Nach ungefähr zehn Kilometern Fahrt bog ich in eine Seitenstraße ab. Das war vereinbart, notfalls würde ich das Tag um Tag wiederholen, solange bis mein Kontaktmann käme. Doch schon beim ersten Mal stand sein Auto da. Ich verbarg mein Rad und setzte mich einen Augenblick neben ihn ins Auto und übergab die Formeln und Zeichnungen, Ich hoffte sehr, er möge sie heil nach London und Moskau bringen.

Klaus und ich haben nie mehr als eine halbe Stunde miteinander verbracht, wenn wir uns trafen. Zwei Minuten hätten genügt, aber abgesehen von dem Vergnügen draußen vor der Stadt ein paar Schritte zu gehen und miteinander zu reden, war es weniger verdächtig, wenn wir spazierengingen als dass wir uns gleich wieder trennten. Wie kostbar ein solches Treffen mit einem deutschen Genossen war, kann keiner ermessen, der nicht in einer solchen Isolierung und Bedrängnis gelebt hat wie wir damals. Klaus Fuchs war in einer noch viel schwierigeren Lage als ich – ich hatte immerhin meine Familie um mich. Das gemeinsame, gefährliche Handeln schuf eine große Nähre und Verbundenheit.

Sie erwähnt, dass ihr die Zentrale bestätigte, wie wertvoll ihre Übermittlungen gewesen seien. Zwei Mal wurden ihre Nachrichten mit »wichtig« und »sehr wertvoll« quittiert. »Natürlich war ich sehr erfreut über diese Aufgabe. Je mehr ich zu leisten hatte, desto besser fühlte ich mich. Ich war mir durchaus bewusst, wie bedeutend das Material von Klaus war, obwohl ich nicht bis ins Letzte wusste, dass der Bau der Atombombe das Ziel war. Meine Rolle dabei war gering, ich war einfach nur der Bote, der mit der technischen Übermittlung betraut war, mehr nicht.« In »Sonjas Rapport« berichtete sie noch über ein Treffen mit ihrem sowjetischen Kontaktmann – kurz vor der Geburt ihres zweiten Sohnes Peter in London – bei Gewitter und strömendem Regen, als man sie gar nicht erwartet hatte. »Sergej überbrachte mir das Lob des Direktors für eine Nachricht, die ich ihm zuvor gegeben hatte. Entweder war Sergej inzwischen in Moskau gewesen, oder er hatte den Auftrag erhalten, mir die Worte genau mitzuteilen. Der Direktor hatte gesagt: ›Wenn wir fünf Sonjas in England besäßen, wäre der Krieg früher zu Ende.‹ Ich fand mich nicht so tüchtig, war aber sehr glücklich. Besser hätte niemand den Sinn unserer Arbeit ausdrücken können: Den Faschismus vernichten und damit das Ende des Krieges für alle Menschen erreichen. Jede Stunde früher zählte.«
Von Klaus Fuchs liegen außer den Aussagen in dem Doku-

mentarfilm »Die Väter der tausend Sonnen« so gut wie keine authentischen Zeugnisse über die damaligen Geschehnisse vor. Lediglich die englischen Verhörprotokolle aus dem Jahre 1950, die lange Zeit als »topsecret« galten, aber Ende der achtziger Jahre an die Öffentlichkeit gelangten, umreißen immerhin die politische und wissenschaftlich-technische Problematik des Falls aus seiner Sicht. Es war jedoch die Sicht eines Mannes, der sich vor Gericht gestellt und von der Höchststrafe bedroht sah, der zwar keinen Kniefall tat und auch nicht zum Taktieren neigte, seinen Bekennermut allerdings zu zügeln wusste und nach letzten Gründen und Begründungen seines Handelns sowieso nicht gefragt wurde. Zunächst war er von William Skardon verhört worden, dem einstigen Chefkriminalisten des Londoner Morddezernats, der nun bei der MI 5-Spionageabwehr als der raffinierteste Agentenjäger galt.

Ihm schilderte Fuchs nach anfänglichem Schweigen und Leugnen schließlich seinen Lebensweg, warum er zum Kommunisten geworden und später zu seiner schwerwiegenden Entscheidung in Birmingham gekommen war. Zur Sache selbst sagte er nur:

Kurz nach meiner Entlassung aus der kanadischen Internierung wurde ich gebeten, bei Professor Peierls in Birmingham an kriegswichtigen Arbeiten mitzuwirken. Ich nahm an und begann die Arbeit, ohne zunächst zu wissen, was es für eine Arbeit war. Ich glaube nicht, dass es einen Unterschied zu meinen späteren Aktivitäten gemacht hätte, wenn ich die Natur dieser Arbeit von vornherein gekannt hätte. Als mir das Ziel und der Zweck dieser Arbeit klar wurde, beschloss ich, Russland zu informieren und stellte den Kontakt über ein anderes Mitglied der kommunistischen Partei her. Seitdem hatte ich kontinuierlichen Kontakt mit Personen, die mir vollkommen unbekannt waren, außer dass ich wusste, dass sie, welche Informationen ich ihnen auch gab, diese an russische Vertreter übergeben würden. Zu dieser Zeit hatte ich volles Vertrauen zur russischen Politik und war davon überzeugt, dass die westlichen Alliierten vorsätzlich zuließen, dass sich Russland und Deutschland gegenseitig vernichteten. Deshalb zögerte ich nicht, alle Informationen, die ich hatte, weiterzugeben, auch wenn ich gelegentlich versuchte, in erster Linie über die Ergebnisse meiner eigenen Arbeit zu informieren.

Zu weiteren Geheimverhören war extra ein Physiker hinzugezogen worden, der beim britischen Rüstungsministerium angestellt war: Dr. Michael Perrin. Sowohl das Protokoll des Skardon-Verhörs wie das der wissenschaftlich-technischen Befragung Perrins hielt man für so wichtig, dass man es nicht nur unverzüglich der britischen Regierung, sondern auch dem US-Präsidenten zukommen ließ:

Die Aussage von Fuchs an Perrin, die als topsecret eingestuft wurde, lautete über die erste Periode – von 1942 bis Dezember 1943 – wie folgt:

Fuchs sagte mir, dass er seinen ersten Kontakt Anfang 1942 hatte. Zu dieser Zeit trat er in das Team von Prof. Peierls an der Universität von Birmingham ein, das unter Vertrag mit dem Tube Alloys-Programm stand. Fuchs erklärte, dass er während der ersten Periode streng darauf bedacht war, dem Agenten nur die Resultate seiner eigenen Arbeit zu übergeben. Er war an einer Studie beteiligt, die eine grundlegende Theorie und ein mathematisches Verfahren für die Lösung von Problemen entwickeln sollte, die mit dem Prozess der Ausbreitung von Gasen bei der Trennung der Uran-Isotope zur Gewinnung von reinem Uran 235 zusammenhängen. Und er sagte mir, dass er zu dieser Zeit praktisch nichts weiter über die Möglichkeit einer Kettenreaktion wusste, als das, was in der wissenschaftlichen Literatur veröffentlicht war, und bestimmt nicht irgendeine Möglichkeit der Benutzung von Plutonium als Alternative für das U 235 in Betracht zog. Er sah in diesem Teil des Atomenergieprojekts bestenfalls eine zukünftige Möglichkeit der Energiegewinnung.

Im Einklang mit seinem Vorsatz, nur die Resultate seiner eigenen Arbeit zu übergeben, beschränkte er sich im Wesentlichen darauf, dem russischen Agenten lediglich Kopien jener Forschungsberichte auszuhändigen, die er während seines Aufenthaltes an der Universität Birmingham geschrieben hatte. Diese waren in Maschinenschrift (M.S.-Series), und er übergab gewöhnlich eine Kopie auf Durchschlagpapier. Der Agent, mit dem er Kontakt hatte, verstand nichts von den technischen Details, dennoch schien er keineswegs überrascht zu sein, als er hörte, dass die Arbeit auf die Herstellung einer Atombombe zielte. Bei anderer Gelegenheit fragte er Fuchs, was noch erstaunlicher war, nach dessen Meinung über die elektromagnetische Methode als Alternative für die Trennung der Uran-Isotope. Zu dieser Zeit wusste selbst Fuchs nichts von einer solchen Methode und hatte sie bisher nie in Erwägung gezogen.

Abgesehen von den detaillierten Papieren, die er selbst verfasst hatte, teilte Fuchs dem Agenten in allgemeinen Wendungen mit, dass die Realisierung dieses Projekts im Vereinigten Königreich bereits aktiv betrieben werde und eine kleine Pilotanlage des Rüstungsministeriums in den Valley-Werken von Nordwales eingerichtet worden sei, um das Prinzip der Diffusion des Trennungsprozesses zu testen. Fuchs sagte, dass er keine Details der Bauzeichnungen oder der Konstruktion der Ausrüstung dieser Pilotanlage weitergegeben habe. Er informierte jedoch den Agenten darüber, dass eine ähnliche Anlage in den Vereinigten Staaten vorhanden sei und eine Zusammenarbeit zwischen beiden Ländern bestünde. Außer der Frage nach der elektromagnetischen Separation, konnte sich Fuchs an keine wesentlichen Fragen erinnern, die ihm gestellt worden sind. Einige der wenigen Anfragen seien so ungenau und undeutlich gewesen, dass sie ihm nahezu bedeutungslos vorkamen.

Wohlweislich unterließ es Klaus Fuchs, auch nur den geringsten Hinweis über den Ort, den Zeitpunkt oder irgendwelche Einzelheiten der Zusammenkünfte mit Sonja oder anderen Kontaktpersonen preiszugeben. Er sprach nur von einem Agenten oder dem sowjetischen Agenten, eine weibliche

Person wurde deshalb wohl auch bei den Nachforschungen zunächst kaum ins Kalkül gezogen. Dass der Agent keine Fachkenntnisse besaß, wie Fuchs erklärte, dennoch aber überraschende Fragen nach bestimmten Forschungsdetails stellte, sorgte eher für Verwirrung, als dass es auf eine bestimmte Spur führen oder Aufklärung über den Wissensstand der Gegenseite liefern konnte. Dass anfangs vor allem Berichte – Kohlepapierdurchschläge – der zum Teil in den höchst seriösen Royal Society-Proceedings veröffentlichten eigenen Forschungsergebnisse und Berechnungen weitergegeben wurden, wirft zudem Fragen über die Selbstbestimmung und das offenbar vorausgesetzte staatliche Verfügungsrecht gegenüber geistigem Eigentum in der Wissenschaft auf, auch die vieldiskutierte Frage, welche Verantwortung gegenüber den Resultaten der eigenen Forschungen dem Forscher dann noch zukommt und bleibt. Klaus Fuchs glaubte trotz und wegen der damaligen Kriegssituation das moralische Recht – das politische sowieso – auf seiner Seite zu haben, obwohl er sich nicht sofort alle verfügbaren Forschungsergebnisse beschaffte und weitergab. Allerdings überschritt er bereits nach einigen Treffen – etwa zur Zeit, als die Schlacht um Stalingrad entbrannt war – diese selbstgezogene Grenze und informierte Sonja dann weit über die eigenen Formel- und Zahlenreihen hinaus, indem er sowohl vom Bau der Pilotanlage in Nordwales als auch über die ihm zur Kenntnis gekommene englisch-amerikanische Zusammenarbeit am Atomprojekt berichtete.

Carl Friedrich von Weizsäcker erklärte zu dieser Problematik und zum Gewissenskonflikt eines Wissenschaftlers in der Zeit bedrohlichster Welt- und Waffenkonflikte: »Ich würde sagen, dass der Wissenschaftler, etwa Atomphysiker, der erfährt, dass etwas wie eine Atomwaffe, was wahrscheinlich die Weltgeschichte verändert, möglich ist, der hat einen Schock fürs Leben mitbekommen, das ändert sich nicht mehr. Und, dass er dann überlegt, was kann ich nun in dieser Situation tun, und dass verschiedene Menschen sehr verschiedene Konsequenzen ziehen, das finde ich sehr natürlich. Und dass da

Leute, die die Möglichkeit sahen, etwa auch Sachverhalte wei-
terzumelden auf die andere Seite, das getan haben, hat mich
eigentlich nicht sehr überrascht, hat mich nicht sehr verwundert, das kann ich mir ganz gut vorstellen.«

Als Jürgen Kuczynski gefragt wurde, ob das für Klaus Fuchs
ein großer Gewissenskonflikt war, erwiderte er: »Keine Ahnung, wir haben nie darüber gesprochen, und es erschien mir
selbstverständlich, was er tat.« Und auf die Frage: »Was war
Klaus Fuchs für ein Mensch?« – die Antwort: »Ich würde sagen, erstens war er ein wirklich großartiger Genosse und, was
keineswegs identisch ist, ein großartiger Mensch.«

Familie

Im Gegensatz zu Sonja lebte Klaus Fuchs allein, getrennt von seiner Familie, seit er aus Deutschland geflüchtet war, selbst brieflich nur über Umwege und Hindernisse hinweg mit dem Vater in Berlin, dem lungenkranken Bruder Gerhard in der Schweiz und der Schwester Christel in den USA verbunden. Der spätere sowjetische Kontaktmann Alexander Feklisov fragte Klaus Fuchs nach dessen Rückkehr aus den USA nach England, ob er nicht dieses Junggesellenleben satt habe und daran dächte, zu heiraten und eine Familie zu gründen, was ihm ja auch in den wissenschaftlichen und gesellschaftlichen Kreisen, in denen er verkehre, noch mehr Ansehen und Zutrauen verschaffen würde. Darauf habe Fuchs, schreibt Feklisov in seinen »Notizen eines Kundschafters«, ganz ernst, als seien es ihn sehr belastende Gedanken, geantwortet: »Ich bin mir darüber im Klaren, dass ich mich durch das Treffen mit Ihnen, durch meine Hilfe für die Sowjetunion einer großen Gefahr aussetze. Man könnte sagen, ich bewege mich auf einem Minenfeld. Ein falscher Schritt, der kleinste Fehler in unserer gemeinsamen Arbeit hätte für mich verhängnisvolle Folgen. Ich persönlich bin bereit, sie auf mich zu nehmen. Doch möchte ich, ehrlich gesagt, nicht, dass meine Frau und meine Kinder meinetwegen leiden. Deshalb gehört es nicht zu meinen Plänen, in England eine Familie zu gründen. Ich möchte der Sowjetunion helfen, bis sie ihre Bombe gebaut und erprobt hat. Danach werde ich nach Hause, in ein befreites Deutschland, zurückkehren. Dort habe ich Freunde, dort werde ich heiraten und in Ruhe arbeiten. Das ist mein innigster Wunsch.«

Sonja hingegen empfand einen starken Rückhalt darin, dass sie in schwierigsten Zeiten die Familie – Eltern, Geschwister, den Mann und die Kinder – meist um sich oder wenigstens in erreichbarer Nähe hatte und litt sehr unter den

Die Eltern, Berta und René Kuczynski, in England

zeitweilig notwendigen Trennungen. Aber sie war sich auch der Gefährdung für die gesamte Familie bewusst. Da sie nach dem Erscheinen von »Sonjas Rapport« von vielen Lesern danach gefragt wurde, antwortete sie Jahrzehnte darauf in einem Nachwort: »Ich begann diese Art Arbeit mit dreiundzwanzig und hörte damit zwanzig Jahre später auf. Das ist nun mal die Zeit, in der man Kinder kriegt, und obwohl ich ein Offizier (letzter Dienstrang: Oberst – Anmerkung des Autors) der Roten Armee war, war ich auch eine Frau und wollte unbedingt Kinder haben. Ich nahm das Risiko auf mich und fürchtete fast ständig um sie. Aber mir vorzustellen, ohne sie und jetzt ohne meine sechs Enkelkinder und drei Urenkel zu leben, ist undenkbar.«

Sie hatte auch in ihren Briefen an die Mutter, die von ihrer illegalen Tätigkeit im Gegensatz zum Vater und dem Bruder so gut wie nichts wusste, diesen Anspruch und den Wunsch nach Kindern immer wieder bekräftigt und gegen alle Einwände verteidigt. Glücklich darüber, dass Len nach fast zweijähriger Trennung nun seit Ende August 1942 wieder an ihrer Seite war, schien es ihr ganz selbstverständlich, dass in ihrem Summertown-Haus ein fast normaler Alltag herrschte. Normal war auch für sie, dass sie »täglich die Kämpfe der Sowjetunion verfolgten, um Moskau und Leningrad bangten, die Widerstandskraft seiner Bürger bewunderten, um die Toten trauerten«. Ihre illegale Tätigkeit, ebenso jede Hilfe und Entscheidung, die von England aus den Kampf gegen Hitlerdeutschland unterstützte, sahen sie mit allem, was an den fernen Fronten geschah, in einem selbstverständlichen Zusammenhang.

Nach der Gründung des Nationalkomitees Freies Deutschland am 12. Juli 1943 in Krasnogorsk fand sich auch in England ein Initiativausschuss für eine Freie Deutsche Bewegung zusammen, dessen Aktionsprogramm als erstes Ziel nannte: »Größtmögliche Unterstützung des Kampfes der Alliierten gegen den deutschen Faschismus.« Zum ersten Vorsitzenden und späteren Präsidenten wurde Sonjas Vater gewählt, der parteilose Wirtschaftswissenschaftler Prof. Dr. René Robert Kuczynski.

Ein russischer Chronist jener Ereignisse (Wladimir Tschikow »Les Espions Atomiques de Staline: Le Dossier«, Paris 1996) nennt weitere, aber nicht offizielle Aktivitäten der Kuczynski-Familie zu dieser Zeit: »Sonja sendete per Kurzwelle, was ihr möglich war, doch wenn die Papiere zu umfangreich oder zu kompliziert waren, gab sie die an Kremer (GRU-Resident, offiziell Sekretär des Militärattachés) weiter, der sie im Diplomatengepäck nach Moskau beförderte. Auf diese Weise vermittelte sie auch Erkenntnisse aus Churchills Kriegskabinett, die ihr Vater gesammelt hatte. Dieser unterhielt gute Verbindungen zu hohen Kreisen, insbesondere zu Stafford Cripps, dem britischen Botschafter in der Sowjetunion. Sonja hatte ihren Vater für diese GRU-Tätigkeit gewonnen. Sie übermittelte auch die Materialien, die ihr Bruder dank seiner vielfältigen Beziehungen beschafft hatte.«

Len, der Spanienkämpfer, hatte sich zum Kriegsdienst gemeldet und bei der Luftwaffe beworben. Doch die einstigen Angehörigen der Internationalen Brigaden waren bei der Royal Air Force nicht allzu willkommen. Die Einberufung ließ auf sich warten, doch angesichts des an immer mehr Fronten geführten Krieges war es sicher, dass sie eintreffen würde. In »Sonjas Rapport« bekennt sie freimütig: »Bevor er sich in Gefahr begab, wollte ich ein Kind von ihm. Ich wünschte es mir sehr und hatte wie schon zuvor die Entschuldigung, dass Säuglinge eine gute Legalisierung bedeuteten. Nina war nun schon sechs Jahre alt. Ich bestand darauf, als Ende 1942 die Einkreisung der deutschen Armee bei Stalingrad begann und sich der Sieg an dieser wichtigen Front abzeichnete. Len stimmte schließlich zu, weil er der Meinung war, er müsse mich in dieser Frage entscheiden lassen.«

Als sich Sonja das zweite, dritte oder vierte Mal mit Klaus Fuchs traf, war sie schwanger, hochschwanger dann, als sie ihn das vorletzte und letzte Mal traf. Am 8. September 1943 wurde ihr drittes Kind geboren, ein Junge, dem sie den Namen Peter-John (Pejo) gab. Kurz nach der Geburt des Sohnes erreichte Len der Einberufungsbefehl. Die Pilotenausbildung wurde ihm verweigert, auch als Funker ließ man ihn nicht zu einer Luftwaffen- oder Nachrichteneinheit gehen, weil außer seinem Spanieneinsatz wohl auch seine Mitgliedschaft in der KP – wenn nicht auch seine illegalen Aktivitäten in der Schweiz – bekannt geworden waren. Nun drang er darauf, zu einer Kampftruppe der Armee versetzt zu werden. Zu seiner Überraschung kam er in ein Garderegiment, zu den Coldstream Guards, die zu den königlichen Elitetruppen zählten, und erhielt eine Infanterie- und eine Panzerausbildung. Mit den Coldstream Guards nahm er noch an den letzten Kämpfen des Krieges auf dem europäischen Festland teil; seine Panzereinheit gehörte zu den Spähtrupps des Ersten Panzerbataillons der Guards. Sonja schrieb in einem Brief an ihren Bruder: »Hör und staune! Len entwickelt sich zum Mustersoldaten – bester Soldat von achthundert Mann.« Was an Lens Ausbildung und Umgebung von besonderem Interesse war, berichtete sie der Zentrale. Er war zuerst zur Ausbildung in der Nähe von Oxford stationiert gewesen, mehrmals besuchte sie ihn dort auf dem Truppenübungsplatz und bekam da auch selbst interessante Einblicke.

Oxford-Summertown, 8. September 1943

Liebe Mutter, um dreiviertel eins war ich noch einkaufen; Äpfel, süßen Mais, diesen Schreibblock, und ich war beim Zahnarzt. Und jetzt ist das Baby zwei Stunden alt, was Dir zeigt, dass ich es leicht hatte. Es ist ein Junge, und er wiegt nur sechs Pfund, neun Ounces. Aus Erfahrung weiß, ich, dass meine Muttergefühle erst vierundzwanzig Stunden nach der Geburt erwachen. Also wird dieses die einzige nüchterne Beurteilung sein, die ich je über ihn abgeben werde: Es ist das süßeste Baby, das ich je gesehen habe, absolut anbetungswürdig. Um zwei fingen die Wehen mit größerer Geschwindigkeit und Stärke an, und um drei war er geboren. Obwohl er klein ist, scheint er keine Frühgeburt zu sein. Ich konnte es selbst sehen, er hatte alles, sogar Augenbrauen und Fingernägel. Ich hatte keine Narkose, aber ab und zu eine Injektion. Es ist sehr angenehm, ihn hier zu haben. Ich hab einen schönen privaten Raum im Acland Schwesternheim (und es ist billiger als in London). Du bist natürlich jederzeit willkommen hier, um uns zu sehen. Entweder jetzt oder später, wenn ich zu Hause bin, oder irgendwann, wie immer Du es möchtest. Jederzeit außer am Sonnabend, wenn Len den ganzen Tag weg ist, um Michael zurückzubringen. Ich muss mich selbst kneifen, um zu glauben, dass es real ist, dass das Baby schon da ist.

September 43

Liebe Mutter, es war sehr nett von Dir zu kommen. So wie es immer ist, sage ich mir, Peter sieht von Tag zu Tag viel schöner aus: Du hättest jetzt kommen sollen, um ihn zu sehen. Was noch wichtiger ist, er nimmt gleichmäßig zu. Jetzt, an seinem elften Tag, wiegt er sechs Ounces mehr als bei seiner Geburt, was sehr befriedigend ist …

Oktober 1943

Liebe Mutter, ich habe gerade Deinen Brief erhalten. Wir werden am 28. um 5.10 Uhr mit dem Zug ankommen, das heißt, wenn wir ein Taxi kriegen, sind wir um 5.30 Uhr bei Dir, ansonsten so gegen 6 Uhr. Könntest Du dann etwas heißes Wasser fertig haben. Das Baby wird hungrig sein, und ich muss die Nahrung fertigmachen, wenn wir da sind. Es geht ihm sehr gut, aber er schreit jede Nacht von drei bis fünf immer wieder, gerade genug, um für mich das Schlafen unmöglich zu machen. Um fünf halte ich es nicht mehr aus und füttere ihn und kann normalerweise nicht mehr einschlafen, was sehr unpraktisch ist. Abgesehen davon geht es mir wirklich sehr gut, und die Rückenschmerzen sind fast weg. Wir haben die Räume umarrangiert. Das Wohn- und Esszimmer wird mein und Peters Raum, der andere große Gästeraum ist jetzt unser Wohnzimmer und sieht sehr komfortabel und geschmackvoll aus. Der Raum, in dem Du und Vater schliefen, wird das Kinderzimmer, und das Zimmer daneben das von Len. Auf diese Weise werden die anderen nicht durch das Babygeschrei gestört, und ich habe die Chance, das Baby aus meinem Raum ins neue Wohnzimmer zu schieben, wenn es schreit. Auch muss ich nicht die leidige Treppe rauf- und runtersteigen mit dem Baby, und es kann aus dem neuen Raum direkt in den Garten geschoben werden. Auch gibt es eine Gasheizung im Kinderzimmer, und wir können alle Kinder dorthin schicken, wenn sie eine zu große Belastung sind. Obwohl meine Intelligenz sich sehr verbessert oder wenigstens den alten Stand wieder erreicht hat, mein Stil offensichtlich noch nicht. Da Bin's umziehen, gibt es vielleicht eine Chance, dass sie Dir Dein Bücherregal zurückgeben und ich meines haben kann, dasjenige, was Rudi entworfen und einem Freund von mir gebaut hat. Wir brauchen genau so etwas, wir haben furchtbar wenige Schränke und Regale usw. Auf der anderen Seite, Du hast es mit von Berlin herübergebracht – sonst wäre es überhaupt nicht hier.

17. November 43

Ich bin ein bisschen genervt von der Arbeit und dem Haushalt, werde deswegen für zwei Stunden mit dem Fahrrad zusammen mit Len ins Ländliche fahren, da die Sonne toll scheint und mir gut tun wird und Michael auf das Baby aufpasst. Ich werde Dir auch ein paar alte Bücher schicken, morgen Nachmittag. Was ist mit Vaters Plänen? In Liebe Ursel

Dezember 43

Len kam am Sonnabendnachmittag, um uns für vier Stunden zu sehen (dafür muss er vier Stunden jeweils hin- und zurückreisen). Er ist sich sicher, dass er eine Woche Urlaub während Weihnachten kriegen wird.

Ende Dezember 43

Len schreibt verdrießliche Briefe, wie viel schlimmer alles ist, nachdem er Urlaub hatte. Aber er wird aufgeheitert durch die Nachricht, dass es eine neue Chance für ihn gibt, fürs fliegende Personal zu volontieren nach seinem Einführungstraining. Sein Vorgesetzter hat ihm versprochen, die Sache zu unterstützen. Da er nie ein Bewunderer des Kleinbürgers war, konnte er es sich nicht vorstellen, dass solche Typen existieren. Für sechs Wochen ist er jetzt in ständigem Kontakt mit den fünfundzwanzig Männern seiner Baracke. Nicht ein einziges Mal hat er sie die Worte »Churchill, Krieg, Russland, Italien, Teheran, Hitler« oder irgend etwas über die Kämpfe äußern hören.

Februar 44

Len kommt morgen für eine Woche nach Hause. Er hasst Panzer als Kriegsinstrumente – brutal und einzig und allein zerstörerisch in ihrem Zweck. Aber er mag es, diese Monster zu fahren. Und er mag den Platz, an dem er ist. Essensverpflegung und Leute sind so viel besser als in Schottland. Ich schicke Dir ein Buch, das ich sehr entspannend finde. Nachdem man jahrelang über nichts anderes gehört hat als Nazibrutalitäten von Deutschland. Ich bin optimistisch und fröhlich, soweit es den Krieg betrifft. Erfolg an allen Fronten. Und ich bin froh, dass die Europäer nicht apathisch und ohne Rückgrat in all den befreiten Ländern sind, sondern voll neuer Lebensfreude. Willst Du mehr Zwiebeln? Ursel

28. Juni 44

Liebe Mutter, alles Gute zum Fünfundsechzigsten. Mögen die zwei Enkel gut und nett sein. Hoffentlich siehst Du nicht nur ihren ersten Geburtstag, sondern auch noch viele folgende Geburtstage. Ich hoffe, unser Paket kommt rechtzeitig an.

Wir hatten eine wunderbare Zeit in den Cotswolds. Ich blieb dort drei Tage. Es waren richtige Ferien. Sogar das Wetter war gut. Die Landschaft und die wundervollen Dörfer waren haargenau die Abwechslung, die ich wollte. Am ersten Tag fuhr ich fünfundvierzig Meilen mit dem Fahrrad. Das meiste davon in hügliger Landschaft. Und wir fuhren am zweiten Tag sogar noch weiter. Nicht schlecht für eine ältere Frau, oder? (Insbesondere da ich vor der Abfahrt ein Pint meines Blutes für die Verwundeten der Heimatfront opferte.) Wir hatten einen Raum in einer alten Hütte in einem alten verschlafenen Dorf gegenüber einer alten Kirche. Genau wie ich es mir erträumt hatte. Mrs. Innes hatte Pejo und war sehr angetan von ihm. Ich fuhr mit dem Fahrrad von Widlington bis in unser Dorf. Es war gut so, und ich bin sehr froh, weil acht Stunden später, nachdem ich zu Hause ankam, Len auftauchte mit drei Tagen Urlaub; danach wird er in Schottland stationiert sein. Damit nicht genug, er hat etwas typisch Lenmäßiges und Schreckliches getan. Als er sah, dass die Airforce ihm nicht die gewünschte Heimatfront-Aktivität geben würde, hat er sich bei der Armee für jeglichen möglichen aktiven Dienst beworben. Und sie haben das angenommen. Alles, was wir bis jetzt wissen, ist, dass er in Schottland einer speziellen Armee-Einheit zugeordnet wird. Erst war er sehr erfreut, aber jetzt sitzt er still da und schaut auf mich und auf Pejo und auf Pejo und auf mich. Ein langes Wochenende mit Vater (und vielleicht auch Dir) wäre wirklich sehr schön. Ich werde am 9. in London sein, alle anderen Wochenenden sind auch frei. Len fragte, was sagt Deine Mutter über Pejo? Ich erwiderte ihm, sie ist sehr zufrieden mit ihm. Lens Erwiderung: Nur sehr zufrieden? Nicht begeistert? Tja, ich versicherte ihm, dass Du angetan seist. Alles Gute und einen ruhigen Tag mit so vielen Familienmitgliedern wie möglich wünsche ich Dir.

Sommer 44

Danke für Deinen Brief und danke, dass Du auf meine zwei aufgepasst hast. Len wird vielleicht am Montag zu seinem neuen Stationierungsort gehen, zwanzig Meilen von Bourne-mouth, sechs Meilen von der Küste. Er wird sich nach einer Wohngelegenheit in den kleinen Dörfern für uns umschauen.

Wie schrecklich, diese Bombe. Es scheint, je näher das Ende des Krieges kommt, desto unzufriedener und ungeduldiger denkt man darüber. Sogar ohne Bomben fühlt man so. Ich denke, es ist die Realität, dass – so schrecklich das Ende auch sein wird – trotzdem große Probleme vor uns liegen werden, wenn der Frieden kommt. Oder ist es nur, dass fünf Jahre Krieg mehr sind, als irgendjemandes Nerven vertragen kön-nen?

Anfang 45 (?)
Lieber Len! Ich denke viel über die Lager für jüdische Sklavenarbeiter nach – je-der hat darüber gelesen und redet darüber. Und alle sprechen von den Deut-schen, die es getan haben. Zuerst möchte ich etwas einwenden. Mein Lieber, es ist keine Überraschung für mich, das sind keine Neuig-keiten. Das alles läuft, seit der Faschismus in Deutsch-land vor zwölf Jahren an

Len Beurton als Soldat, 1945

die Macht kam. Es passierte, und die Regierung hier wusste davon, bevor der Krieg anfing und wir alle darüber Bescheid wissen konnten. Aber alle hätten darüber Bescheid wissen können, wenn es euch gesagt worden wäre, wie schrecklich und abartig der Nazismus ist. Viele Flüchtlinge in diesem Land und in Ländern in aller Welt haben Zeugnis darüber abgelegt. Es wurde publiziert, die Zeugen waren zumeist politische Geg-ner des Faschismus, es wurde aber so aufgefasst, als seien das alles Kommunisten, deswegen wurde ihnen nicht vertraut und es nicht einmal für nötig erachtet, die Fakten zu veröf-

183

fentlichen. Das ging über sieben Jahre so, während denen kein Parlamentsmitglied ohnmächtig wurde oder seinen Appetit verloren hat aufgrund dieser Fakten. Die Beziehungen zu Hitler waren freundschaftlich. Wenn Du darüber gelesen hast, hast Du diese Grausamkeiten angezweifelt, und wie auch immer, es wurde ja nur wenig publiziert. Die Polen und die Russen haben übrigens die Fakten öffentlich gemacht, vor einigen Jahren schon, ohne dass die Öffentlichkeit hier es wusste oder glaubte. Das deutsche Volk dafür verantwortlich zu machen, ist, meiner Meinung nach, nicht richtig. Ich kann nicht glauben, dass sie es alle wussten, vielleicht in der Form von Gerüchten, dass die Zustände in den Lagern sehr schlimm seien – aber keine Fakten. Der Deutsche als solcher kann für eine Menge verantwortlich gemacht werden, aber nicht dafür. Und genau diese barbarischen Grausamkeiten werden angesehen als von den Deutschen als Nation begangen. Ich glaube, es ist sehr schlecht, in den Berichten nicht zu erwähnen, dass dies organisierte Nazis waren und dass nur »gute« Nazis dafür ausgewählt wurden. Solche Dinge können nicht von einem Volk getan werden, sie werden getan von »ausgewählten« Subjekten. Und sie wurden so vielen Deutschen angetan, die Antifaschisten waren. Heute in einem Laden: eine kleine, eher ruhige, alte jüdische Frau sieht, dass getrocknete Pfirsiche verkauft werden. Sie fragt, ob sie ein Pfund haben kann. Man sagt ihr, dass sie nur ein halbes bekommen kann. Sie lächelt, nimmt die Früchte, dankt höflich und geht hinaus. Ein Zischen geht durch den Laden. Die Verkäuferin sagt: »Sie ist eine Deutsche, die genau wie alle diese Deutschen immer das Doppelte ihres Anteils will. Sind diese deutschen Lager nicht schrecklich?« Man kann sich gar nicht vorstellen, dass anders reagiert würde in diesem Laden. Warum nur sagt niemand: Diese arme alte Frau, was wird sie unter Hitler gelitten haben, vielleicht sind Verwandte von ihr in solchen Lagern gestorben. Und wäre sie nicht hier, hätten sie die Nazis dort gewiss schon umgebracht.

Heute kam Dein Brief aus Bovington an, ich freue mich über jeden Tag, den Du später abreist. Es ist immer ein Tag länger,

184

den Du noch hier bist, und ist ein sicherer Tag. Aber die Vorstellung, dass Du immer noch im Land bist, macht es schwierig, der langen Trennung entgegenzusehen. Den ganzen gestrigen Abend dachte ich, warum bin ich nicht losgegangen, Dich noch mal zu sehen? Natürlich dachte ich, als Dein Brief ankam, dass Du innerhalb von drei Tagen abfahren würdest. Ich hörte von einer Frau, die fünf Tage mit ihrem Mann auf der Verladestation verbrachte. Wenn ich wüsste, wo Du bist, würde ich sofort kommen, selbst wenn ich Dich nur für ein paar Minuten sähe. Auf einmal scheint mir Dein Weggehen ohne Abschied schlimmer zu sein als die Qual bei einem Abschied. Sei es drum, vielleicht bist Du noch ein paar Tage hier und kannst sogar noch einmal nach Hause kommen. Aber ich nehme an, das ist nur Wunschdenken und steht außer Frage, sobald Du am Verladepunkt bist …

Januar 45
Liebe Mutter, Glückwünsche zu Vaters Erfolg. Es ist wirklich gut, zwei Jahre Sicherheit, Arbeit, die ihn interessiert, eine Gehaltserhöhung. Könntest Du nicht eine tüchtige Putze finden anstelle der Vogelscheuche, die ich das letzte Mal bei Dir gesehen habe? Pejo spricht jetzt fast jedes Wort, das mit seinem Leben verbunden ist, und manchmal zwei Worte zusammen. Len wird mit dem 7-Uhr-Zug morgen früh abfahren, um 10.30 in Victoria-Station zu sein. Er will, dass ich Dir seine besten Grüße schicke.
Ich habe einen Brief von der Vermieterin bekommen. Ich kann das Haus noch für zwölf Monate länger haben, da das Ende des Krieges noch fern zu sein scheint. Ich hoffe, die russische Offensive hat keinen Effekt auf die vorgesehene Länge unseres Vertrages. Ich bin sehr erleichtert, es wäre hoffnungslos und schlimm gewesen, einem neuen Wohnplatz hinterherzujagen, einer neuen Putze usw. Nichtsdestotrotz fühle ich eine gewisse Enttäuschung, dass ich weitere zwölf Monate hier festgenagelt sein werde. Vor zwanzig Minuten, als ich gerade anfing, diesen Brief zu schreiben, kam ein Bericht, dass die Oder nahe Breslau von den Russen erreicht wurde. Die Ge-

185

schwindigkeit ist überwältigend. Ein wenig hinter der Oder verläuft die Front bei Landeshut, glaube ich. Sie werden bald dort sein. Jede Stadt und jeder Platz, an den man denkt, ist mit der Hoffnung verbunden, dass damit der Krieg verkürzt wird und jeder Schritt uns dem Sieg näherbringt, und man fühlt sich froh und aufgeregt. Sich all die Nazi-Hauptquartiere in diesen Städten vorzustellen, lässt mich an Ilja Ehrenburgs Worte denken, aber da hört die Vorstellungskraft auch auf. Dass Russen in russischen Uniformen die Hauptstraße in Breslau entlang laufen oder eine moderne Fabrik in Landeshut betreten – ich wage kaum, mir das vorzustellen. Dinge passieren so schnell. Vor drei Wochen schien es unmöglich. Meine anhaltende Depression ist auf jeden Fall verschwunden. Das nächste Mal in London werde ich mehr Zeit haben, Dich und Vater zu sehen. Alles Gute, Ursel

März 1945

Liebster Len! Ich packte Pejos Kinderstuhl auf seine vier Räder und schob ihn in den Garten. Er geht hinterher, ihn vor sich herschiebend, ganz rot im Gesicht vor Anstrengung. Ich hebe ihn immer runter, wenn Pejo in ihm steht, sonst könnte er hinausfallen. Es ist so lustig, ihm dabei zuzugucken, wenn er den Deckel von dem riesigen Mülleimer nimmt, der Deckel ist im Durchmesser genau seine Größe. Zwei Mal fiel er wegen des Gewichts hin, aber er ließ den Griff nicht los. Und jetzt kriegt er es ganz geschickt hin, den Deckel draufzupacken und abzunehmen. Es ist so warm, dass ich ihm sein Abendbad im Garten in einer Zinkbadewanne herrichtete. Er sieht so süß aus. Wenn er sitzt, passt er genau rein. Erinnert mich an die Brotschüssel, in der wir ihn gebadet haben, als wir in Bedford waren, weißt Du noch?

Liebling, wo wirst Du jetzt sein? Frankreich? Deutschland? Auf jeden Fall noch nicht im Kampf, aber ich mache mir schon Sorgen. Ich habe das gleiche Vertrauen in Deine Fähigkeiten während der Gefahr. Ich weiß, dass Du furchtlos und schnell bist, dass Du Deinen Kopf nicht verlierst, sondern für Gefahrenmomente lebst. Aber Du weißt genau so gut wie ich, dass es nicht nur von Deinen Fähigkeiten abhängt. Es tut mir leid, aber meine Einstellung zu diesem neuen Job von Dir ist nicht sehr heroisch. Irgendwie ist es einfacher für denjenigen, der direkt im Kampf steht, als für den Partner, der zu Hause wartet. Ich möcht Dich nur lebend zurückhaben. Ich weiß, dass Du kein Feigling oder Drückeberger bist und dass Du die Gefahr suchen wirst, aber das macht mir natürlich Sorgen. Sicher freut es mich, dass Du Dich entschieden hast, die Nazis zu bekämpfen, statt sich erst nach dem Sieg über sie herzumachen, und ich weiß, dass es Dir guttun wird, dort jetzt dabei zu sein. Um meiner und um Pejos willen, ich möchte, dass Du zurückkommst. Du erinnerst Dich an die Briefe, die wir letztens von diesem Spanienkämpfer gelesen haben, der in diesem Krieg gerettet wurde. Es war nicht viel Persönliches in diesen Briefen, da sie das nicht veröffentlicht haben. Aber es gab dort einige Briefe an seine Frau, die er schrieb, bevor er in den Kampf ging. Und ich stimmte ihm nicht zu. Nein, ich will nicht sagen, dass ich ihm nicht zustimmte, aber ich glaube nicht, dass ich nach dem Inhalt leben könnte. »Was wir verpassen, können wir nur finden, wenn wir die Humanität in ihrer Tiefe erkennen und nicht in der Enge der privaten Erinnerung.« Er sagt, dass, wenn dem Partner irgendwas passiert, der andere nicht denken muss, dass es »zu Ende« sei. Aber das wäre die unabänderliche erste Reaktion: »Es ist zu Ende.« Es wäre nur Leere da. Der eine Teil des Lebens ist zu Ende, zerbrochen. Natürlich wird man weiterleben mit all den anderen wichtigen Dingen, die das Leben ausmachen. Aber der Teil, der bedeutet Du und ich, und der durch alle Gedanken und Handlungen geht, würde schmerzvoll vermisst werden, und die privaten Erinnerungen würden nie verloren gehen. Was ich als wichtig betrachte ist, abgesehen von dem persönlichen Verlust und Schmerz, dass man die Proportion zu dem Verlust anderer Menschen und in Proportion zu generellen Vorfällen sehen muss. Man darf sich nicht in seinem Schmerz verlieren. Aber das ist mehr oder weniger meine Aufgabe und nicht Deine. Etwas worüber Du Dir vorher Gedanken machen solltest, ist Deine Reaktion zu der Eventualität, ein Invalide zu werden, **187** hier habe ich feste Ansichten. Ich denke, man muss auf jeden Fall versuchen sich durchzuringen, ein neues Leben der jeweiligen Kondition entsprechend aufzubauen. Aufgeben zu wollen wäre Versagen. Es gibt immer eine Aktivität, die ein Leben nützlich macht, und oft entwickelt man neue Interessen und Fähigkeiten, wenn man gezwungen ist, andere aufzugeben. Es gibt eine wichtige Sache, die ich betonen möchte. Glaube mir, ich werde zu Dir stehen. Niemals darf der Gedanke in Deinen Kopf eindringen, dass Du eine Last für mich werden könntest oder für mich abstoßend wärest, wenn Du als Invalide zurückkämest. Wenn Du wirkliches Vertrauen in unsere Beziehung hast, darfst Du keine Zweifel oder Ängste haben in dieser Hinsicht, versprich mir das. Jetzt genug davon. Du wirst wieder bei uns sein. – Ich denk die ganze Zeit an Dich. Aber natürlich ist es mir unmöglich, mir Dein Leben vorzustellen. Was Du tust, ist so vollständig unwirklich und anders als unser armes friedvolles Leben.

In einem dieser Briefe (wie viele mit ungenauer Datierung: »Sommer 1944«) wird »diese Bombe« erwähnt – nicht die Atombombe, von der Sonja Berechnungen und Formeln weitervermittelt hatte. Hier war die V 1 gemeint, die erste sogenannte Vergeltungswaffe, eine mit einem Treib- und schwerem Sprengsatz ausgerüstete Flügelbombe, von denen zwölftausend Stück in Deutschland, Nordfrankreich und Belgien bereitgestellt waren. Mitte Juni 44 wurde mit dem Abschuss der V 1 begonnen, bis Ende Juni erreichten mehr als tausend den Raum London, etwa siebenhundert wurden beim Anflug abgeschossen. Von September an wurden auch V 2-Waffen auf London abgefeuert; gegen diese ballistischen Raketen gab es damals keine Abwehr, so dass es nochmals zu erheblichen Schäden und mehr als dreißigtausend Toten und Verletzten unter der Zivilbevölkerung kam, während militärische Objekte kaum angegriffen wurden. Oxford und die umliegenden Ortschaften – wie auch Summertown – blieben jedoch während des gesamten Krieges weitgehend von Luftangriffen und auch V 1- und V 2-Treffern verschont.

Aber angesichts dieser Ereignisse zerschlugen sich für Sonja und die Familie alle Pläne für die Sommermonate. Andere Verpflichtungen kamen auf sie zu, denen sie sich nicht entziehen wollte und konnte. Ihr Bruder, der im Sommer 1944 einen Band seiner »Geschichte der Lage der Arbeiterklasse im Kapitalismus« mit einer grundlegenden Analyse der Wirtschaft des faschistischen Deutschlands in England veröffentlicht hatte, wurde von der US-Botschaft in London und direkt vom Büro für amerikanische Bombenstrategie zu speziellen Untersuchungen der ökonomischen Kriegsfolgen in Deutschland herangezogen. Nach Sonjas Anfrage und der Bestätigung durch die Moskauer Zentrale, ging ihr Bruder auf das Angebot ein, dort im Offiziersrang festangestellt zu arbeiten, Tür an Tür mit der Spionage-Agentur OSS, der Vorgängerorganisation der CIA. Es gehörte zu den Seltsamkeiten dieser Kriegsjahre, dass gerade von dorther starkes Interesse und die Bereitschaft kam, mit Kommunisten zusammenarbeiten, deren fachliche Kompetenz und zweifelsfreie antifaschistische Haltung man zu schätzen wusste. In seinen »Memoiren« berichtet Jürgen Kuczynski darüber: »Meine Aufgabe war, zunächst zu versuchen, Volkseinkommensberechnungen zu machen; später konzentrierte ich mich auf Arbeitskräftebilanzen –, hatte aber Einsicht in alle ihre Daten über die faschistische Produktion von Tanks und Flugzeugen und so weiter. Außer uns erhielten diese Zahlen, wie aus dem Verteiler hervorging, nur noch Roosevelt und Eisenhower, Churchill und Ismy.« Sonja vermerkte in ihrem »Rapport« dazu: »Jürgen übermittelte mir diese Übersicht regelmäßig, und ich gab sie weiter an die Zentrale. Ich glaube zu wissen, dass der Oberbefehlshaber der sowjetischen Armee ebenso regelmäßig den Inhalt erfuhr. Dieses höchst vertrauliche Blatt, das die errechneten Zahlen laufend veröffentlichte, gehörte zur United States Stratetic Bombing Survey (Übersicht über die amerikanische Bombenstrategie).«

Im November des Jahres 1943 hatte Sonja sich noch einmal mit Klaus Fuchs getroffen. Sie war von der Zentrale beauftragt worden, einen Treffpunkt für ihn in New York festzulegen, wo er Verbindung zu einem sowjetischen Kontaktmann aufnehmen sollte. Durch seine bisherigen Informationen wusste sie von dem gemeinsamen englisch-amerikanischen Atombombenprojekt, jedoch nichts Näheres über den Ort, die Dauer und den Arbeitsbereich von Klaus Fuchs bei dem zukünftigen USA-Aufenthalt. Sie hatte lediglich die weitere Verbindung und den dortigen Kontakt mit ihm zu arrangieren. »Ich hatte 1927 für ein paar Monate in New York gelebt und zerbrach mir den Kopf über meine Lokalkenntnisse der Stadt«, berichtete Sonja in ihrem »Rapport«: »Ich erinnerte mich an zwei Orte, den Prosnit-Bookshop, Uptown, wo ich gearbeitet hatte, und die 256-Henry-Street, eine beliebte Straße im Eastend New Yorks. Damals wohnte ich dort, und statt der Miete leisteten wir unter Anleitung der fortschrittlich gesinnten und geachteten Lillian Wald zweimal wöchentlich Sozialarbeit. Ich wählte das Henry-Street-Settlement sowie Erkennungszeichen und Kennworte. Ich glaube, dass sie von Klaus Fuchs und seinem Partner benutzt wurden.«

Los Alamos

Bereits Ende 1940 hatte zwischen England und den USA der Austausch von wissenschaftlichen Informationen über die Entwicklung von Nuklearwaffen begonnen. Es gab jedoch Schwierigkeiten und Kompetenzstreitigkeiten in der Zusammenarbeit, da die englischen Wissenschaftler nicht als gleichberechtigt anerkannt wurden und ihnen der Zutritt zu den geheimen Labors und Forschungsstätten in den USA anfangs verwehrt blieb. Erst im August 1943 einigten sich Roosevelt und Churchill bei einem Treffen in Québec auf eine enge Kooperation und das Zusammenlegen ihrer Forschungspotenziale: vom englischen Tube Alloys- und amerikanischen Manhattan-Projekt. Sie schlossen ein Geheimabkommen, dass trotz anderweitiger früherer Vereinbarungen (u. a. mit der Sowjetunion) festlegte, »keine Informationen über die Atombombe an Drittländer« weiterzugeben. Grund für die engere Zusammenarbeit beider Länder war neben mangelnder materieller Ressourcen und der Bedrohung englischer Forschungs- und Pilotanlagen durch deutsche Luftangriffe, die eine Verlegung nach Übersee ratsam machten, auch das beträchtliche Interesse der USA an diesem Wissenschaftspotential auf einigen wichtigen Gebieten. Das betraf vor allem das Problem der Trennung des Uran-Isotops 235 von gewöhnlichem Uran, dem sich das Birminghamer Team von Prof. Peierls mit seinem Assistenten Klaus Fuchs gewidmet hatte. Beide gehörten zu den ersten englischen Kernphysikern, die zur Mitarbeit an dem nun mit gewaltigem Aufwand vorangetriebenen Atombombenprojekt, das sein Zentrum in Los Alamos (New Mexico) hatte, eingeladen wurden.

Im Dezember 1943 traf Klaus Fuchs in New York ein und wurde sofort einer Forschergruppe zugeteilt, die an der Entwicklung eines Gasdiffusion-Verfahrens zur Gewinnung von Uran 235 für eine Fabrik in Oakridge arbeitete. Schon dort nahm er an den Beratungen amerikanischer und englischer Wissenschaftler teil, die sich mit den grundlegenden Problemen der Entwicklung des »Babys«, wie man in diesem Kreis die Atombombe nannte, befassten. Er erhielt einen Passierschein für die verschiedenen, allesamt strengen Sicherheitsvorkehrungen unterliegenden Objekte des Manhattan Engineer District.

Nach Guido Knopps Darstellung in dem Fernsehfilm und dem Buch »Topspione« hat sich das von Sonja arrangierte erste Treffen des sowjetischen Kontaktmannes mit Klaus Fuchs in New York überaus abenteuerlich zugetragen: »Fuchs spielte niemals Tennis, doch an einem regnerisch-kalten Samstagnachmittag im Februar 1944 stand er an einer Straßenecke in der New Yorker Lower East Side mit einem Tennisball in der Hand. Der Ball war das Erkennungszeichen, das er bei seinem letzten Treffen mit Sonja für den neuen Kontaktmann in New York verabredet hatte. Nach wenigen Minuten spazierte ein untersetzter Brillenträger vorbei. Er trug Handschuhe und hatte unter seinen Arm ein weiteres Paar Handschuhe geklemmt. Der Spaziergänger fragte beiläufig: ›Können Sie mir den Weg zur Grand Central Station erklären?‹ Fuchs hatte seinen neuen Kurier getroffen. Raymond? fragte Fuchs, und sein Gegenüber nickte.«

Raymond hieß mit richtigem Namen Harry Gold, war 1910 als Sohn russisch-jüdischer Emigranten geboren, die seit 1914 in den USA lebten. Er sprach englisch ohne Akzent, hatte in verschiedenen Berufen gearbeitet, zuletzt in einer Zuckerfabrik in Philadelphia. Er war kein überzeugter Kommunist und auch nicht sonderlich für linke Politik engagiert. Aber Fuchs bemerkte schnell, dass der sowjetische Geheimdienst für diese Mission einen Mann mit naturwissenschaftlichen Kenntnissen ausgewählt hatte. Weder Fuchs noch er wussten, dass hinter den Kulissen in Moskau der Militärische Nachrichtendienst (GRU) gezwungen worden war, den Top-Agenten – der tatsächlich Chemie studiert hatte – an das von Berija geleitete Volkskommissariat für Innere Angelegenheiten (NKGB) abzugeben. Harry Gold war schon seit Jahren V-Mann des

Geheimdienstes, doch verglichen mit seinen neuen Aufgaben waren alle Informationen, die er bisher beschafft hatte – chemische Verfahren für zivile Nutzung –, von weit geringerer Bedeutung. Anders als Fuchs, der es strikt ablehnte, mit Geld für seine Dienste entlohnt zu werden, hatte er von sowjetischer Seite dafür hin und wieder größere Dollarbeträge entgegengenommen. Offenbar war er aus abenteuerlichem Ehrgeiz und auch wegen seiner familiären Herkunft und misslichen Lebenslage zu der riskanten prosowjetischen Spionagetätigkeit im angloamerikanischen Atomprojekt bereit.

Alexander Feklisov, der spätere Führungsoffizier und Kontaktmann zu Klaus Fuchs in England nach dessen Rückkehr aus den USA, war NKGB-Offizier und hat in seinen bereits erwähnten »Notizen eines Kundschafters« darauf verwiesen, dass sich der sowjetische Geheimdienst nun sehr wohl über die wesentlich größeren Möglichkeiten im Klaren war, an allerwichtigste geheime Unterlagen über den Stand des englisch-amerikanischen Atombombenprojekts heranzukommen. Größte Vorsicht sei jedoch geboten gewesen, da die supergeheimen Labors und Anlagen sowie alle dortigen Mitarbeiter strengstens überwacht und in Los Alamos nahezu hermetisch von der Außenwelt abgeschirmt wurden. »In solchen Fällen war es dringend geboten, die als Kundschafter tätigen Sowjetbürger, die in den USA unter dem Schirm der Botschaft und anderer sowjetischer Einrichtungen arbeiteten und von der Spionageabwehr Washingtons ständig beobachtet wurden, von direkten Kontakten mit einer so wertvollen Quelle strikt auszuschalten«, berichtete Feklisov. »Deshalb stellte Raymond alias Harry Gold die verabredete Verbindung zu Fuchs in den ersten Februartagen 1944 her, und nur er allein erhielt seitdem von ihm Informationen über den Bau der Fabrik in Oakridge sowie über die wissenschaftlichen Forschungsarbeiten der englischen Mission. Im Laufe von fünf Monaten traf sich Raymond regelmäßig mit Klaus Fuchs in verschiedenen Stadtteilen New Yorks. Die erhaltenen Unterlagen übergab er Jazkow, einem sowjetischen Geheimdienst-Offizier, der lange Jahre getarnt als Mitarbeiter des New Yorker Konsulats tätig war.«

Wohnhaus der Schwester Christel
in Cambridge (Ma.), 1944/45

Eine dramatische Wendung ergab sich jedoch bald nach den ersten Treffen mit dem neuen Kontaktmann vom NKGB, als der sonst absolut zuverlässige Klaus Fuchs zu dem vereinbarten Treffen im August nicht erschien und über Tage und Wochen auch keine Nachricht von ihm eintraf. Es musste das Schlimmste befürchtet werden: Krankheit, Unfall, Abberufung, Rückkehr nach England oder dass er in Verdacht geraten oder gar in Haft genommen worden war. Nach langwierigen Nachforschungen, die sich bis nach Birmingham erstreckten und vermutlich auch Sonja in Oxford nicht ausließen, konnte festgestellt werden, dass er mit unbestimmtem Ziel New York im August verlassen hatte. Da man von Klaus Fuchs' Schwester Kenntnis hatte, die in Cambridge, Massachusetts, bei Boston lebte, schickte man Raymond zu ihr. Der erfuhr aber nur, dass ihr Bruder in den Südwesten gereist sei, eine Adresse hatte sie nicht. Raymond hinterließ für ihn eine Nachricht, in der Hoffnung, ihn spätestens zu Weihnachten dort erreichen zu können. Doch es vergingen auch die Weihnachtstage, ehe sich Klaus Fuchs im Januar 1945 meldete. Er hatte bereits seit der überstürzten Abreise aus New York seine Tätigkeit im allergeheimsten Atomzentrum Los Alamos in der Wüste von New Mexico aufgenommen. Noch Anfang Februar 1945 trafen sich Raymond und Klaus Fuchs in der Wohnung seiner Schwester Christel, als sie und ihre Familie abwesend waren. Dabei teilte er mit, dass man Peierls und ihn in Los Alamos ohne Verzug mit wichtigen Forschungsarbeiten und der Lösung physikalisch-mathematischer Probleme betraut habe. Nach seiner Kenntnis sei die Schaffung der Uranbombe nahe gerückt, gleichzeitig und ebenfalls erfolgreich würde an der Entwicklung der Plutoniumbombe gearbeitet. Er übergab dazu ausführliche schriftliche Unterlagen mit mathematischen Berechnungen, Maßangaben und Zeichnungen zur Bombe.

Die folgenden Treffen wurden durch die weiter verschärften Sicherheitsmaßnahmen erschwert, war es doch Fuchs untersagt, während der kommenden Monate das Gebiet des Atomzentrums zu verlassen. Deshalb verabredete man sich für Juli in der Stadt Santa Fe in der Nähe von Los Alamos, wofür Fuchs einen Busfahrplan und einen Stadtplan mitgebracht hatte, in den er den Treffpunkt einzeichnete. Es war absehbar, dass bis dahin bereits ein erster Atombomben-Test stattfinden würde. Dichter Stacheldrahtverhau umzäunte das Gelände, keine Schilder, nicht einmal Adressen existierten für das Camp der Forscher, unter denen fähige junge Kernphysiker aus aller Herren Länder waren, nicht wenige schon mit Rang und Namen. Wilde Canons und gewaltige Gebirgsketten umgaben das Hochplateau mit den Forschungslabors in eilig errichteten Militärbaracken. Während des Krieges waren geheime Straßen zur mehr als 300 Kilometer entfernten Wüste Alamogordo gebaut worden, nun als Transportweg ausersehen, denn dort sollte als glühender Feuerball erstmals himmelhoch – höllengleich die Bombe explodieren.

Spätestens am 8. Mai 1945, am letzten Tag des Krieges in Europa, der auch in Los Alamos jubelnd gefeiert wurde, war klar, dass an einen Einsatz der Bombe gegen Hitlerdeutschland nicht gedacht werden konnte. Viele der Wissenschaftler, die bisher damit ihre Mitarbeit gerechtfertigt hatten, rieten nun, besorgt über die zukünftige Bedrohung durch diese Waffe, zum Innehalten. Bereits im Jahr zuvor, als das Ende des Krieges absehbar war, hatte Niels Bohr in seinem schon erwähnten Memorandum an Präsident Roosevelt auf die ungeheuren Gefahren und Konflikte hingewiesen: »Je weiter die wissenschaftlichen Forschungen auf diesem Gebiet fortschreiten, desto klarer wird es, dass die für diesen Zweck üblichen Maßnahmen nicht genügen und dass sich die grauenerregende Aussicht auf eine Zukunft, in der sich die Nationen um diese furchtbare Waffe streiten werden, nur durch ein welt-

Copied From Los Alamos
National Laboratory Archives

UNCLASSIFIED

H-04-014
20-3

MANHATTAN DISTRICT

This Document Consists of ___ Pagele)
___ of ___ Copies Series ___

SCIENTIFIC RESEARCH & DEVELOPMENT PERSONNEL

(Please PRINT or TYPE. Answer all questions fully. If "None", so
indicate. If space is insufficient attach additional sheets as
necessary.)

1. NAME: **FUCHS**   **Klaus**   **E.J.**
     Last   First   Middle Initial

2. PRESENT ADDRESS: **P. O. Box 1663**   **Santa Fe,**   **New Mexico**
      No. and Street   City   State

3. PLACE WHICH YOU REGARD AS YOUR "HOME TOWN": **Birmingham, England**
       City   State

4. PLACE OF BIRTH: **Russelheiman, Germany** 5. DATE OF BIRTH: **Dec. 29, 1911**
    City   State or Country   Month   Day   Year

6. FAMILY: List the following members of your family, even though deceased:

	NAME	HOME ADDRESS (City & State)	OCCUPATION
FATHER	Emil Fuchs	Berlin, Germany	Prof. of Theology
MOTHER	Else Fuchs	deceased	
SPOUSE	None		
BROTHERS (B)	(B)Gerhard Fuchs	Davos-Platz, Switzerland	Invalid
SISTERS (S)	(S)Elisabet Kittowsky	deceased	
CHILDREN (C)	(S)Kristel Heineman	Cambridge, Mass.	housewife
(Designate after each name B, S, or C)			

FINAL DETERMINATION
UNCLASSIFIED
L. M. Redman

7. MILITARY SERVICE: List your military service and that of members of your family listed above:

NAME	BRANCH OF SERVICE	FROM	TO
None			

UNCLASSIFIED

CLASSIFICATION CANCELLED
PER DOE REVIEW 1973.

---

umspannendes, auf voller Ehrlichkeit beruhendes Abkommen vermeiden lässt … Informationen müssen ausgetauscht werden können, und bei allen industriellen und militärischen Planungen muss restlose Offenheit herrschen.« Im ähnlichen Sinne äußerte sich eine Gruppe von Wissenschaftlern um Leo Slizard, die nach dem Kriegsende in Europa nun auch vor dem von mächtigen US-Interessengruppen geforderten Einsatz dieser Bombe gegen Japan warnten: »Wenn die Vereinigten Staaten das erste Land wären, dass diese neuen Mittel zur rücksichtslosen Zerstörung der Menschheit anwendete, würden sie auf die Unterstützung aller Welt verzichten, den Rüstungswettlauf beschleunigen und die Chancen für ein künftiges internationales Abkommen zur Kontrolle derartiger Waffen zunichte machen.«

196

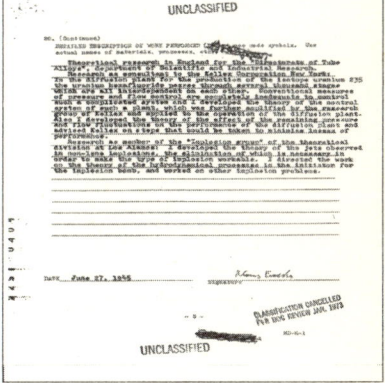

An diesen Überlegungen und Auseinandersetzungen war Klaus Fuchs beteiligt und tief davon betroffen, doch auch in seinem Handeln bestärkt. Robert Jungk berichtet in seinem Buch »Heller als tausend Sonnen«: »Seine Kollegen erinnern sich, mit welcher Intensität Fuchs den seit Anfang 1945 immer häufiger stattfindenden Diskussionen über die politischen und sozialen Konsequenzen der Bombe zuhörte. Er sagte selten etwas. Nur einmal, als jemand meinte: ›Wir sollten alle die Weiterarbeit verweigern, weil die Regierung ihren stillschweigenden Kontrakt mit uns bricht, wenn sie die Bombe zu Angriffszwecken verwendet‹, mischte er sich ein und sagte mit vernichtend trockener Sachlichkeit: ›Dazu ist es jetzt wohl zu spät. Die Sache ist ja nun schon in den Händen der Techniker.‹ Weniger hochmütiges Selbstgefühl als Mitgefühl

Klaus Emil Julius Fuchs, Identificationcard, Los Alamos, 1945

mit seinen enttäuschten Kameraden muss Fuchs bewegt haben, als er im Februar und Juni 1945 in Cambridge und Santa Fe dem Sowjetagenten Raymond, alias Harry Gold, alles mitteilte, was er über die Atombombe wusste. Er sagte sich wohl: ›Die reden, hoffen, warten und werden immer wieder enttäuscht, weil sie die wahre Natur der politischen Macht nicht kennen. Ich aber handle. Vielleicht verhindere ich den nächsten Krieg.‹«

Mit vielen dieser Männer und ihren Familien hatte er freundschaftlichen Umgang, war ein hilfsbereiter Kollege, sogar bereit, gelegentlich als »Babysitter« oder Chauffeur auszuhelfen und jemandem Besorgungen abzunehmen. Besonders gern tat er es, wenn das Ziel Santa Fe war. Es war dann weniger auffällig, dorthin zu den vereinbarten Treffs und kreuz und quer, um vor jeder Beschattung sicher zu sein, durch die kleine Stadt zu fahren. Weil viele Einwohner einander kannten und Fremde auffielen, hielt Fuchs nur kurz an dem verabredeten Treffpunkt an und ließ den Kontaktmann Raymond einsteigen, dann fuhr er mit ihm durch wenig belebte Vorortstraßen. Wie dieser berichtet habe, schreibt Feklisov in den »Notizen eines Kundschafters«, sei Fuchs bei dem Treffen im Juni 1945 sehr bewegt und aufgewühlt über das Kriegsende und die Zerschlagung des Faschismus gewesen. Er habe versichert, dass er seine Arbeit und Hilfe für das Sowjetvolk fortsetzen werde, weil er in seiner Existenz und Stärke die sicherste Garantie für eine friedliche und bessere Zukunft sehe. Und er übergab schriftliche Unterlagen über das Endstadium der Arbeiten an der Uran- und

Plutoniumbombe sowie an deren Zündmechanismus. Man erwartete bei dem bevorstehenden Test eine Sprengkraft von rund zehntausend Tonnen Trinitrotoluol.

Nach dem Treffen in Santa Fe war Klaus Fuchs mit den anderen Wissenschaftlern Zeuge dieses ersten Tests am 15. Juli 1945 in der Wüste von Alamogordo. Auf einem hohen Eisengerüst war die Bombe montiert worden. Wenige Jahre vor seinem Tod schilderte Fuchs in der Zeitung »junge Welt« diesen apokalyptischen Moment, wie er ihn erlebte: »Es geschah an einem Montag im Morgengrauen. Die Sonne war noch nicht aufgegangen. Kurz bevor die Bombe ausgelöst wurde, hatten wir dunkle Brillen aufgesetzt. Dann verlief alles unbegreiflich schnell. Zuerst erblickte ich den blendend weißen Widerschein am Himmel und auf den umliegenden Bergen, dann sah ich einen hellen Feuerball, der immer größer wurde und sich in einen riesigen dunklen drohenden Pilz verwandelte. Wir erblickten den ersten Atompilz. Eine Minute darauf ertönte dumpf grollender Donner. Keiner von uns sprach ein Wort ...« Der Vizechef des Manhattan-Projekts, General Farrell, erklärte später, dass die Helligkeit des versengenden Lichts viele Male größer gewesen sei als die mittägliche Wüstensonne. »Dann die Explosion, der Luftdruck prallte hart gegen die Leute und Dinge, und es folgte fast unmittelbar ein lautes anhaltendes schauerliches Donnern, wie eine Warnung vor dem Jüngsten Tag.« In der Nähe von »Ground Zero« waren durch die über alle Erwartungen starke Explosion die Beobachtungs- und Messinstrumente zerstört worden. Das brachte manchen Wissenschaftler außer Fassung, aber nicht ihren obersten Chef, General Groves. »Na, da muss der Knall ja ziemlich groß gewesen sein«, soll er befriedigt erklärt haben. »Der Krieg ist aus. Eine oder zwei von diesen Dingern, und Japan ist erledigt.«

In dem DEFA-Dokumentarfilm von 1989 schildert Fuchs' Schwester, Christel Holzer, dass sie von ihrem Bruder kurz nach diesem Bombentest davon erfuhr: »Die ersten Jahre waren für mich in Amerika sehr einsam. Da war es eine besondere Freude, als Klaus mich damals besuchen konnte. Ich erinnere mich noch gut daran, als er kam, nachdem die erste Bombe in Alamogordo explodiert war, und er hat uns Bilder davon gezeigt. Darüber war ich sehr entsetzt, da doch unser Vater ein sehr konsequenter Pazifist war. Ich fragte Klaus wie er denn an einer solchen schrecklichen Waffe mitarbeiten könne. Und da sagte er dann: ›Ich habe das Gehirn dafür, und wenn ich es nicht tue, dann wird es jemand anderes tun. Doch solange ich daran arbeiten kann, werde ich alles tun, was in meiner Macht steht, um zu verhindern, dass es benutzt wird.‹ Damals wusste ich ja nicht, dass er dafür sein Leben aufs Spiel setzte.«

Am 19. September 1945 traf sich Klaus Fuchs wieder mit Raymond in Santa Fe, nachdem der verheerende Einsatz der Atomwaffe in Hiroshima und Nagasaki erfolgt und der Krieg auch in Japan beendet war. Die Schriftstücke, die er übergab, betrafen die Weiterführung der Arbeit an der Plutoniumbombe und Angaben über das in den USA verfügbare Uran 235 und Plutonium, woraus sich in Moskau auf den Umfang der möglichen Produktion von amerikanischen Kernwaffen in den nächsten Jahren schließen ließ. Alexander Feklisov, der in seinen »Notizen« darüber berichtet, hatte zu dieser Zeit noch keinen Kontakt zu Klaus Fuchs, erhielt jedoch Kenntnis aus KGB-Akten und später durch Mitteilungen direkt von Fuchs in England.

Die genaueste und verlässlichste Auskunft gibt zweifellos das Aussageprotokoll vom Londoner Verhör durch Michael Perrin aus dem Jahre 1950. Trotz der nüchternen Fach- und Amtssprache mit den nur versteckt anklägerischen Untertönen lässt sich erkennen, welches Gewicht und welches Ausmaß seinem »Verrat« aus der Sicht seiner Verfolger und Richter zukam:

Fuchs war Mitglied der britischen Diffusion Mission, die im Dezember 1943 nach New York kam, und er blieb dort, als der größere Teil in das Vereinigte Königreich zurückkehrte. Während dieser Zeit erfuhr er sehr viel mehr über das amerikanische Programm, insbesondere über den Bau einer großen

Fabrik für den Gasdiffusionsprozess, die in Verbindung mit einer zweiten großen Produktionsstätte arbeitete, in der das elektromagnetische Verfahren angewandt wurde. Er wusste, dass beide Werke in »Site X« waren, aber er sagte mir, dass er damals nicht wusste, wo das war, und er es deshalb nicht dem neuen russischen Agenten mitteilen konnte, mit dem er in den USA Kontakt hatte. Er konnte aber über den allgemeinen Plan des amerikanischen Programms und das annähernde Timing informieren. Nun hatte er seine ursprüngliche Absicht, nur solche Informationen weiterzugeben, die das Resultat seiner eigenen Arbeit waren, fallengelassen; er lieferte technische Unterlagen über die amerikanische Gasdiffusionsanlage aus. Er sagte mir, dass er den Agenten allgemein über die dort benutzten Membranen informiert habe, die aus gesintertem Nickelpuder hergestellt wurden, er hätte jedoch keine technischen Details gekannt. Sein wichtigster Beitrag war, Kopien aller Berichte zu übergeben, die das New Yorker Büro der britischen Diffussion Mission erarbeitet hatte. Diese trugen die Seriennummer M.S.N., und er übergab normalerweise ein Manuskript jedes Berichts, nachdem es für die Vervielfältigung getippt war. Während dieser Zeit, sagte Fuchs, hatte er keine konkreten Kenntnisse über den Reaktorprozess oder über die Bedeutung des Plutoniums. Er war zu einem kurzen Aufenthalt in Montreal und wusste, dass sich die dortigen Teams damit befassten, einen kleinen, auf schwerem Wasser basierenden Reaktor zu entwickeln und zu bauen. Er interessierte sich nicht sehr für diese Arbeit und dachte, dass sie sich nur auf die langfristige Möglichkeit der Entwicklung von Atomkraft als Energiequelle beziehen könne. So weit er sich erinnern kann, gab er deshalb nichts darüber an den russischen Agenten weiter. Er sagte mir, dass er zu dieser Zeit bei den Begegnungen mit dem Agenten den Eindruck hatte, dass die Russen ein großes allgemeines Interesse an dem Projekt hatten und dass seine Bedeutung voll gewürdigt würde, aber er glaube nicht, dass die Russen selbst etwas Ernsthaftes taten.

Als Fuchs dann im August 1944 nach Los Alamos ging, erfasste er zum ersten Mal ganz das Wesen und die volle Bedeutung des amerikanischen Atomenergieprogramms und die Wichtigkeit des Plutoniums als eine Alternative zu U 235. Er erfuhr zu dieser Zeit ebenso, dass beabsichtigt war, einen Plutonium-Reaktor als Alternative zu der U 235 produzierenden Fabrik in Oakridge zu bauen (sic). Den ersten Kontakt, nachdem er nach Los Alamos ging, hatte er im Februar 1945, als er den russischen Agenten in Boston, Massachusetts, traf. Dort schrieb Fuchs einen Bericht, wie er sagte, der einige Seiten umfasste und das gesamte Problem des Baus einer Atombombe aus seiner Sicht zusammenfasste. Der Bericht schloss auch eine Aussage über die speziellen Schwierigkeiten ein, die bei der Herstellung der Plutoniumbombe bewältigt werden mussten. Er berichtete von der sehr hohen spontanen Zerfallsrate von Plutonium und die Schlussfolgerung, dass eine Plutoniumbombe durch Nutzung der Implosion zu einer schnelleren und stärkeren Explosivität gebracht wird als bei der einfachen »Gewehrschuss-Methode«, die bei der U 235-Bombe benutzt werden konnte. Er erläuterte, dass die kritische Masse für Plutonium weniger betrug als bei U 235 und zwischen fünf und fünfzehn Kilogramm für eine Bombe notwendig sein würden. Zu diesem Zeitpunkt war noch nicht klar, ob eine gleichmäßige Kompression des Kerns besser mit Hilfe eines hochexplosiv wirkenden »Linsensystems« oder durch eine Vielfachzündung von auf der Oberfläche einer homogenen Kugel verteilten Explosiva erreicht werden konnte. Außerdem schilderte er die damaligen Vorstellungen zum Gebrauch des Zündmechanismus, obgleich diese zu der Zeit sehr vage waren und man noch glaubte, dass eine konstante Neutronenquelle ausreichend sein würde. Als er seinen Bericht im Februar 1945 schrieb, bezog er sich nur auf den hohlen Plutoniumkern für die Atombombe, da er damals die Möglichkeit eines festen Kerns noch nicht kannte.

Er traf den russischen Agenten Ende Juni 1945 in Santa Fe wieder und übergab ihm diesmal einen detaillierten Bericht, den er schon in Los Alamos geschrieben hatte, wo er Zugang zu bedeutenden Unterlagen hatte, so dass alle seine Angaben (Zahlen) korrekt waren. Dieser zweite Bericht beschrieb die

Plutoniumbombe komplett, die zu dieser Zeit konstruiert war und zum Trinity-Test in Alamogordo vorbereitet wurde. Er übergab eine Zeichnung der Bombe und ihrer Komponenten mit allen wichtigen Daten. Er berichtete, dass die Bombe einen festen Plutoniumkern haben würde, und beschrieb die Zündung, die etwa fünfzig Curie Polonium enthielt. Alle Details über das »Tampern«, über die Aluminiumhülle und das hochexplosive Linsensystem wurden übergeben. Er informierte über die verwendeten Sprengstoffe Baratol und Composition B, obgleich er selbst nicht wusste, was damit genau gemeint war. Dem russischen Agenten wurde mitgeteilt, dass der Trinity-Test ein Explosionsäquivalent von etwa zehn Kilotonnen TNT erbringen würde, und er nannte Details und die annähernde Kennzeichnung des Standorts. Fuchs sagte mir, dass er zu dieser Zeit die Konstruktion der Testanlage nicht im Detail kannte und deshalb darüber keine Informationen gegeben habe. Er hatte noch einige weitere Treffen mit dem Agenten in Santa Fe im Herbst 1945 und Frühjahr 1946, aber er erinnerte sich nicht an genaue Daten. Dabei übergab er einige Informationen über die Delta-Phase des Plutoniums und »wahrscheinlich« gab er Hinweise über die Nutzung von Gallium als Legierungsbestandteil. Aber er betonte, dass er keine anderen Informationen zur Metallurgie des Plutoniums übermittelt und die Technik der Vorbereitung oder der Fabrikation nicht beschrieben habe.

In der letzten Zeit in Los Alamos oder vielleicht auch kurz nach seiner Rückkehr ins Vereinigte Königreich gab Fuchs dem russischen Agenten einige allgemeine Informationen über die Möglichkeit, eine »gemischte« Bombe zu entwickeln. Er betonte besonders ihre Vorteile für die Vereinigten Staaten, weil sie schon beides hatten: eine Anlage zur Plutonium-Produktion sowie ein Werk für die Isotopentrennung, so dass sie beide Materalien nutzen konnten. Der russische Agent, mit dem er zur Zeit seines USA-Aufenthaltes (in New York und Los Alamos) Kontakt hatte, war fähiger die Informationen zu verstehen, die ihm gegeben wurden, als es bei seinen Kontakten im Vereinigten Königreich der Fall war. Fuchs beschrieb ihn als einen Ingenieur oder Chemieingenieur. Offensichtlich **203** hatte er jedoch keine detaillierten Kenntnisse über Kernphysik oder den Status der Mathematik, mit dem Fuchs kompetent umzugehen wusste.

Ungesagt blieb in diesem Verhör, dass Klaus Fuchs in der letzten Zeit in Los Alamos zutiefst erschüttert und verzweifelt war, weil über alle Bedenken und Mahnungen der Wissenschaftler nach dem Kriegsende in Europa hinweggegangen und trotz ihres Einspruchs der Abwurf von zwei Atombomben über japanischen Städten vorbereitet wurde. Dazu war der Befehl schon nach dem eiligen Test in der Wüste Alamogordo ergangen, auf den Präsident Truman gedrängt hatte, um damit zur Potsdamer Konferenz Ende Juli 1945 – allerdings vergeblich – gegenüber Stalin und zugunsten westlicher Nachkriegsvorteile einen Trumpf auszuspielen. »Stalin hat dazu nicht einmal eine Frage gestellt«, soll danach der ernüchterte Truman zu Churchill gesagt haben. Der US-Außenminister Byrnes glaubte aber, das Desinteresse des Sowjetführers damit tröstlich erklären zu können, dass dieser »die Bedeutung wohl nicht erfasste«.

Aus den Erinnerungen Shukows weiß man jedoch, dass Stalin am selben Abend mit Molotow die Mitteilung Trumans über die »neue Waffe« diskutiert hatte, von der man nicht zuletzt durch Klaus Fuchs längst Kenntnis besaß, und sofort Schlussfolgerungen für die Forcierung des sowjetischen Atombombenprogramms daraus zog. In Shukows »Erinnerungen und Gedanken« ist dies dokumentiert: »Während der Konferenz unternahm der Leiter der amerikanischen Delegation, Präsident Truman, offenbar zur politischen Erpressung, eine psychologische Attacke gegen Stalin. Nach einer Sitzung der Regierungschefs, an das Datum erinnere ich mich leider nicht mehr, teilte Truman Stalin mit, dass die USA eine Bombe von ungewöhnlicher Sprengkraft besäßen, ohne sie als Atombombe zu bezeichnen. Bei dieser Mitteilung stierte Churchill, wie man im Ausland später schrieb, Stalin ins Gesicht, um zu sehen, wie dieser reagieren würde. Stalin zuckte jedoch mit keinem Muskel: Er tat so, als hätte er den Worten Trumans keine besondere Bedeutung beigemessen. Churchill und viele andere britische und amerikanische Autoren meinten später, Stalin hätte die Bedeutung dieser Mitteilung wahrscheinlich wirklich nicht erkannt. Tatsächlich erzählte Stalin nach der Rückkehr von dieser Sitzung in meinem Beisein Molotow von dem Gespräch mit Truman. Molotow sagte prompt: ›Sie wollen im Kurs steigen.‹ Stalin lachte. ›Sollen sie nur. Man muss mit Kurtschatow sprechen, dass er die Arbeiten beschleunigt.‹ Ich verstand, dass es um die Atombombe ging. Damals war bereits klar, dass die Regierung der USA die Absicht hatte, die Atombombe als Mittel der Stärke auszuspielen, um ihre imperialistischen Ziele im Kalten Krieg durchzusetzen. Am 6. und 8. August sollte die Probe aufs Exempel gemacht werden. Die US-Luftwaffe warf zwei Atombomben auf die dicht besiedelten japanischen Städte Hiroshima und Nagasaki, ohne dass auch nur die geringste militärische Notwendigkeit dazu bestanden hätte.«

Umgehend nach der Konferenz und Stalins Rückkehr nach Moskau wurde am 20. August 1945 ein sowjetisches Sonderkomitee für die Koordinierung aller Arbeiten zur Nutzung inneratomarer Energien des Urans, unter L. P. Berijas Leitung, gebildet, dem G. M. Malenkow, N. A. Wossnesenski, B. L. Wannikow, A. P. Sawenjagin, I. W. Kurtschatow, P. L. Kapiza, W. A. Machnejew und M. G. Perwuchin angehörten.

Noch während der Potsdamer Konferenz war bereits der US-Kreuzer Indianapolis mit den beiden Bomben auf dem Weg von San Francisco zu der Marianeninsel Tinian, dem größten Pazifik-Stützpunkt der amerikanischen Bomberflotte, von dem aus sie dann speziell umgebaute B-29 Superfortress-Kampfflugzeuge über Hiroshima und Nagasaki abwarfen. In beiden Städten starben nahezu eine Viertelmillion Menschen. Mehr als dreihunderttausend überlebten strahlenverseucht und litten noch Jahrzehnte schwer unter den Folgen des nuklearen Infernos.

Klaus Fuchs war bei dem schon erwähnten letzten Treffen mit dem amerikanischen Kontaktmann Raymond nicht wiederzuerkennen, wie der später bei seinem Verhör zu Protokoll **205** gab. Er sei verstört gewesen, erregt, wie er diesen sonst so sachlich-emotionslosen Wissenschaftler nicht kannte; er habe von Partys gesprochen, die man jetzt nach dem ungeheuerlichen Einsatz der ungeheuerlichen Bombe in Los Alamos veranstalte. Er habe dabei auf die Likör- und Schnapsflaschen in seinem Wagen gewiesen, die er für eine Feier zum »Zelebrieren des erfolgreichen Gebrauchs der Atomenergie als Waffe« noch an diesem Abend besorgt habe. Fuchs fuhr mit Raymond weit hinaus aus der Stadt Santa Fe und hinauf zu einem der umliegenden Hügel, wo er dann anhielt, ausstieg und sich sehr besorgt über »die furchtbaren Zerstörungen« äußerte, die diese Waffe, an deren Erschaffung er nicht unerheblich beteiligt war, angerichtet hatte. Er warf sich nun vor, dass er nicht mit diesem Tempo und gleich gar nicht mit dem Einsatz noch in diesem Krieg gerechnet habe, auch habe er »die industrielle Kapazität der USA unterschätzt, so ein gigantisches Unternehmen zum Erfolg zu führen«. Er gebrauchte dabei die Wendung: »gigantic undertaking«, was auch eine »gigantische Leichenbestattung« heißen konnte.

Mitte Juni 1946 verließ Klaus Fuchs Los Alamos, besuchte noch einmal seine Schwester Christel in Cambridge, Massachusetts, und flog dann mit einer Militärmaschine von Montreal zurück nach England.

Great Rollright

Seit sich Klaus Fuchs bei dem letzten Treffen in Banbury Ende des Jahres 1943 von Sonja verabschiedet hatte, erfuhr sie nichts mehr von ihm über seine Tätigkeit in den USA, und es gibt nur Mutmaßungen, ob und wann und wo sie ihn nach dem Krieg und seiner Rückkehr nach England wiedertraf. Zu all den Spekulationen, die bis in die jüngste Zeit in die Welt gesetzt worden sind, haben beide bis zu ihrem Tode geschwiegen und nur die wildesten Gerüchte zurückgewiesen und als Unsinn abgetan. Fest steht jedoch, dass sie Jahrzehnte später in der DDR noch einmal zusammentrafen. Doch auch darüber gibt es nur eine spärliche authentische Auskunft. Außerdem findet sich in einem der überlieferten Briefe Sonjas vom August des Jahres 1945 der hintergründige Satz, den sie, als sie mit ihren Kindern einige Wochen in einem Waliser Ferienort verbrachte, an ihre Mutter schrieb: »Es ist zum Beispiel sehr angenehm, einmal ganz abzuschalten, weder zu lesen, noch zu denken, obwohl letzteres natürlich wegen der Atombombe und der japanischen Kapitulation passierte.«

Sie war bis zum Kriegsschluss in Abstimmung mit der Moskauer Zentrale und der Londoner KPD-Zentrale an einer Aktion englischer und amerikanischer Geheimdienste und des Militärs beteiligt, die eine Gruppe deutscher Antifaschisten, allesamt Kommunisten, zum illegalen Einsatz nach Deutschland entsandten. Nach einer intensiven Ausbildung, bei der sie Fallschirmabsprünge und den Sprechfunkverkehr über Walkie-Talkie trainierten, wurden sie mit US-Flugzeugen weit hinter der deutschen Westfront abgesetzt. (»Sonjas Rapport«: »Ein USA-Flugzeug würde über dem Absprunggebiet erscheinen und den Kontakt vom Himmel zur Erde über Walkie-Talkie zu ihnen aufnehmen.«) Fast alle erfüllten ihren Auftrag und übermittelten auch nach ihrer Rückkehr Informationen an Sonja über die Situation in den zerbombten Städten und ihre Kontakte zu Widerstandsgruppen. Kurt Gruber, ein gebürtiger Westfale, illegaler Parteiarbeiter in Berlin bis 1936, kam jedoch mit der Besatzung des Flugzeuges um, aus dem er abspringen sollte. Ein weiterer Genosse, Werner Fischer, war mit Nazipapieren in seinem Einsatzgebiet abgesetzt worden, er blieb verschollen.

Ihre Tochter Nina Blankenfeld schildert in dem Erinnerungsband »Die Tochter bin ich« die Siegesfeiern in den englischen Städten im Mai 1945: »Große Freude herrschte im Land, in der Schule und in unserer Straße«, schreibt Nina.

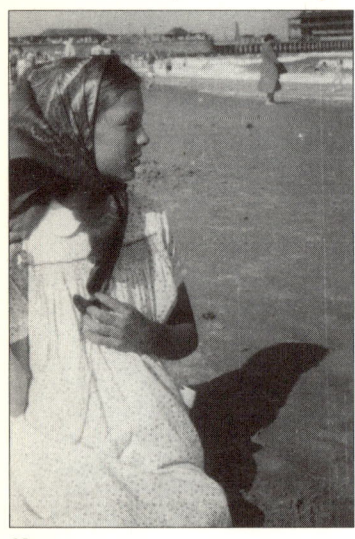

Nina, 1945

»Obwohl es Fett, Mehl und Süßigkeiten nur auf Lebensmittelkarten gab und jeder nur ein Ei pro Woche erhielt, spendeten alle für die Siegesfeier. Es wurden Kekse gebacken und Limonade gekauft. Die Kinder unserer Straße saßen draußen an langen Tafeln. Mein kleiner Bruder trug einen weißen Pullover, und meine Mutter hatte ihm um Hals und Ärmchen Schleifen in den Farben der englischen Fahne gebunden. Er war Engländer, weil er in Oxford zur Welt gekommen war.« Der Alltag jedoch war noch immer von den Notwendigkeiten und der Doppelbödigkeit der illegalen Tätigkeit Sonjas geprägt, wovon die Kinder manches zu spüren bekamen, wenn sie auch vieles erst später zu deuten und zu verstehen wussten, wie Nina berichtete: »Wir Kinder mussten täglich im Haushalt und im Garten helfen, dabei kamen wir erst um vier aus der Schule. In England ist das so. Aber dafür hat man auch keine Schularbeiten auf. Manchmal schlief meine Mutter um diese Zeit. Das taten andere Mütter im Dorf nicht, und ich dachte: Mich schickt sie Unkraut jäten, und sie will schlafen. Wir wussten ja nicht, dass sie nachts oft überhaupt nicht oder nur zwei Stunden schlief. Sie musste nicht nur den Sender bedienen und Funksprüche aus der Sowjetunion aufnehmen; die Funksprüche kamen in Zahlen an, und sie musste sie gleich nachts nach einem Geheimcode entziffern und das Papier verbrennen.«

Kurz nach dieser Siegesfeier auf der George Street des damals ziemlich ländlichen Oxforder Vororts Summertown zog die Familie, während Len noch bei der Army in Deutschland war, nach Great Rollright um, in ein kleines Dorf in der hügligen Cotswold-Landschaft, etwa 30 Kilometer vom bisherigen Wohnort entfernt. Alle Häuser und die jedes Grundstück und die vielen Schafweiden umgrenzenden Mauern waren aus gelblichem Kalkstein errichtet, weit war der Ausblick, Wälder gab es dort so gut wie keine. Sonja gefiel die Gegend und das zweihundertfünfzig Jahre alte Haus über alle Maßen: »Mit den dicken Holzbalken, den niedrigen Stuben, umgeben von Hof, Scheune und verwildertem Garten, außerdem betrug die Miete nur ein Drittel von dem, was wir bisher gezahlt hatten. Vielleicht würde es mir gelingen, Zimmer zu vermieten, um jemanden für die Kinder im Haus zu haben, wenn ich reisen musste. Für das Funken wären Mitbewohner allerdings ungünstig.«

2. Mai 1945
Liebe Mutter, Du wirst von meinen neuen Plänen gehört haben. Ein siebenräumiges unmöbliertes Farmhaus, drei Meilen von Chipping Norton, achtzig Meilen von London, am Anfang der Cotswolds. Nachteile: Elektrizität wird gerade erst verlegt. Spätestes Datum für Elektrizität im Haus: Winter. Das heißt im schlimmsten Falle sieben Monate ohne Strom. Zweitens: eine verdammt kalte Küche mit Kochen auf einem Kohlenofen. Drittens: zwanzig Minuten Busfahrt für Nina, um zur Schule zu kommen. Viertens zweifelhaft, ob Hilfe im Dorf vorhanden ist, und wenigstens fünfundsiebzig Prozent mehr Haushaltsarbeit als im Summertowner Avenue Cottage. Wichtigste Vorteile: hervorragende Luft, hundert Fuß hoch, aber ziemlich windig und kalt; zweitens: wundervolle Landschaft drumherum; drittens: ein verschlafenes, stilles, schönes Dorf; viertens: Sicherheit und eigenes Haus; fünftens: ein Badezimmer, fließend Wasser,

Wohnhaus in Great Rollright

ein idealer Boiler, elektrisches Licht und Steckdosen, wenn der Strom da ist; sechstens: bezaubernde Räume, groß mit niedrigen Decken; siebtens: ein jetzt verwilderter Garten, aber Len wird ihn später in Ordnung bringen, mit Stachelbeeren, schwarzen und roten Johannisbeeren, Birnen, Äpfeln, Pflaumenbäumen; achtens: viel Schränke und Regale; neuntens billig: fünfundsiebzig Pfund im Jahr. Ich war gerade dabei, mich auf eine andere Art von Leben vorzubereiten. Pejo ist im Kindergarten. Ich treffe hier in Oxford mehr interessante Leute, da ich zweimal im Monat ins Theater gehe – stattdessen dort komplette Isolation, ein komplizierter Haushalt, Pejo den ganzen Tag da, und ich weiter weg von London. Öllampen, Kohleofen, sieben Kohlenfeuer, keine Einkaufsmöglichkeit im Dorf, keine Hilfe, brrr – und trotzdem bin ich sehr angetan und aufgeregt und werde es nehmen.

August 45

Liebe Mutter, wir sind in Criccieth, in unseren ersten richtigen Ferien, die wir seit einer Ewigkeit endlich haben, sehr gut dran mit dem Wetter. Wir können immer den ganzen Tag draußen sein und an einigen Tagen hatten wir Sonne von morgens bis abends. Die Kinder sehen entsprechend gut aus. Für mich selbst wünschte ich nur, dass ich einen Tag am Strand dösen könnte, ohne dass Pejo versucht, mir die Augen auszupicken, sobald ich sie schließe. Ich kaufe ein und wasche ab usw. Und ich möchte Nina nicht die ganze Zeit nerven. Sie spielt lieber mit anderen Mädchen am Strand, aber natürlich ist es auch in vielerlei Hinsicht Entspannung für mich. Es ist zum Beispiel sehr angenehm, einmal ganz abzuschalten, weder zu lesen, noch zu denken, obwohl letzteres natürlich passierte, wegen der Atombombe und der japanischen Kapitulation. Sehr verwundert mich, dass, obwohl ich nichts tue, ich mich überhaupt nicht langweile. Davor habe ich mich zuvor gefürchtet. Aber ich habe weder angefangen zu sticken, noch war ich in der Bibliothek, noch lese ich die Bücher, die ich mitgebracht habe.

Great Rollright, Hofseite

September 1946
Liebe Mutter! Ich kann jetzt wenig kaufen. Willst Du meine Kleidermarken haben? Wenn Len demobilisiert ist, kann Micha seinen Armeemantel umgefärbt tragen, er braucht dringend einen. Ich werde ab Mitte Februar Zimmer mit Pension vermieten. Wenn Du irgendjemand weißt, empfiehl mich doch als »perfekte Hausfrau« mit »Gemüse aus eigenem Garten« …

Dezember 1946
Weihnachten war ganz eigenartig. Ich hatte zwei deutsche Kriegsgefangene, die hier im Dorf auf der großen Farm von Londsdale arbeiten, eingeladen, mit uns zu feiern. Sie haben ein »demokratisches Erziehungslager für Gefangene« hinter sich. Kaum saßen wir bei Kaffee und echtem Pfefferkuchen, als es an die Tür klopfte. Acht »Glockenläuter« kamen herein und folgten altem Brauch: Sie hielten vierzehn Glocken mit unterschiedlichem Klang in den Händen und spielten Weih-

nachtsmelodien, es war wunderschön. Die Dorfbewohner schienen von meinen Besuchern überrascht, und ich fand es richtig, eine kleine Rede zu halten über Weihnachten, Friede auf Erden und die Notwendigkeit, die Feindschaft des Krieges zu überwinden.

Zu dieser Zeit riss die Funkverbindung mit der Zentrale ab, auch zu den sowjetischen Genossen in London gab es keinerlei Kontakt mehr. Immer wieder holte Sonja nachts den Sender hervor, doch ihre Kennworte und Anfragen, die sie in den Äther schickte, blieben unbeantwortet. Die für solche Fälle vereinbarten Ausweichkontakte kamen nicht zustande. Ein »toter Briefkasten« bei einer Bahnunterführung unweit von Rollright, zu dem sie immer wieder hinradelte, blieb leer. Das bedeutete nicht nur, dass jede Nachricht ausblieb und keinerlei Informationen weitervermittelt werden konnten. Sie erhielt auch keine Geldmittel mehr für notwendige Aufwendungen und ihren Lebensunterhalt. »Ich war nicht verbittert«, schrieb sie rückblickend in »Sonjas Rapport«. »Ich hatte meine Arbeit niemals als Versorgungsmöglichkeit, sondern als Tätigkeit eines Kommunisten betrachtet. Sicher gab es Gründe für das Verhalten der Zentrale. Das hat sich später bestätigt. Trotzdem war es für mich bedrückend. So viele Jahre hatte ich für diese Arbeit gelebt, nun waren die Tage leer.«

Len war noch bis Ende des Jahres 1946 als Coldstream Guard bei der britischen Armee in Deutschland, zuletzt in Berlin. Aus dieser Zeit gibt es einen der ganz seltenen Erlebnisberichte dieses Mannes, kennzeichnend nicht nur für ihn – Sonjas eigenwilligen Lebens- und Kampfgefährten, sondern auch für die damalige Situation in der besetzten und geteilten Stadt des beginnenden Kalten Krieges: »Unmittelbar nach Abschluss des Potsdamer Abkommens, Anfang August 1945, las ich von der Enthüllung des sowjetischen Kriegerdenkmals im Tiergarten, ein paar hundert Meter westlich des Brandenburger Tores. An einem freien Sonnabendnachmittag tauschte ich Zigaretten gegen einen Strauß roter Dahlien, ging zum Denkmal und legte die Blumen am Fuß der mittleren Säulenplatte zwischen den beiden T-34 nieder, ging einige Schritte zurück und grüßte nach Art der Guards.« Sowjetische Offiziere, die das beobachtet hatten, sprachen ihn an und brachten ihn zu einem General, der ihn durch einen Dolmetscher fragen ließ, warum er als britischer Guard den sowjetischen Toten die Ehre erweise und ob er Berufssoldat sei. Er antwortete darauf: »Nein, Genosse General, ich bin als Freiwilliger hier. Genauso wie ich als Freiwilliger dort war, wo ich erstmalig die Achtung vor der Roten Armee lernte – in Spanien.« Auf weitere Fragen gab er Auskunft über die XV. Internationale Brigade, der er dort angehört hatte, und seinen damaligen Kommandeur, Oberstleutnant Copic, einen Jugoslawen. Der General drückte ihm die Hand, und in dem Gespräch kamen sie immer wieder auf Spanien zurück, die Veteranen des Krieges, die Verwundeten, die Invaliden und die Versorgung der von ihnen abhängigen Familienangehörigen in England. »Ich hatte den Eindruck, der General wusste von Spanien mehr als ich; aber er erwähnte nicht ein einziges Mal, dass er dort gewesen sei.« Und Len erwähnte selbstverständlich nichts von seinem illegalen Einsatz in der Schweiz und dem nächtlichen Funken mit Sonja über Wochen, Monate, Jahre nach Moskau. Etwas zu spät kam er zum Dienst in die Kaserne der Guards zurück, und vermutlich war sein Salutieren am Sowjetdenkmal nicht unbemerkt geblieben. »Zwei Tage später wurde ich vom Bataillonskommandeur für die roten Dahlien und das Generalsgespräch mit achtundzwanzig Tagen Arrest bestraft.«

Auch Sonjas Bruder Jürgen kam Anfang 1946, nach den vielen Jahren der Emigration, wieder nach Berlin. Am 18. März hielt er seine erste Vorlesung an der Humboldt Universität. »Etwa hundertfünfzig Studenten waren gekommen, um erstmals einen Marxisten und Kommunisten an der Berliner Universität zu hören«, notierte er in seinen »Memoiren«. »In meinem Tagebuch steht ›gut gegangen‹. Aber ich glaube, das ist übertrieben. Es war meine einzige Vorlesung in diesem und den folgenden Semestern, die ich nicht frei gehalten, sondern vom Blatt abgelesen hatte – dazu noch im Wintermantel wegen der Kälte.« Jürgen war es gelungen, Len in Berlin ausfindig zu machen und sich mit ihm zu treffen. So konnte er ihn vor dessen Rückkehr nach England darüber informieren, dass wie in Sonjas Fall auch bei anderen Genossen die Kontakte zur Moskauer Zentrale derzeit unterbrochen seien.

Da bald darauf Jürgen Kuczynskis gesamte Familie nach Berlin übersiedelte, sind die meisten Briefe, die Sonja in den folgenden Jahren schrieb, an die »Lieben in der Heimat« gerichtet, wohin es sie nun selbst mehr und mehr zog. Aber zugleich gab es für sie, Len und die Kinder, besonders für Michael, der sich um ein Universitätsstudium in England bewarb, immer noch erhebliche Hindernisse und auch neue Bedenken.

Mit Michael, Peter und Nina

Great Rollright, März 1947
Meine Lieben in der Heimat! Ich habe nicht schon eher geschrieben, weil erstens mit Michael alles in der Schwebe hing und weil ich selbst für ein paar Wochen überbeschäftigt war. Zunächst danke ich Euch sehr herzlich für Euer Angebot, Mischa bei Euch aufzunehmen und alles was drum und dran hängt. Es ist ein beruhigender und schöner Gedanke, dies zu wissen. Ich kann ja plötzlich sterben (vertrocknen z.B.)! Im Moment kann ich mich nicht dazu entscheiden, Micha zu schicken,

aber Ihr erlaubt mir doch, darauf zurückzukommen, falls ich in ein paar Monaten anders darüber denke? Im Juni sind die higher school certificate Examen, und falls das Institut glaubt, Mischa kann es schaffen, würde er sich im Dezember um das Examen für das Universitätsstipendium bemühen. Inzwischen habe ich festgestellt, dass es in keinem Falle möglich ist, ihn dieses Jahr in irgendeine Universität zu bekommen. Es werden nur zehn Prozent Schüler genommen, alle anderen Plätze sind für Schüler reserviert, die schon ein bis zwei Jahre bei den Universitäten angemeldet sind, und es werden überhaupt nur Scholarshipboys ausgewählt im Moment, das heißt solche, die letztes Jahr ihre Universitätsstipendien gewannen und bis dieses Jahr mit der Aufnahme warten mussten.

Mein Zögern hat vor allem mit meiner Beurteilung der allgemeinen politischen Lage zu tun. Einerseits fände ich es für ihn ganz besonders wichtig (noch wichtiger als das Studieren), ihn in der richtigen politischen Umgebung zu haben, und das wäre die Eure. Manches, was mir jetzt in seiner Entwicklung fraglich erscheint, wäre dann so gut wie gesichert. Ich finde immer mehr die beste Lösung, dass wir alle kommen. Aber je mehr ich es mir wünsche, desto unmöglicher scheint die praktische Durchführung zu sein. Ich kann keinesfalls mit englischer und amerikanischer Erlaubnis rechnen. Sollte es bald so kommen, dass ich diese Erlaubnis nicht mehr brauche, würde ich Dich jedenfalls bitten, alle von Dir aus möglichen Schritte zu tun, bei anderen etwaigen Stellen, die mir die Erlaubnis geben können. Ich könnte z.B. mit Kind und Kegel zu der von Dir erwähnten Universitätsfeier kommen und dann vielleicht gleich weiter. Aber das würde in der Hauptsache Kind bedeuten und so wenig Kegel, dass es eine wirklich zu leichtsinnige Handlung wäre. Das würde wohl auch eine äußerst beschränkte Bewegungsfreiheit bedeuten. Aber Euch zur Universitätsfeier zu treffen, scheint mir ein sehr guter Gedanke zu sein. Ich habe unser Haus hier bereits vermietet, vom 12. August bis zum 8. September. Wir wollen in dieser Zeit nach Criccieth reisen. Len wird sich innerhalb dieser Zeit vierzehn Tage Ferien nehmen. Da könnte er auf die Kinder in Criccieth aufpassen und ich Euch treffen. Natürlich weiß ich in meiner Unbildung nicht, ob das mit den Daten von Euch klappt. Lasst es mich gleich wissen.

Mit Peter

Wenn man sich auf das Lesen der respektablen englischen und amerikanischen Presse beschränkt, so sieht es so aus, als ob wir uns in allernächster Nähe des nächsten Krieges befänden. Ich kann mir vorstellen, dass ich Euch als ein völlig verwirrtes und verrücktes Huhn vorkomme, aber ihr seht die Lage von Eurer Atmosphäre aus und ich von unserer hier, und obwohl wir im Prinzip alles gleich beurteilen mögen, so spielt doch die Atmosphäre, in der man lebt, eine gewisse Rolle.

Der Tennisplatzkauf in Schlachtensee ist doch wirklich sehr schön. Denk an mich, Jürgen, falls Du später den Teil daneben mal bekommen kannst. Ich liebte ihn besonders. Die ganz alten Apfelbäume, der saure Kirschbaum mit dem großen abgebrochenen Ast. Die Herzkirschen am Baum dicht daneben, die Himbeeren mehr zu Gaffrons Seite, und auch der Pflaumenbaum. Na, das ist wohl alles nicht mehr da. Ich sah es ja zum letzten Mal 1930.

Politisch sieht die Welt zwar einigermaßen aufgeregt aus, doch ich habe absolutes Vertrauen in die Zukunft und bin oft geradezu freudig erregt. Viele Menschen machen den Fehler, die Heftigkeit der augenblicklichen Reaktion (und es wird noch weit schlimmer werden), mit Stärke der Reaktion zu verwechseln. Allerdings bin ich auch oft deprimiert im Gedanken daran, was diese Herrschaften noch alles an Leiden über die Welt bringen werden, bevor sie vernichtet sind, gerade da sie dem Ende zugehen.

Herbst 1947
Über mich selbst ist einfach nichts zu berichten. Da ich Kindern und Mann ein Heim zu schaffen habe, muss meine Exis-

tenz momentan als so gut wie wertlos betrachtet werden. Ich bin nicht so wichtig, dass dies ein großes Unglück ist, aber für immer kann ich mich dem nicht freiwillig fügen. Für solche Existenz ist jeder Mensch zu gut und zu wichtig. Ich sehe andererseits hier nicht viel Möglichkeit, diesen Zustand zu ändern. Oder liegt das bereits an mir und nicht an den äußeren Umständen? Schließlich kann man doch überall was leisten, wenn man leistungsfähig ist?

Der »News Chronicle« brachte gestern einen Bericht, wie ungehalten Amerikaner und Engländer über das Bestehen des Kulturbundes in Berlin sind. Ich hoffe, das verursacht Dir in Schlachtensee keine Wohn- oder sonstigen Schwierigkeiten? Ich werde sehr bald wieder an Euch schreiben, nachdem ich in London gewesen bin. Sind meine Briefe so inhaltslos wie lang? Das wäre schrecklich …

28. November 47

Lieber Jürgen und Marguerite!

Die anderen werden euch Vaters Tod mitgeteilt haben. Ich habe Euch in den letzten Wochen nicht geschrieben. Ich wusste, dass Ihr auf dem Laufenden gehalten wurdet durch Bine, und es erschien mir sinnlos, Euch die tragischen Einzelheiten seines täglichen Schwächerwerdens zu beschreiben. Die Idee, dass all das in einem Hospital public ward vor sich ging, darf bei Euch keinen bitteren Geschmack hinterlassen. Vater wusste bis zum Schluss nicht, wie krank er war, und zog es vor, im public ward zu sein. Vielleicht gaben ihm gerade das Gefühl des Nichtisoliertseins, also einer von vielen Patienten zu sein, und die dauernde Anwesenheit der vergnügten jungen Schwestern Hoffnung und Ablenkung. Sein Bett stand nicht in einer Reihe mit anderen Kranken, und es ist wahr, dass man ihm seine Wünsche beinahe von den Augen ablas, während er in einer Privatklinik nach einer Nurse hätte klingeln müssen, und dazu war er zu bescheiden. Vat war bis zum Schluss wunderbar und in Manchem unerwartet gefasst. Er war doch nie vorher richtig krank gewesen. Und nun erwies er sich als mutig, geduldig, hoffnungsvoll und positiv. Er klagte fast nie. Er war rührend dankbar für jeden unserer Besuche, und selbst in den letzten Tagen lächelte er, wenn einer von uns kam. Bis drei Tage vor seinem Tode sprach er noch ab und zu über aktuelle Dinge wie das neue Budget, Daltons Absetzung usw. Er hatte auch noch die Freude, seinen ersten Band der »Demografie der Kolonien« in den Händen zu halten. Deinen Brief, Jürgen, über die 7.-November-Feier las ihm Brigitte vor, als wir zusammen dort waren.

Sommer 1948
Politisch und ökonomisch sieht es in diesem Lande unerfreulich aus. Ich glaube, man kann sagen, dass – seit die Kartoffeln nun auch rationiert sind – eine ganze Reihe von Menschen nicht genug zu essen haben, ich meine nicht nur den Kalorienwert, sondern dass sie hungrig sind. Uns persönlich betrifft es nicht, da wir selbst Kartoffeln pflanzen und ernten. Besonders widerwärtig ist, dass enorme Mengen von Konserven mit Luxusinhalt zu enormen Preisen überall zu haben sind. Öl für zwanzig Shilling die Flasche kannst du z. B. kaufen so viel du willst. Eine Hühnerbrühe-Konserve für 2,60 ergibt einen Suppenteller voll usw.

Die Regierung verhält sich zur erwarteten ökonomischen Krise wie ein Kaninchen zur hypnotisierenden Schlange. Paralysiert sitzen sie da, ohne Maßnahmen für einen vernünftigen Ausweg. Nur zwei Rettungsringideen jagen sich in ihren Köpfen: Export und Marshallplan, Marshallplan und Export. Sie bemerken nicht, dass sie: a) das Falsche exportieren, b) dass der Markt von ihren Exportwaren bald gesättigt ist, c) dass das Material für Export mehr als knapp wird, d) dass unsere Preise zu hoch sind, e) dass Export allein uns nicht helfen kann. Sie bemerken nicht, dass der Marshallplan mit seinem Tabak- und Trockeneiangebot sehr beschränkte Rettung bietet, um es milde zu fassen, und sie bemerken nicht die anderen gefährlichen Konsequenzen dieses Planes. Gute Nacht, meine Lieben, es wäre schön in einem Lande mit euch zu sein.

August 1948

Aus allem, was ich so höre, besteht nur eine Zwei-Prozent-Chance für Mischas Pläne. Ich ging daher zum russischen Konsulat, wo ich informiert wurde, dass Deutsche, die in die Ostzone wollen, nur die Erlaubnis der Russen brauchen. Es dauere ungefähr vier Monate, sie zu erhalten. Ich werde also auch die dazu nötigen Papiere ausfüllen. Ich sehe Mischa jetzt wenig, wenn wir uns sehen, stehen wir uns gut, was natürlich teils auf die Seltenheit des Sehens zurückzuführen ist. Er scheint im Moment ausschließlich Marxismus und Philosophie zu lesen. In dem Scientific industrial research Co., wo er jetzt schon ein Jahr arbeitet, hat man ihm die erste völlig selbständige Arbeit gegeben. Ich glaube, das Studieren und Ausprobieren neuer Farbmittel. Trotzdem besteht er darauf, dass er Literatur, Philosophie etc. studieren will.

Endlich ist Peter auf Ferien – für vierzehn Tage. Um Geld zu sparen, kam Nina ihm bis London entgegen, und ich fuhr nach Hause. Sie stiegen eine Station zu früh am anderen Ende aus – nun warte ich auf die Rechnung für dreißig Meilen Taxifahrt!

Ende 1948

Lieber Joe, ich freue mich, dass Du und Vera okay seid und dass ihr Euren Jungen für Weihnachten erwartet, ist eine wundervolle Sache. Einmal zu Hause und komplett erholt, wird er so stark wie eh und je sein. Gerade bereite ich mich darauf vor, ins Ausland zu fahren, um Jürgen, wenn möglich, irgendwo wegen genereller Zukunftsentscheidungen zu treffen, auch für Michael. Jürgen war auf dem Wroclaw-Kongress, eine Schande, dass ich nicht hingehen konnte. Nina ist hübsch und gesund. Ihr letztes Ding war: »Mami, wenn ich es schaffe, einen Millionär zu heiraten, glaubst du, ob ich ihn fragen könnte, dass er mich zu einem Holiday-Camp mitnimmt als unsere Hochzeitsreise?«

Jetzt zu Tito: die Sache schockte und deprimierte uns. Wir lasen alles Erhältliche und diskutierten es. Die Kritik an der Bauernfrage und an der Art, wie sie über Produktion denken, kann ich nicht beurteilen. Die Kritik, dass sie die Einstiegsmöglichkeit in die Partei abgeschafft haben und nur eine Auswahl von Mitgliedern zusammenbehalten haben, was sie von den Massen isoliert, kann berechtigt sein. Ich weiß von Arbeitern aus diesem Land, dass es wirklich schwierig war, ein Parteimitglied zu treffen, dass die Partei unzugänglich war für den normalen Mann. Dass das gefährlich ist und auf den falschen Pfad führen kann, ist klar. Auf der anderen Seite wäre es auch eine Gefahr, die Ränge für alle, die eintreten wollen, zu öffnen, nachdem die Partei der dominierende Faktor in dem Land wurde. Karrieristen, Feinde und bis dato politisch ignorante Mitglieder können eine Partei verwässern und die Partei auch bedrohen. Egal, sie haben übertrieben mit nur einer kleinen Elite. Ein Fehler, von dem ich überzeugt bin, und der auch der gefährlichste ist, sie haben nationalistisch-chauvinistische Tendenzen. Diese Gefahr ist besonders aktuell für ein Land, das nie wirklich unabhängig und immer ein Bauer in dem imperialistischen Schachspiel war, das sich nun aber selbst von den Unterdrückern befreit hat und erfolgreich seinen eigenen sozialistischen Staat aufbaut. Sie sind berechtigterweise stolz und auch entsprechend begeistert, und wir sollten alles bewundern, was erreicht wurde. Aber sie haben die Proportionen verloren, der Erfolg stieg ihnen zu Kopfe. Und hier kommen wir zu dem Grund, warum ich sie als ernsthaft schuldig bezeichne. Sie sind nicht in der Lage, international zu denken. Sie sehen ihr Land nicht im Zusammenhang zu der ganzen Welt und dem Geschehen rundum. Und das würde in einem Land mit einer wirklichen kommunistischen Führung nicht passieren. Im Moment bereitet sich die ganze Welt auf den größten Machtkampf aller Zeiten vor. Jede verfügbare Kraft wird mobilisiert gegen den Kommunismus, gegen kommunistische Länder, gegen Russland. Nur die komplette Einheit und Koordination aller sozialistischen Länder wird die Kraft haben, dem Kalten Krieg zu widerstehen, dem Krieg der Nerven, dem Krieg der dreckigen Propaganda, dem ökonomischen Krieg und vielleicht dem heißen Krieg mit Atombomben. Wie kann ein kleines Land wie Jugoslawien es wagen, einen Keil in diese Einheit zu treiben?

Ein Fressen für den Feind, weil sich da ein Land beleidigt fühlt und nicht ganz richtig behandelt, aus welchem Grund auch immer. Einen solchen Schritt zu dieser Zeit zu unternehmen, ist unentschuldbar in meinen Augen. Und es war Tito, der diese Schwierigkeiten öffentlich gemacht hat, der sein Problem wichtiger fand und damit den Schaden anrichtete, der schon angerichtet wurde und der noch angerichtet wird. Das ist nur meine persönliche Ansicht in dieser Sache, ich weiß nicht, ob es mit den offiziellen Ansichten übereinstimmt.

In einem Gespräch würde ich mehr ins Detail gehen. Wann werden wir dieses Gespräch haben? Wann sind Deine Markttage, Joe? Wäre es ein großer Verlust, einen Sonnabend zu opfern? Und was sind Veras freie Tage? Als ein Weihnachtsgeschenk für Dich und Vera möchte ich Euch einladen, uns ein Wochenende, wann auch immer es Euch passt, zu sehen. Lass mich wissen, wann, je früher, desto besser für uns. Ja, Du kannst Dich nicht über die Quantität des Briefs beschweren, obwohl die Qualität vielleicht gelitten hat, da Peter mir beim Tippen helfen wollte und er mir die ganze Zeit Pennys in die Bluse geworfen hat.

17. Februar 49

Liebe Marguerite! Heute kam Dein langer Brief vom 7. Februar. Ja, mit Jürgen war es nicht so schön, wie es hätte sein können. Das war insofern mein Fehler, als ich mir zuviel davon erwartet hatte. Wenn man zwei Jahre lang so viel aufspeichert, wie ich es für Jürgen getan hatte, und sich so sehr auf einen Menschen freut, wie dies bei mir der Fall war, und dann in Prag einen so sehr beschäftigten, übermüdeten Menschen trifft – dem die angeschleppten Probleme des andern als ein ziemlich nichtiges Durcheinander erscheinen –, dann muss es schief gehen. Er fand mich hysterisch, zerfahren und unschlüssig in Entscheidungen. Ich fand ihn gereizt und brutal. So was kann vorkommen, aber es ist ein Jammer, wenn es bei einem Wiedersehen nach sehr langer Zeit geschieht. Wie Du weißt, waren wir schon Dutzende Male wütend aufeinander und ärgerlich, doch dies war ein erfrischender Bestandteil

221

unseres guten Verhältnisses gewesen. Aber diesmal ging ich ihm auf die Nerven, was eine ganz andere Sache ist, und das machte mich so unsicher und fassungslos, dass ich wirklich nicht ich selber war. – Na, Schwamm auch darüber. Prag war sehr anregend. In vielen Dingen geht es den Leuten schlechter als hier. Aber dieser überwältigende Geist, dass Dinge besser und besser werden, war sehr präsent. Jürgen war ununterbrochen müde und hatte weder Zeit noch Geduld für meine Probleme, was ein Schock für mich war, da ich sehr darauf gezählt habe, ihn zu sehen. Er hielt Vorträge, sah Unmengen von Leuten, schrieb Artikel und was nicht noch alles während seines kurzen Aufenthaltes und stellte mich nicht einmal den vielen Leuten vor, die er kannte. Was sehr anregend für mich gewesen wäre nach der Rollright-Isolation. Trotzdem war es die Reise wert und tat mir gut.

Für einen Moment hatten sich Sonja und Jürgen ohne das gewohnte, nahezu uneingeschränkte Vertrauen und Verständnis gegenübergestanden, das ihr politisches Einverständnis sowieso einschloss. Als es zwölf Jahre später dennoch ein weiteres Mal – ohnehin aus kaum nachvollziehbaren Gründen – zu einem ähnlichen Zerwürfnis und kritischer Entfremdung kam, schrieb Jürgen Kuczynski an seine Schwester einen klärenden Brief: »Liebe Ursula, entschuldige, wenn ich Dir auf Deinen Brief, ohne Abstand und auf die Gefahr hin, Dich in Deiner Meinung nur zu bestärken, schreibe, dass er mich nicht nur geärgert hat. Glaubst Du wirklich, Du könntest unser Verhältnis, das ja schließlich ein halbes Jahrhundert gedauert und solch eine feste Basis hat, durch irgendwelche Dummheiten irgendwie ernstlich ändern! Dass es irgendwie dadurch beeinflusst wird, dass ich mich über Dich ärgern muss und Dich mal einige Zeit nicht sehe, oder dass Du es jetzt nicht ›über Dich bringen kannst‹, mir Dein Manuskript zu schicken! Dass ich in einer Welt, die täglich so viel kleinen und größeren Dreck um sich wirft, mir mein Verhältnis zu Dir, das fester Bestandteil meines Lebens ist, ob Du es willst oder nicht, ganz gleich, was Du jetzt oder künftig treibst, wegdiskutieren, wegpsychologisieren etc. lasse?! Verhalte Dich wirklich so blöd, wie Du willst. In dieser Beziehung kannst Du nichts mehr ändern, dazu ist die Vergangenheit zu stark ...«

21. April 49
Lieber Jürgen und alle Lieben in Berlin! Was für ein Segen, in den alten Lehnsessel zu sinken (ich habe einen neuen Bezug dafür gemacht, und es sieht sehr professionell aus), um diesen Brief zu schreiben. Es ist 9.30 Uhr abends, und jede Minute wird Nina hereinplatzen von ihrem wöchentlichen Dorf-Sozial-Tag, wo Alt und Jung alte Tänze lernen. Das wird, wie auch immer, nur eine Unterbrechung von einigen Minuten sein, da es sowieso schon Zeit für sie ist, ins Bett zu gehen. Ja, ich tippe in dem Lehnsessel und beweise damit wieder einmal, dass die Notwendigkeit die Mutter der Erfindung ist. Mein Rücken tut am Abend weh, und in Deinem Stuhl zu sitzen mit einem Tablett über den Lehnen, auf dem die Schreibmaschine steht, erlaubt es mir, mich sehr bequem zurückzulehnen. Eine andere Erfindung habe ich übrigens, wenn ich draußen tippe, was ich sehr oft tue. Um die Seite in der Schreibmaschine vorm Flattern zu bewahren, befestige ich eine Wäscheklammer am Ende davon – was die Seite durch das Gewicht herunterhängen lässt –, bin ich nicht clever? Es war gut von Dir zu hören nach Deinen erfolgreichen Ferien, und ich hoffe, die erreichte Humanisierung von Jürgen reicht entsprechend lang genug, um Dir, Marguerite, zu nutzen. Dass sie immer noch da wäre, wenn ich Jürgen wiedertreffe, ist zuviel, um darauf zu hoffen, selbst für einen Optimisten wie mich.
Das Buch »In den Schützengräben Stalingrads« fand ich überdurchschnittlich gut, und das will einiges heißen, wenn man weiß, wie selten ich eine Kriegsgeschichte lobe. Der Fortschritt meines eigenen Buches ist fast bei Null – mit den Kindern ohne Hilfe und dem kranken Len. Aber von morgen an für zehn Tage muss ich aufholen. Reni war zu Lens Freude ein absolut begeisterter Beifahrer auf dem Motorrad. Als er eine Woche ihres Aufenthaltes in der 2 bis 10 Uhr Schicht war, nutzten sie die Morgenstunden und sahen eine Menge von den Cotswolds.

10. Mai 49

Meine Lieben! Zur Feier des Aufhebens der Berlin-Blockade noch schnell ein abendliches Zeilchen an euch. Ich hoffe, die Paketpost wird bald wieder funktionieren, so dass mein Kleiderbündel und die reservierten Süßigkeiten abgehen können. Wie zu erwarten, waren alle Läden in ein paar Tagen ausverkauft, und man scheint sich zu überlegen, ob das Rationieren wieder eingeführt werden soll.

17. Oktober 49

Augenblicklich bin ich nicht gerade vergnügt. Du kennst Lens Fähigkeit, bei den falschen Gelegenheiten einzuschlafen und wie ich ihn sogar schon auf Stühlen und im Bad aufwecken musste. Ich dachte, der schlimmste Fall sei gewesen, als er einmal einschlief, während ich ihm mein Manuskript vorlas. Aber nein, keineswegs. Als er um 5.30 Uhr früh auf dem Wege zur Arbeit war, schlief er auf seinem Motorrad ein. Das Motorrad setzte wie ein braves Pferd die Fahrt fort, aber Lens Fuß rutschte im Schlafe von der Pedale, blieb zwischen zwei Radteilen, und er brach sich, abgesehen von anderen Wunden, zweifach sein Bein. Unsere Landwege sind um halb sechs morgens nicht gerade belebt, so lag er bis 7.15 Uhr dort. Das Schreckliche war, dass ich nur zwei Kilometer entfernt von ihm in meinem Bett schlief und nichts merkte. Noch nie bin ich mir so treulos vorgekommen. Um 9.30 Uhr kam ein Polizist und berichtete mir, Lens blutbefleckte Kleidung voller Psychologie hinter seinem Rücken verborgen, von dem Unfall. Er teilte mir mit, die Ambulanz hätte ihn nach Oxford ins Radcliff-Krankenhaus gefahren. Die nächsten zwei Stunden verbrachte ich in der Telefonkabine auf dem Dorfgrün, mit der Dorfbevölkerung, die natürlich schon vor mir von allem wusste, um die Kabine drapiert. Len und die Ambulanz waren von dieser Welt verschwunden. Nach fünf Anrufen in Radcliff, vier bei der Polizei, drei beim Doktor, zwei im nächsten Krankenhaus in Chipping Norton, stellte sich heraus, der Ambulanzfahrer war nicht begeistert von dem Gedanken, die dreiunddreißig Kilometer ins erstklassige Radcliff zu fahren und hatte ihn daher in das weit primitivere Krankenhaus in fünfzeh Kilometer Entfernung nach Banbury gebracht. Da liegt er nun, sein Arm mit zwei Knochenbrüchen und sein Bein mit zwei schweren Brüchen im Gips. Sie rechnen mit drei Monaten Krankenhaus und drei Monaten zu Hause liegen, aber das Wichtigste, sie glauben, das Bein wird wieder ganz in Ordnung kommen.

Kannst Du mir aus Deiner Erfahrung raten, wie ich Len beschäftigen kann? Ich habe schon ein Buch über Teppichknüpfen gekauft und dachte an irgendeinen Kursus per Post, Politik, Geschichte oder Journalismus. Kennst Du irgend etwas Gutes? Natürlich kann er mit dem Teppich erst anfangen, wenn der Arm wieder beweglich ist, es ist auch eine sehr teure Sache und unsere finanzielle Lage hat sich durch diese Angelegenheit nicht gerade gebessert. Nina verhielt sich, als sie von dem Unfall hörte, echt Nina: »Ist Vati ohnmächtig geworden?« – »Nein.« – »Bist Du ohnmächtig geworden, als Du davon gehört hast.« – »Nein.« – Sie vorwurfsvoll: »Warum nicht?« – Peter mischt sich ins Gespräch. »Wann ist Vati zurück, um mit meinem Mechano-Baukasten zu bauen?« – Nina: »Vielleicht wirst Du keinen Vati mehr haben, um zu bauen.« Nachmittag, als ich aus dem Krankenhaus von Len zurückkam, entschloss sie sich zu einem Dorfspaziergang, und bei jeder Tür, wo sie anhielt und nach der Zahl der gebrochenen Knochen befragt wurde, vergrößerte sich die Zahl immer mehr, so dass gegen Abend ein Strom trauernder Besucher bei uns eintraf, den ich leider durch Richtigstellung der Tatsachen etwas enttäuschen musste.

Dezember 49

Welchen Teil der Arbeiterklasse erreicht unsere Presse? Die intelligentesten fünf Prozent. Parteiarbeiter treffen andere Parteiarbeiter und glauben, der unorganisierte Durchschnitt bewegt sich, was Intelligenz und Wissen anbetrifft, so ziemlich auf derselben Ebene. Intellektuelle haben ein noch falscheres Bild, sie haben nicht einmal den Arbeiternachbarn oder den Arbeiter in der Kneipe oder im Beruf neben sich, um sich ein Urteil zu bilden, sie treffen nur den Arbeiter in der Partei, und ihre Propaganda, besonders die Presse, einschließlich der Tagespresse, ist über den Kopf des Durchschnittsproleten hinweggeschrieben. Es erreicht ihn nicht. Lenin fand die Worte »Brot« und »Frieden« und verstand es, damit den Bauern und den Arbeitern politische Zusammenhänge klar zu machen. Ich teile hier seit mehreren Jahren mein Haus mit Arbeiterfamilien. Ungelernter Arbeiter, gelernter Elektriker und Hilfsarbeiter wechselten sich ab. Lieblingslektüre Comics, sonntags gelangweilt und beschäftigt, schließlich Kartenspiel mit Ehefrau. Ich gab ihnen täglich den »Daily Worker« und auch »Sovjetweekly«. Die Bilder im »Sovjetweekly« interessierten, aber natürlich nicht zu vergleichen mit dem Interesse für die Comics meiner Tochter. Unterhaltung mit dem gelernten Elektriker: »Die Zeitung versteh ich nicht, ich lese überhaupt nur Sport und Comics. Sind die Bilder im ›Daily Worker‹ wahr? Ich meine, leben wirklich die meisten Russen in schönen Wohnungen und sehen die Kinder so gesund aus? Ich meine, gibt's in Russland keine Slums und haben sie da keine armen Klassen wie bei uns?« Das war, nachdem er monatelang unsere Zeitung täglich in sein Zimmer bekam. Vielleicht brauchte nicht der ganze »Daily Worker« für diesen Standard erreichbar zu sein, aber zumindest ein Teil der Artikel. Warum kümmern wir uns nicht darum, dass die Armee in Intelligenzprüfungen eine Durchschnittsmentalität von zwölf Jahren feststellt? Warum nicht einfache klare Sätze, lebhafte, eindringliche, unkomplizierte Wortbilder, wie für Zwölfjährige? Ich bin kein intelligenter Snob und kein Pessimist. Nach der Revolution werden wir imstande sein, das Mentalitätsalter enorm zu heben. Im Augenblick muss die Botschaft und Propaganda der Partei diese Menschen, wie sie heute sind, in ihrem erschreckenden Maß von Unwissenheit und Interesselosigkeit erreichen.

Januar 50

Lieber Jürgen! Meine Erlaubnis, Euch zu besuchen, ist von dem amerikanischen Militärbüro verweigert worden. Sie sagen, dass die Einreise nach Österreich und Deutschland nur in dringenden Fällen gestattet sei, das gelte nur bei lebensgefährlicher Krankheit eines nahen Verwandten. Die Sekretärin, eine kleine Untertanin, die mich abfertigte, machte mir überhaupt keine Hoffnung. Sie tat mich – ich meine: meinen Antrag – in eine Akte und sagte, ich könne ja mal im Sommer nachfragen, ob sich was geändert habe an den Bedingungen. Obwohl ich ja gar nicht fest damit gerechnet hatte, bin ich nun doch sehr enttäuscht und merke, dass ich mich in Gedanken doch schon bei Euch sah und viele Pläne hatte. Ich bin natürlich auch wütend, dass es daneben gegangen ist, und überlege mir, ob ich nicht versuchen soll, ein russisches Visum zu bekommen. Ob ich nicht einfach mit diesem Visum hier abfliegen könnte und in der russischen Zone landen? Aber das soll man ja auch nur sehr schwer bekommen, und wahrscheinlich braucht man trotzdem ein britisches? Meinen Pass habe ich bis 1. Mai 1950 verlängert bekommen und auch ein Visum, das mir gestattet, alle europäischen Länder zu besuchen, einschließlich Türkei und Sowjetunion.

Solltest Du, Jürgen, z.B. mal nach Frankreich kommen, würde ich auf jeden Fall versuchen, Dich dort zu treffen. Allerdings darf man momentan kein Geld nach Frankreich mitnehmen, und ich müsste wohl eine Adresse angeben, wo ich umsonst wohnen kann oder so was, aber das ließe sich doch organisieren. Es ist natürlich nicht dasselbe wie nach Deutschland zu kommen, aber es wäre schon außerordentlich gut, Dich zu sehen, schon um praktische Fragen zu besprechen. Ich bin hier ein Fisch auf dem Trockenen. Ich wäre in Deutschland leistungsfähiger und möchte auch persönlich und emotional gesehen lieber in Deutschland sein. Denn ich habe mich endgültig entschlossen zu kommen: Wo ein Wille ist, da ist auch ein Weg. Ich bin natürlich sehr interessiert daran, dass Du eventuell administrativ arbeiten wirst. Ich fand übrigens Deinen Artikel in »Die Arbeit«: »Deutsche Außenwirtschaft und Investitionen« (trotz des schrecklichen Wortes Investitionen) besonders interessant. Für mich wenigstens klärte er viele Fragen. Und er weicht so erfrischend ab von so vielen abgeleierten Phrasenartikeln unserer Presse in allen Ländern.

Dass Du eine Familiengeschichte schreiben willst, finde ich

völlig verrückt. Aber vielleicht mildert sich meine Ansicht, wenn Du etwas ausführlicher darüber schreiben würdest. Außer Vat und Dich haben wir niemanden in der Familie, mit dem wir protzen können. Ein Großvater war ein reicher Bankier, der andere verspielte sein halbes Vermögen und hatte eine Schwäche für Dienstmädchen, so viel ich weiß. Ein Urgroßvater hatte, glaube ich, einen Verkauf mit Schnürsenkeln in Galizien, der andere war wohl etwas politisch freiheitlich gesinnt? Aber vielleicht machst Du es mehr historisch sozial? Langsamer Aufstieg einer Familie? Wo findest Du das Material?

28. Januar 50

Das Leben ist winterlich und einsam hier. Der alljährliche Kampf mit den unvernünftigen zugigen Fenstern und den geborstenen Wasserrohren hat eingesetzt, und meine riesige Steinflurküche mit Treppe nach oben und zwei Ausgängen in den Hof gefällt mir im Moment gar nicht. Sogar Ninas neues Mäusepaar ist erfroren, ein Schlag, der sie besonders schmerzlich traf, da die Mäusemutter Babys erwartete. Nina hatte bereits eine Namensliste für die freudigen Ereignisse bereit, und die Kinder rannten jeden Morgen hinaus, um zu sehen, ob sie schon da waren.

Mit Len sieht es nicht rosig aus. Nachdem er das Bein schon seit fast vier Monaten von oben bis unten in Gips hat, bereitete der Arzt uns darauf vor, dass es noch weitere vier Monate in Gips bleiben muss. Die Knochen wachsen sehr langsam zusammen. Natürlich irritiert es ihn. Manchmal kitzelt es ihn derartig im Knie, dass er aus purer Verzweiflung das andere Knie zu kratzen beginnt. Jetzt habe ich unsere Ofenrohrbürste mit zwei Meter langem, beweglichem Drahtstiel unter sein Bett gelegt, und die schiebt er in den Gipsverband, sein Bein im Verband wird nämlich immer dünner, und da ist jetzt Raum genug für den Drahtstiel als Kratzapparat, und Len ist besserer Laune.

Als dieser Brief geschrieben wurde, lief längst die Observation von Klaus Fuchs durch den englischen Geheimdienst und auch die Suche nach allen Kontaktpersonen, die zur Übermittlung der Daten an die Sowjetunion beigetragen hatten, und war gerade am Tage zuvor zu einem bedrohlichen Abschluss gekommen. Davon wusste Sonja nichts. Noch immer war der Funkkontakt mit der Zentrale unterbrochen und kein Ansprechpartner in London oder an anderen vereinbarten Ausweichplätzen erreichbar. Einige Warnzeichen hatte es jedoch gegeben, als sie und Len von einem österreichischen Genossen über den Verrat Jims (Allen Footes), ihres englischen Mitarbeiters in der Schweiz, unterrichtet worden waren. Kurz darauf waren zwei Herren, Abgesandte der britischen Spionageabwehr MI 5 (Abteilung 5 des militärischen Geheimdienstes) in Great Rollright erschienen, die höflich, doch sehr direkt ihr Anliegen zu erkennen gaben. Nach kurzem Vorgeplänkel sagten sie Sonja auf den Kopf zu, dass sie seit vielen Jahren eine russische Agentin sei, freilich gewisse Schwierigkeiten mit der Moskauer Politik gehabt habe, so beim Nichtangriffspakt mit Nazideutschland und dem Finnlandkrieg. Die Herren gaben vor zu wissen, dass Len und sie gegenwärtig in England nicht mehr aktiv seien, und versicherten, keineswegs gekommen zu sein, um sie zu verhaften, sondern um ihnen eine Kooperation vorzuschlagen. Besonders seien sie an weiteren Auskünften über ihre illegale Tätigkeit in der Schweiz mit Jim alias Allen Foote interessiert, der dort in Haft genommen worden und sehr gesprächig gewesen sei. Sie hätten Informationen, dass sie beide gute Bekannte von ihm seien.

Darüber wird in »Sonjas Rapport« berichtet, ohne den bedrohlichen Hintergrund des Fuchs-Falles zu erwähnen: »Ich überlegte: Wir bezogen die englische Parteizeitung und waren zu diesem Zeitpunkt Mitglieder der Partei. Vater war Präsident der linken freien deutschen Bewegung gewesen. Jürgens politische Bücher waren bekannt. Ich erwiderte, ich hätte zwar meine Enttäuschung gehabt, aber ich könne mich nicht als Antikommunist bezeichnen. Außerdem sei ich der Ansicht, Loyalität als englischer Bürger und linke Auffassungen widersprächen sich nicht … Der Besuch beschäftigte uns: Hatte der Verräter Foote uns wirklich ›geschützt‹ und der englischen MI 5 unsere ›Enttäuschung‹ über den Finnlandkrieg mitgeteilt? Schenkte die MI 5 ihm Glauben, oder benutzten sie diesen Trick, um uns in Sicherheit zu wiegen und uns auf die Schliche zu kommen? Wir wurden vor diesem Besuch und auch danach nicht beobachtet. Wir waren trainiert genug, um das beurteilen zu können. Jedenfalls rechneten wir seit dem Besuch der MI 5 damit, dass wir für die Zentrale nicht mehr in England arbeiten konnten. Aber das schien ja sowieso schon von der Zentrale aus entschieden.«

In den Briefen nach Deutschland wird die Reise im Januar 1949 nach Prag erwähnt, bei der Sonja ihren Bruder Jürgen wiedertraf. Sie schilderte ihm damals, überwältigt von dem Augenblick des Wiedersehens nach vielen Jahren, ihre schwierige Situation in England seit Kriegsende, den Abbruch der Arbeit und jeglicher Verbindung zu den sowjetischen Genossen, die offensichtlichen Nachstellungen durch die MI 5, Lens gesundheitliche Probleme und seine Unzufriedenheit, die Geldschwierigkeiten und die Sorgen um die ungewisse Zukunft. Auf diese allzu emotionalen Bekundungen und die beinahe panische Ratlosigkeit der Schwester, die er von ihr nicht kannte, reagierte Jürgen ziemlich kühl und verletzend, wie in den Briefen erwähnt. Im Rückblick gestand sie sich ein: »Dabei war mir gänzlich entfallen, dass Jürgen für Herzausschütten und Gefühlsausbrüche nichts übrig hatte. Er wollte meine Pläne kurz wissen und ob er mir irgendwie helfen könne, ansonsten war er die ganze Zeit in Prag beschäftigt und hatte nur zwei Mal eine halbe Stunde Zeit für mich. Jürgen sagte mir, ohne Einverständnis der Zentrale wäre mein Aufenthalt in Deutschland sehr erschwert.«

Schon in Prag hatte sie den eindringlichen Rat ihres Bruders befolgt, vor jedem weiteren Schritt ihre Zusammenarbeit mit der Moskauer Zentrale zu klären. Obwohl es ungewöhnlich war und jeglichen Richtlinien widersprach, entschloss sie sich, zur sowjetischen Botschaft in Prag zu gehen und dort einen Brief für die Zentrale zu hinterlegen. Sie berichtete darin vom Abbruch der Verbindungen und all ihren Versuchen, den Kontakt wieder aufzunehmen, kennzeichnete den Ort des vereinbarten Verstecks für den Notfall, wo sie regel-

Vor der Abreise aus England

mäßig vergeblich nachgeschaut hatte, und bat darum, ihrer Abreise aus England und Übersiedlung nach Ostdeutschland zuzustimmen. Mit dem bisher verwendeten Code hatte sie den Brief verschlüsselt und den Umschlag an den »Direk-

tor der militärischen Aufklärung der Armee, Moskau-Arbat«
adressiert. Als Absender gab sie an: »Sonja, Brasilien.«

Es dauerte fast ein Jahr, bis kurz vor dem 28. Januar 1950, an
dem sie ihren letzten Brief aus Great Rollright nach Deutschland schrieb, ehe sie auf ihren Notruf an die Moskauer Zentrale eine Antwort erhielt. Sie war wieder einmal zu der Bahnunterführung geradelt und fand endlich im Versteck unter
dem verabredeten Baum eine Nachricht, die ihr das Einverständnis mit ihrer schnellstmöglichen Abreise aus England
signalisierte. Erst Monate später, bereits nach Deutschland
zurückgekehrt, erfuhr sie von einem Abgesandten der Moskauer Zentrale, man habe »für längere Zeit die Verbindung
unterbrechen müssen, jedoch Geld und eine Nachricht unter
den Baum gelegt: unter den vierten Baum hinter der Bahnunterführung, ohne Berücksichtigung der Querstraße«. Erst
durch den in der Prager Botschaft abgegeben Brief wurde der
Ort des Verstecks hinter der Querstraße richtig gestellt.

Nachkrieg in Harwell

Auf abenteuerlichen Wegen war Emil Fuchs im Sommer 1945 mit seinem zwölfjährigen Enkelsohn aus Vorarlberg, nahe der schweizerischen Grenze, wo er mit ihm in den letzten Kriegsjahren Zuflucht gefunden hatte, nach Deutschland zurückgekommen. Sein Sohn Gerhard war in der Schweiz, schwerkrank nach Haft und Verfolgung; der Schwiegersohn und Vater des Enkels in Brünn, lange verborgen, illegal tätig und Teilnehmer am slowakischen Partisanenkampf, war nun nach Ostdeutschland unterwegs; die Tochter Christel mit dem Mann und den drei Kindern in den USA. Sie schickte Pakete und half über die bitterste Not hinweg. In »Mein Leben« beschreibt Emil Fuchs das völlig überraschende Wiedersehen mit dem jüngeren Sohn, dem nun vierundvierzigjährigen Klaus Fuchs:

Ende Juli, Anfang August 1946 nahm ich wieder an der Jahresversammlung der Religiösen Gesellschaft der Freunde in Pyrmont teil. Es waren schöne, sonnige Tage. Eines Tages nach dem Mittagsmahl saß ich im Liegestuhl im Garten. Da sah ich einen großen, dunkelhaarigen Mann auf mich zukommen. Ich ahnte nicht, wer es sein könne, aber mein Herz fing an zu klopfen. Er beugte sich über mich und sagte: »Vater« – ich sah in seine Augen und wusste, dass es mein Sohn aus England war. Solche Augenblicke, die nur dem geschenkt werden, der lange entbehrt hat, sind Geschenke Gottes, wie sie denen nicht zuteil werden können, die nicht entbehren mussten. Es sind die unbeschreibbaren Stunden von Freude, wie sie die Erde kaum sonst bietet. – Klaus war nach Deutschland gesandt, um mit hervorragenden deutschen Physikern über Probleme seiner Arbeit zu sprechen, hatte mich in Frankfurt nicht angetroffen und konnte nun, ehe er nach Göttingen zu Professor Hahn fuhr, zwei Stunden bei mir sein. Als ich nach Frankfurt zurückkam,

sagten mir meine Hausleute, es sei ein großer, dunkler Herr
da gewesen und habe ein Paket und einen Brief abgegeben.
In dem Brief stand geschrieben, dass er im Auftrag meines
Sohnes dieses Lebensmittelpaket abgebe. Klaus wollte nicht,
dass ich erführe, er sei es selbst gewesen, wenn er mich
nicht getroffen hätte. Als ich Klaus an sein glänzendes Auto
begleitete – er trug die Uniform eines Obersten, da damals
Zivilpersonen von England her nicht nach Deutschland durf-
ten –, sagte er: »Sieh, Vater, so reise ich durch Deutschland.
Aber ich werde nie vergessen, wie ich es als verfolgter Flüchtling durchwanderte!« Nun reiste er ab – zu seiner großen, leitenden Arbeit und – seinem schweren Schicksal.

Klaus Fuchs hatte sich schon von Amerika aus bemüht, seinen Vater zu finden, um ihm zu helfen und ihn nach mehr
als zwölfjähriger Trennung wiederzutreffen. Nun nutzte er
die Gelegenheit zu einem kurzen Wiedersehen, als er mit
einer Gruppe englischer Wissenschaftler nach Deutschland
geschickt worden war, um an einer Vernehmung der von den
Engländern und Amerikanern unter Aufsicht gehaltenen prominenten deutschen Kernphysiker in Göttingen teilzunehmen. Wegen des befürchteten Geheimnisverrats war es selbst
Otto Hahn, dem im Dezember 1945, in Abwesenheit, der
Chemie-Nobelpreis für seine Entdeckung der Atomspaltung
verliehen worden war, strengstens untersagt, die sowjetische
oder auch nur die französische Zone zu betreten. Man hatte
Klaus Fuchs wohl auch deshalb für diese Mission in Deutschland ausgewählt, weil er bereits in den ersten Kriegsjahren im
Auftrag des SIS – des Britischen Geheimdienstes – die Forschungsarbeiten der deutschen Atomwissenschaftler verfolgt
hatte. Kurz nach Kriegsende waren sowohl die bekanntesten
Atomwissenschaftler (darunter Hahn, Heisenberg, von Laue,
Gerlach, Bagge, Diebner, von Weizsäcker, Harteck) wie auch
zahlreiche Raketenforscher in allen Besatzungszonen verhaftet und interniert worden. Die Kernphysiker der Westzonen
wurden bis Anfang 1946 auf dem feudalen englischen Land-
sitz Farm Hall in Gewahrsam genommen, während die Rake-

tenexperten um Wernher von Braun nach Amerika gebracht wurden, um dort bald wieder an Forschungsprogrammen der Rüstung mitzuarbeiten. Nicht viel anders erging es den Wissenschaftlern aus dem Osten Deutschlands (Gustav Hertz, Manfred von Ardenne, Max Steenbeck, Peter Adolf Thießen, Heinz Barwich u. a.), die in die sowjetischen Labors, Konstruktionsbüros und Waffenschmieden geholt wurden.

Die englische Regierung hatte sich nach dem Atombombenabwurf über Hiroshima und Nagasaki zur Schaffung eigener Kernwaffen entschlossen, um nicht völlig in die Abhängigkeit der USA zu geraten. Geplant war die Errichtung eines Kernforschungszentrums in Harwell, einer englischen Kleinstadt, achtzig Kilometer von London entfernt. Außerdem war der Bau von Reaktoren und einer chemischen Fabrik zur Gewinnung von Plutonium in Windskale und für Uran 235 in Capenhurst sowie eine Anlage für die Konstruktion und Montage der Bomben in Aldermaston vorgesehen. Trotz hartnäckigen amerikanischen Widerstandes gegen diese englischen Pläne, der so weit ging, dass anfänglich sogar die Übergabe von Dokumenten bisheriger gemeinsamer Forschungen aus Los Alamos verweigert wurde, einigte man sich schließlich auf Kompromisse und ließ auch Klaus Fuchs freie Hand, den zunächst Robert Oppenheimer als Mitglied des wissenschaftlichen Forschungsrates an der Universität in Princeton, USA, hatte gewinnen wollen. Fuchs entschied sich für Harwell und wurde dort als Leiter der Abteilung theoretische Physik im Atomforschungszentrum eingesetzt. Dies in Kenntnis der düsteren Worte, die gerade Oppenheimer seinen aus Los Alamos davoneilenden Kollegen nachgerufen hatte: »Unsere Waffe hat die Unmenschlichkeit und Gnadenlosigkeit des modernen Krieges unbarmherzig zugespitzt. In einer urhaften Weise, die von keiner Banalität, von keinem Humor und keiner Übertreibung ausgelöscht werden kann, haben die Physiker die Sünde kennengelernt.«

Schon bei seinem kurzen Deutschlandaufenthalt im Sommer 1946 hatte sich Klaus Fuchs um eine Reisegenehmigung für seinen Vater nach England bemüht, und auch englische

Quäker hatten ihn eingeladen und im Berliner Konsulat darum ersucht. Er erhielt aber kein Visum und nicht einmal irgendeinen Bescheid, bis Freunde nachfragten und erfuhren, dass bei englischen Stellen der absurde Verdacht aufgekommen sei, Emil Fuchs begünstige Nazis, da sein gelegentlicher seelsorgerischer Beistand, den er auch jungen verzweifelten Nazis geleistet hatte, derart denunziert worden war. »Es gehört zu den schweren Erfahrungen, dass mitten im unendlichen Leid die Missgunst und Gehässigkeit bestimmter deutscher Menschen nicht aufhörte, sondern viel Unheil anrichtete«, stellte er dazu in seiner Biografie fest. Um fast ein Jahr verzögerte sich dadurch die geplante Reise:

Es war Herbst 1947 geworden, und ich musste, wenn ich nun fuhr, über Weihnachten bleiben. Das war für meinen Enkel und für mich eine schwere Sache. Aber die Frankfurter Freunde nahmen sich seiner an, und er hatte ein schönes Weihnachten, auch ohne mich. Ich reiste zunächst zu meinem Sohn Klaus nach Abingdon, wo er in einer behaglichen Pension als Junggeselle lebte und für mich ein Zimmer genommen hatte. Er fuhr jeden Tag die zehn Meilen nach Harwell zur Atomenergie-Versuchsstation, die damals schon Sir John Cockroft leitete, neben dem Klaus der Leiter der theoretischen Abteilung war. Wir beide hatten sofort eine tiefe Gemeinschaft des Austausches und Lebens wiedergewonnen, und ich durfte seine Freunde und deren Frauen kennenlernen und einen Eindruck von der Arbeit und dem Leben dieser Gruppe gewinnen, die ja nun eine Arbeit zu leisten hatte, deren Bedeutung für die ganze Menschheit man zu ahnen begann. Es war natürlich der Kreis der jüngeren Mitarbeiter, mit denen er neben der beruflichen in freundschaftlicher Verbindung stand. Sie vor allem lernte ich kennen: hart und schwer arbeitende Männer der Wissenschaft, eng verbunden durch ihre Arbeit und deren Interessen und dabei miteinander wieder fröhlich und teilweise kindlich heiter. Überall merkte ich, dass mein Sohn von allen geliebt und hochgeschätzt wurde. Das erfuhr ich auch bei den Besuchen und Zusammentreffen mit den bekannten

Wissenschaftlern, mit denen er befreundet war. Durch einen von ihnen erfuhr ich erst, dass er eine wahrhaft führende Stellung innehatte. Er sprach von seiner Tüchtigkeit, und ich sagte ihm, dass ich dann wohl hoffen dürfe, dass mein Sohn einmal Universitätsprofessor werde. Da sagte er lachend: ›Die Hoffnung müssen Sie aufgeben. Wer eine Stellung hat wie Ihr Sohn, der wird nicht wieder Professor.‹ So hörte ich, dass er eine für seine Jugend erstaunlich wichtige Aufgabe hatte. Innerlich erschütterte mich die Schau dieses märchenhaften Weges: 1933 in Lynchjustiz zum Tode verurteilt; ein einsamer Flüchtling, der, um sein Leben bangend, über die Grenze geschleust wurde; hungernd in Paris. Durch eine englische Familie nach Bristol geholt, konnte er sein Studium fortsetzen. Die Universität lud ihn als Gast ein, so dass er sein Studium frei hatte. Er machte seinen Doktor in Physik, wurde zu Professor Born nach Edinburgh empfohlen und wurde dessen Assistent. So kam er zur Forschung in der Kernspaltung. Nach Ausbruch des Krieges wurde er als Deutscher in Kanada interniert. Da er aber in den ›Proceedings of the Royal Society of London‹ einige Aufsätze über Kernspaltung geschrieben hatte, wurde er gesucht, als man anfing, die Bombe herzustellen. Er erhielt die englische Staatsangehörigkeit und wurde dem Team zugeteilt, das in Los Alamos an der Herstellung der Bombe arbeitete. Hier hat er die erste Versuchsexplosion miterlebt. Viel wurde davon gesprochen, und ich durfte die erschütternden Bilder dieser Explosion sehen. Nach der Rückkehr aus den USA wurde ihm die Stellung anvertraut, die er zur Zeit meines Besuches innehatte, und er füllte sie mit großer Fähigkeit und Ruhe aus. Wir sprachen nicht über Politik. Er begann nicht damit, und ich fragte nicht, obwohl in mir eine große Frage stand. Wir hatten, als Hitler zur Herrschaft kam, miteinander ausgemacht, dass jeder dem anderen nur so viel von seiner Arbeit sagen solle, als ihm unbedingt nötig schien. Keiner konnte wissen, ob er ein Vertrauen so bewahren könne, wie es nötig war. Je weniger man wusste, desto besser. Ich hielt mich weiter an diese Abmachung. Was war zu fragen? Er musste wissen, wie er seinen Weg gehen müsse, ob unter Änderung seiner Überzeugung oder anders. Ich konnte es nicht erkennen. Doch war es gut, dass mich nie das Bewusstsein verließ, dass ich mit meiner Familie den harten Bitterkeiten derer, die ins Räderwerk der gewaltigen Umwälzungen verflochten sind, noch nicht entgangen war.

Kurz nach der Ankunft seines Vaters hatte sich Klaus Fuchs zum ersten Mal mit Alexander Feklisov getroffen, der unter dem Decknamen Eugene von der Aufklärungszentrale des NKGB als dessen neuer Verbindungsmann und Führungsoffizier nach England entsandt worden war. In den »Notizen eines Kundschafters« berichtet Feklisov, dass er vor seiner Abreise vom Chef der Aufklärung, Generalleutnant Sawtschenko, auf die außerordentliche Bedeutung des Kontakts mit Klaus Fuchs »für die Entwicklung eigener Kernwaffen als erstrangige Staatsaufgabe« hingewiesen worden sei. Jedes Treffen mit ihm sollte besonders exakt vorbereitet und jede gegnerische Beschattung ausgeschlossen sein, um keinerlei Gefährdung des Wissenschaftlers zuzulassen. Immerhin erfolgte die Wiederaufnahme der Verbindung zu Klaus Fuchs in einer Zeit, als der Kalte Krieg heftig entfacht war und die Spionagehysterie wilde Blüten trieb.

Ihr erstes Treffen fand in einem Bierlokal eines abgelegenen Londoner Stadtteils statt, das Eugene mit Bedacht ausgewählt und bereits weit vor der vereinbarten Zeit aufgesucht hatte, um das Umfeld und die anwesenden und hinzukommenden Gäste inspizieren zu können. Auf der gegenüberliegenden Straßenseite wartete er auf Fuchs, der pünktlich kam und eine bestimmte Zeitung bei sich trug und in dem Lokal auf die Theke legte, wie es ausgemacht war. Nachdem auch Eugene ins Lokal gekommen war, bestellte Fuchs ein Bier und mischte sich in ein Gespräch der Gäste ein, die an einer Tafel mit Boxerfotos über ihre jeweiligen Favoriten debattierten. Er sagte den Satz, der als Erkennungszeichen galt: »Bruce Woodcock ist der beste englische Boxer aller Zeiten.« Darauf antwortete Eugene: »Tommy Farr ist bedeutend besser als Bruce Woodcock.« Das war die Antwortparole.

Wie zu erwarten, lösten diese Worte unter den Boxinteressierten einen Streit aus, was es Fuchs und Eugene leichtmachte, unauffällig an den Tresen zurückzukehren und nach einer Weile getrennt das Lokal zu verlassen. Auf der Straße fanden sie wieder zusammen, als sie sich vergewissert hatten, nicht verfolgt zu werden, begrüßten sich und stellten einander mit den Decknamen vor: »Eugene« – »Charles«.

»Er erzählte, dass man ihn in Harwell gut aufgenommen hätte, dass die Leitung auf seine Meinung hörte und er über alle Arbeiten zur Entwicklung des englischen ›Dings‹ unterrichtet sei«, vermerkte Feklisov dazu in seinen »Notizen«. »Ich bat den Wissenschaftler, mir einige Fragen zu beantworten, was er auch tat. Dann überreichte ich ihm ein Blatt Papier mit den Fragen, zu denen ich ihn bat, bei unserem nächsten Treffen eine Information mitzubringen. Klaus las sich das Papier aufmerksam durch und gab es mir zurück mit der Bemerkung, das ginge in Ordnung. Dann verabredeten wir unser nächstes Treffen und eine Reihe Ersatztreffen für den Fall, dass er nicht zum Haupttreff kommen könne. Da ich befürchtete, er würde die Zeiten, Tage und Orte der verabredeten Treffen durcheinanderbringen, bat ich ihn, sich im Notizbuch verschlüsselte Notizen zu machen. Klaus erwiderte jedoch, dass er dies nicht tun möchte und sich alles gut gemerkt hätte. Um mich davon zu überzeugen, bat ich ihn, die Verabredungen zu wiederholen. Er lächelte und nannte exakt alle Verabredungen. Wie mir General Sawtschenko aufgetragen hatte, sprach ich über die Absicherung unserer Zusammenkünfte. Klaus erwiderte, dass er die Notwendigkeit eines solchen Ratschlags durchaus verstünde und bat mich ebenfalls, nur zum Treff zu kommen, wenn ich ganz ›sauber‹ sei. Wir verabredeten auch Methoden der gegenseitigen Überprüfung vor jedem persönlichen Kontakt.«

Bis zum Mai 1949 trafen sie sich regelmäßig im Abstand von zwei bis drei Monaten. Zwei Mal erschien Klaus Fuchs nicht, dafür jedoch später an einem Ersatzort. Er erkundigte sich wiederholt nach dem Stand der sowjetischen Forschungs- und Entwicklungsarbeit, schätzte sie ziemlich genau ein und hoffte, dass die Arbeit rasch und gut voranging. »Mit meinen Informationen will ich nur vermeiden, dass meine Moskauer Kollegen Umwege gehen und kostbare Zeit verlieren«, erklärte er bei einem der Treffen. »Ich möchte der Sowjetregierung helfen, materielle Mittel einzusparen und die Frist für die Fertigstellung der Kernwaffe zu verkürzen.« Feklisov berichtete, dass Fuchs ihm während der anderthalb Jahre ihres Kontakts folgende Materalien übergeben habe:

1. detaillierte Angaben über die Reaktoren und die chemische Fabrik zur Gewinnung von Plutonium in Windskale;

2. eine vergleichende Analyse der Funktionstüchtigkeit von Uranöfen mit Luft- bzw. Wasserkühlung;

3. das Grundschema der Wasserstoffbombe und theoretische Daten zu ihrer Herstellung, erarbeitet von Wissenschaftlern der USA und Englands im Jahre 1948;

4. die Ergebnisse der Erprobung einer Wasserstoffbombe im Gebiet des Eniwetok-Atolls durch die Amerikaner;

5. Angaben über den Stand der englisch-amerikanischen Zusammenarbeit auf dem Gebiet der Herstellung von Atomwaffen.

Früher als selbst Klaus Fuchs geglaubt hatte, war dann das sowjetische Atomprogramm ans Ziel gelangt – eine Test-Bombe wurde Mitte August 1949 in der Steppe bei Semipalatinsk zur Explosion gebracht. An Bord eines US-Spionageflugzeuges über Südostasien hatten die hochempfindlichen Geigerzähler angezeigt, dass die Maschine in eine davon ausgehende hochradioaktive Wolke geraten war. Die Nachricht wirkte weltweit und besonders in den USA und Großbritannien wie ein Schock. Zwischen Truman und Atlee sowie den alarmierten Militär- und Geheimdienstchefs fanden hektische Beratungen statt, alle nur erdenklichen Sicherheitsvorkehrungen und Überprüfungen wurden in die Wege geleitet. Die überraschende Nachricht, die keinen Zweifel daran ließ, dass die Sowjetunion trotz größter Kriegsschäden und des vermuteten wissenschaftlich-technischen Rückstandes in einer so extrem kurzen Zeit die »Atomlücke« geschlossen hatte, brachte sofort den Verdacht vom »Verrat des Atomgeheimnisses« auf. Da die Zündung der allerersten Bombe in Los Alamos erfolgt war und die sowjetische Bombe ziemlich genau der in Nagasaki abgeworfenen (Plutoniumbombe, »Fat man« genannt) entsprach, kam man zu dem Schluss, dass die Daten über den Bau dieser Bombe von Leuten, die daran mitgearbeitet hatten, an die Sowjets ausgeliefert worden sein könnten, einschließlich der weiterführenden Forschungsunterlagen zur Wasserstoffbombe. Damit begann eine fieberhafte Suche der Geheimdienste nach verdächtigen Wissenschaftlern und allen nur irgendwie im Atomprogramm tätigen Personen, die sich bis nach England und insbesondere Harwell erstreckte.

So geriet Klaus Fuchs gleich von Anfang an in den Blick der Sicherheitsdienste, besonders des FBI, das mit Eifer seine Nachstellungen gegen die einst in den USA tätigen Ausländer betrieb. Von den englischen Behörden wurden die Akten beschafft. Wiederum kamen die »linken Ansichten« zutage, die Fuchs als Schüler und Student geäußert hatte, die Mitgliedschaft in der KPD und seine im englischen Kollegen- und Freundeskreis vertretenen Ansichten zum Anti-Hitlerkrieg, Friedenskampf und zur Sowjetunion. Zudem waren dem amerikanischen und englischen Geheimdienst nach der Besetzung Deutschlands die Akten des Gestapo-Archivs in die Hände gefallen, worunter sich auch eine Liste der meistgesuchten Hitlergegner befand, auf der Klaus Fuchs als Nummer zweihundertzehn registriert war – mit dem Vermerk: »Nach Deutschland verbringen, wenn man ihn in der Sowjetunion findet.« Zu diesen Indizien kam schließlich noch der Verrat des sowjetischen Militärattachés in Ottawa, Igor Gusenko, hinzu, der über hundert geheime Dokumente der Chiffrierabteilung ausgeliefert hatte, die später auch zur Entschlüsselung des sowjetischen Übermittlungscodes durch den US-Geheimdienst führten. In einem dieser Dokumente wurden Klaus Fuchs und seine Schwester Christel namentlich genannt, was offenbar der letzte Anstoß war, die Verfolgungsmaschinerie der Geheimdienste in Gang zu setzen.

Bevor man an Klaus Fuchs herantrat, der zu dieser Zeit nochmals von seinem Vater besucht worden war, stellte das FBI bei der Schwester Christel in Cambridge Nachforschungen an. Emil Fuchs war mit seinem Enkel mehrere Monate bei ihr und in amerikanischen Quäkergemeinden zu Gast gewesen, ehe er mit dem nun vierzehnjährigen Jungen im Juli 1949 per

Emil Fuchs und sein Enkel Klaus auf der USA-England-Reise, 1949

Schiff nach Southampton reiste. Vier Wochen hatten sie in England gemeinsam mit Klaus Fuchs verbracht. »Es war für uns alle eine ganz herrliche Zeit unbekümmerter Freude«, berichtete Emil Fuchs in seinen Erinnerungen darüber. »Die beiden Klause, Onkel und Neffe, verstanden sich wundervoll. Wir hatten frohe Abende mit Lachen, Scherzen und Spielen. Wir trafen Freunde und sahen England. Wir ruderten auf der Themse in Oxford und besuchten Cambridge. Als aber der Abschied kam, merkte ich sehr, wie mein Sohn mit dem Gefühl der wiederkehrenden Einsamkeit und schweren Belastung kämpfte. Nie vergesse ich die Augen, die uns nachsahen, als wir zum Flugzeug über den Flugplatz gingen und abflogen.«

Auch Christel, die Schwester, hatte sich Jahre zuvor von ihrem Bruder Klaus auf ähnliche Weise verabschiedet und ebenfalls mehr gespürt als gewusst, welcher drohenden Einsamkeit und Belastung er damals entgegenging. Sie war schon und wurde nun wieder vom FBI verhört und mit Haft und sogar Ausweisung aus den USA bedroht. Man wusste indessen, dass sie im Jahre 1945, als ihr Bruder wiederholt bei ihr in Cambridge zu Besuch gewesen war, mehrmals einem Amerikaner aufgesucht hatte. Einmal war damals nur das Dienstmädchen anwesend gewesen, das den FBI-Beamten mitgeteilt hatte, der Mann habe sich nach Klaus Fuchs erkundigt. Durch ihre Personenbeschreibung und die Kontrolle der damaligen Hoteleintragungen sei man auf die Spur von Raymond alias Harry Gold, dem sowjetischen Agenten, gekommen, und bei ihm fand man, als die Wohnung in seiner Abwesenheit durchsucht wurde, jenen Stadtplan von Santa Fe, den ihm Klaus Fuchs mit dem gekennzeichneten Treffpunkt übergeben hatte. Angesichts der vorgelegten »Beweise« soll Harry Gold, als das FBI ihn zum wiederholten Male verhörte, die Nerven verloren und schließlich ein Geständnis über seine Tätigkeit im Dienst und Sold der sowjetischen Aufklärung abgelegt haben, neben seinen Kontakten zu Klaus Fuchs, auch die zu Ruth und David Greenglass sowie Julius und Ethel Rosenberg.

Der englische Geheimdienst MI 5 war bereits von den allerersten Ermittlungen des FBI gegen Raymond und den gesamten Spionagefall unverzüglich in Kenntnis gesetzt worden, was zur intensiven Observation von Klaus Fuchs durch die Spionageabwehr in Harwell geführt hatte. Dem entging nicht, dass er unter Beobachtung stand, seine Post kontrolliert und das Telefon abgehört wurde, weshalb er eine Zeitlang nicht zu den vereinbarten Treffs mit dem sowjetischen Kontaktmann kam. Zum ersten Mal, seit er eine leitende Stellung einnahm, wurde er nicht zu der englischen Delegation hinzugezogen, die mit den Amerikanern über die Zusammenarbeit auf dem Gebiet der Atomenergie verhandelte. Im September 1949 gaben höchste englische Regierungsstellen die Order, mit den Vernehmungen von Klaus Fuchs zu beginnen. Allerdings sollte das zunächst nur in Form »abtastender Gespräche« geschehen.

Die Realität sah aber so aus, dass er in die ehernen Klauen der Justiz des Königreichs Großbritannien geriet, auch darin gehorsamer Juniorpartner der USA, jedoch immer mit der Perücke würdevoller englischer Rechtlichkeit. Darauf glaubte Klaus Fuchs sich berufen und sozusagen am künstlichen Schopf aus der Bredouille ziehen zu können. Doch gezielt begann die Vernehmung durch William Skardon, dem raffinierten einstigen Kommissar der Londoner Mordkommission, der nun auf Spionagefälle und Kalte-Kriegs-Affären spezialisiert war. Fuchs wusste von seinem Vater, dem in Leipzig, also in der damaligen Ostzone, eine Professur an der Theologischen Fakultät in Aussicht gestellt worden war, dass ihn vor seiner USA- und Englandreise zwei Mal der amerikanische

Geheimdienst CIC in Frankfurt am Main verhört hatte. Einer der Vernehmer hatte ihn gefragt, ob er denn nicht wisse, dass er da im Osten mit SED-Leuten verkehren müsse. »Selbstverständlich«, hatte er darauf geantwortet. »Mit vielen haben wir zusammen gegen Hitler gekämpft. Kann eine solche Zusammengehörigkeit einfach aufhören?« Man hatte ihm Angst einzujagen versucht, drüben würden doch so viele Dinge geschehen, bei denen es für einen Christen nur heißen könne, die seien von Übel. »Aber solche Dinge geschehen auch hier!«, hatte sein Vater darauf geantwortet – und Gelächter geerntet.

Jedoch bitterer Ernst war es, als Klaus Fuchs mit dem MI 5-Mann Skardon von der bereits erfolgten Übersiedlung seines Vaters nach Leipzig sprach. Wäre es nicht denkbar, so die Falltür des Verhörs, dass die dortigen Machthaber, die Sowjets, mittels der physischen und psychischen Existenz des Vaters leichthin den Sohn erpressen und gar bis zum Verrat drängen könnten – hier in Harwell, in diesem höchst staats- und kriegswichtigen Forschungs- und Wissenschaftszentrum? Tangiere das nicht sogar die große Politik? Klaus Fuchs glaubte, auf solche Befürchtungen eingehen zu müssen, brachte selbst in Vorschlag, dass er ja seine Arbeit und leitende Stellung in Harwell aufgeben und in ein Lehramt an einer der englischen Universitäten wechseln könne, umworben hatte man ihn allenthalben – und insgeheim wäre ihm vielleicht ein Wechsel zu einer Universität fern der Insel auch eine genehme Lösung all der Probleme gewesen. Aber er bekam bei den Gesprächen mit Skardon, die längst knallharte Vernehmungen waren, zu spüren, dass immer mehr Verdachtsmomente gegen ihn vorlagen. Schließlich wurde ihm Belastungsmaterial präsentiert, das das FBI in den USA zusammengeholt hatte: jenes entschlüsselte Telegramm des sowjetischen Generalkonsuls in New York nach Moskau über die Begegnung zwischen Harry Gold und Fuchs in der Wohnung der Schwester; der Stadtplan von Santa Fe mit dem eingezeichneten Treffpunkt und Fotos von Gold sowie ein Kurzfilm über ihn in den Straßen eines Stadtviertels. Der MI 5-Chefermittler ließ schließlich jede vornehme Rücksicht beiseite und behauptete, auf die

Fotos und Filmaufnahmen verweisend, dass Klaus Fuchs diesem Mann, dem Agenten einer »feindlichen Macht«, augenscheinlich hochgeheime Berichte und Dokumente aus dem Atomzentrum Los Alamos übergeben habe.

Offenbar waren indessen auch der Direktor des englischen Atomzentrums in Harwell, John Douglas Cockroft, und andere leitende Mitarbeiter über den sich erhärtenden Verdacht gegen Klaus Fuchs unterrichtet worden. Fuchs selbst sagte über diese dramatisch sich zuspitzende Lage fast vier Jahrzehnte später: »Ein konkreter Verdacht war auf mich gelenkt worden. Nach den Fragen, die mir gestellt wurden, musste ich annehmen, dass über das Material, das ich von New York aus weitergegeben hatte, irgendwelche Informationen an die amerikanischen Behörden gelangt waren. Und dann kam der Tag, an dem der Stellvertreter des Direktors, das war Dr. Skinner, mit dem ich persönlich sehr eng befreundet war, zu mir sagte: ›Klaus, gegen dich sind Anklagen erhoben worden. Wenn du uns versicherst, dass nichts dran ist, dann werden wir uns wie ein Mann hinter dich stellen und es mit dir durchkämpfen.‹ Das war ein Moment, dem ich nicht gewachsen war. Als Kundschafter hätte ich mich freuen müssen, als Mensch ging es hier plötzlich für mich um die Frage der menschlichen Beziehung, dass man sich mit Freunden so eng verbunden fühlen kann, dass die einem volles Vertrauen schenken – in dem Moment habe ich mich verraten.«

Jürgen Kuczynski, der Bruder Sonjas, sagte zu diesem Bekenntnis: »Das war das eine Mal, wo er – wo das Menschliche in falscher Weise überwog. Ja, ja, ja, eine tragische Sache, aber eine wundervolle Tragik, auch wenn sie zu einem Unglück führte.«

Chefermittler Skardon konnte triumphieren. Wohlweislich hatte man Klaus Fuchs trotz der fortdauernden Verhöre weiterhin in Harwell seiner Arbeit nachgehen lassen, ohne allzu offensichtliche Beschränkungen oder Isolierung. Gerade dass die Freunde und Kollegen in dieser Situation um ihn waren und durchweg zu ihm hielten, schockierte ihn, so dass er – Auge in Auge mit ihnen – nicht mehr imstande war, bei seinem Schweigen und Leugnen zu bleiben. In Begleitung des Chefermittlers Skardon wurde er ins Kriegsministerium nach London gebracht, und dort erklärte er sich zur Aussage bereit, die er mit einem Rückblick auf sein Leben, die Kindheit und Jugend, die antifaschistischen Gesinnung und den Weg als Kommunist und Wissenschaftler bis zur Flucht nach England begann. Er sprach von seiner Entscheidung in Birmingham, von Los Alamos und Harwell, von seinen Konflikten, besonders nach Kriegsende und in allerletzter Zeit. Er wusste genau, dass es für ihn jetzt um Kopf und Kragen ging und die USA schon seine Auslieferung gefordert hatten, mitten im kältesten Winter des Kalten Krieges, bedroht von der Todesstrafe, falls er dort vor Gericht gestellt würde.

Laut Protokoll, das der Präsident der USA zugestellt erhielt, erklärte Klaus Fuchs, befragt von William Skardon, am 27. Januar 1950 im britischen Kriegsministerium, unter anderem Folgendes:

In der Nachkriegszeit hatte ich einige Zweifel an der russischen Politik, es war nicht das erste Mal. Ich kann unmöglich bestimmte Begebenheiten nennen, weil nun die Kontrollmechanismen gegen mich arbeiteten und auch Tatsachen von mir fernhielten, denen ich nicht ins Gesicht sehen konnte, aber sie drangen tief in mich ein, und letzten Endes gelangte ich an den Punkt, wo mir klar wurde, dass ich viele Maßnahmen der russischen Regierung und der kommunistischen Partei nicht akzeptieren konnte. Aber ich glaubte immer noch, dass sie eine neue Welt aufbauen würden und ich eines Tages daran teilhaben könnte und ich dann aufstehen müsste, um ihnen zu sagen, dass es Dinge gibt, die sie falsch machen. Während dieser Zeit war ich nicht sicher, ob ich alle Informationen weitergeben sollte, die ich hatte. Wie auch immer, es wurde mir zusehends klarer, dass die Zeit, in der Russland seinen Einfluss auf Europa erweitern würde, in sehr weiter Ferne lag, und dass ich deshalb für mich entscheiden musste, ob ich weiterhin für viele Jahre fortfahren sollte, Informationen zu übergeben, ohne mir selbst sicher zu sein, ob ich recht tat. Ich entschied mich, dass ich es nicht tun sollte. Ich ging nicht zu einem Treffen, weil ich krank war. Ich entschied mich, auch zum nächsten nicht zu gehen.

Kurze Zeit später sagte mir mein Vater, dass er möglicherweise in die Ostzone Deutschlands gehen würde. Zu dieser Zeit waren meine Gedanken seinen näher als jemals zuvor, weil er ebenfalls glaubte, dass sie letzten Endes versuchten, dort eine neue Welt aufzubauen. Er war mit vielem nicht einverstanden, das war schon immer so. Doch er wusste, ginge er dahin, würde er das auch sagen, denn er glaubte, auf diese Weise könnte er ihnen zu der Einsicht verhelfen, dass sich eine neue Welt nicht erschaffen lässt, wenn man einige der fundamentalen moralischen Regeln im Umgang mit den Menschen zerstört. Ich war nicht in der Lage, meinen Vater davon abzuhalten dorthin zu gehen. Jedenfalls wurden mir dadurch einige Fragen, die mich betrafen, noch klarer. Ich fühlte, dass der Übergang meines Vaters in die Ostzone, seine Briefe, mich sehr berührten und ich nicht sicher war, ob ich auch dahin gehen sollte oder nicht. Vermutlich hätte ich nicht allein für mich den Mut aufbringen können, um es durchzustehen, und mein Vater war im Begriff, in die Ostzone zu gehen. Einige Monate vergingen, und ich kam immer mehr zu der Überzeugung, dass ich Harwell verlassen musste. Ich war mit der Tatsache konfrontiert, dass Beweise vorlagen, dass ich in New York Informationen übergeben hatte. Ich hatte die Chance, zu gestehen und in Harwall zu bleiben oder zu verschwinden. Ich war jedoch meiner selbst nicht sicher genug, um in Harwell zu bleiben, und deshalb wies ich die Anschuldigungen zurück und entschloss mich, Harwell zu verlassen. Jedoch ich wusste, wenn ich Harwell unter diesen Umständen verließ, tat ich zwei Dinge: Ich würde Harwell einen schweren Schlag versetzen, all der Arbeit, die ich liebte, und außerdem würden Menschen verdächtigt werden, die ich liebte, die meine Freunde waren und die glaubten, dass auch ich ihr Freund sei. Ich musste der Tatsache ins Auge sehen, dass es mir möglich gewesen war, mit einer Hälfte meiner Gedanken freundschaftlich mit Menschen umzugehen, enge Freundschaften zu schließen **247** und sie gleichzeitig zu täuschen und zu gefährden. Ich musste erkennen, dass der Kontrollmechanismus, der mich vor Gefahren, die mir drohten, gewarnt hatte, mich davon abgehalten hatte zu erkennen, dass die Kombination der drei Ideen, die mich zu dem gemacht hatte, was ich war, falsch war – in Wirklichkeit war jede einzelne von ihnen falsch. Es gibt eben bestimmte Standards moralischen Verhaltens, die man in sich hat und nicht einfach ignorieren kann. Man muss in seiner eigenen Psyche Klarheit haben, ob Handlungen recht oder unrecht sind. Und man muss fähig sein, bevor man die Autorität eines anderen akzeptiert, die eigenen Zweifel klar zu erkennen und versuchen sie zu lösen. Ich fand heraus, dass ich letzten Endes durch äußere Umstände bestimmt war.

Ich weiß, dass ich nichts umkehren kann, und ich weiß, dass es jetzt das einzige ist, was ich tun kann, den Schaden, den ich angerichtet habe, wiedergutzumachen. Das Erste ist sicherzustellen, dass Harwell so wenig wie möglich Schaden erleidet und dass ich für meine Freunde so viel wie möglich von dem Teil unserer Beziehungen bewahren muss, der gut war. Dieser Gedanke steht bei mir augenblicklich ganz im Vordergrund, und ich finde es schwer, mich auf irgendwelche andere Punkte zu konzentrieren. Ich begreife jedoch, dass ich das Ausmaß der Informationen, die ich gegeben habe, klarstellen muss, damit ich, so weit es mein Gewissen mir erlaubt, dazu beitrage, andere Leute davon abzuhalten, das weiter zu tun, was ich getan habe. Ich kenne niemanden mit Namen, der damit beschäftigt ist, für russische Behörden Informationen zu sammeln. Es gibt Leute, die ich vom Sehen kenne, denen ich mein Leben anvertrauen würde und die mir ihres anvertrauen würden. Und ich weiß nicht, ob ich fähig wäre, etwas zu tun, was sie letztlich ausliefern würde. Sie befinden sich nicht in unserem Atomprojekt, sie sind die Vermittler zwischen mir und der russischen Regierung gewesen.

Zuerst dachte ich, alles, was ich zu tun hätte, wäre, die russische Regierung darüber zu informieren, dass hier die Arbeit an der Atombombe weiterging. Sie wollten mehr Einzelheiten haben, und ich war einverstanden, sie zu liefern. Ich konzentrierte mich zunächst auf die Ergebnisse meiner eigenen Arbeit. Aber insbesondere in Los Alamos tat ich, was meiner Meinung nach das Schlimmste war, was ich getan habe, nämlich Informationen über die Konstruktionsprinzipien der Plutoniumbombe weiterzugeben. Später in Harwell begann ich zu sortieren, aber es ist schwer, genau zu sagen, wann und wie ich es auseinander genommen habe, weil es ein Prozess war, der auf und ab ging, parallel zu meinen inneren Kämpfen. Das letzte Mal, dass ich Informationen weitergegeben habe, war im Februar oder März 1949.

Bevor ich an dem Atomprojekt mitzuarbeiten begann, waren die meisten der Briten, mit denen ich persönlichen Kontakt hatte, auf dem linken Flügel stehende Leute, und sie waren bis zu einem gewissen Grade von derselben Philosophie durchdrungen wie ich. Seit ich in Harwell war, traf ich Engländer der verschiedensten Art, und ich bin schließlich dahin gekommen, in vielen von ihnen eine tief verwurzelte Festigkeit anzutreffen, die sie instand setzt, einen anständigen Lebensweg einzuschlagen. Ich weiß nicht, woher das kommt, aber es ist da.

Nach diesem Geständnis wurden alle Rücksichten und Zusicherungen, die William Skardon noch am Anfang der »Gespräche« Klaus Fuchs gegeben hatte, fallengelassen und seine Verhaftung verfügt. Am folgenden Tag, dem 3. Februar 1950, wurde er vor dem Londoner Stadtgericht, in Anwesenheit nur weniger Zuhörer, vom Staatsanwalt Humphrys beschuldigt, in der Zeit zwischen 1943 und 1947 mindestens in vier nachweisbaren Fällen einer unbekannten Person Informationen übergeben zu haben, die geheime atomare Forschungen betrafen und zu kriegerischen Zwecken gegen Großbritannien genutzt werden konnten. Er erklärte, Fuchs sei einer der bedeutendsten theoretischen Physiker der Gegenwart und deshalb an den wichtigsten Forschungsarbeiten zur Entwicklung der Atombombe beteiligt gewesen. Durch seine außergewöhnliche Befähigung sowie die exakteste Einhaltung der Arbeits- und Sicherheitsvorschriften habe er die Leiter und seine Kollegen beeindruckt und über seine wahre Gesinnung täuschen können. Nun habe sich herausgestellt, dass er im Grunde seines Herzens Kommunist gewesen und geblieben sei. Systematisch und voller Überzeugung, nicht um des Geldes oder irgendwelcher materiellen Vorteile willen, habe er der Sowjetunion über eine lange Zeit Geheiminformationen von höchstem Wert übermittelt. Durch die Staatsanwaltschaft wurde mit dieser Anklage die Sache dem Gericht übergeben.

Aus den Zeitungen des nächsten Tages erfuhr auch Alexander Feklisov, der sowjetische Führungsoffizier, was mit Klaus Fuchs in den Wochen und Monaten, seit es keinen Kontakt mehr gegeben hatte, in Harwell und London geschehen war. Feklisov listete die Schlagzeilen der Presse auf, die bezeugten, dass die Meldung über die Verhaftung von Klaus Fuchs »wie eine Bombe« einschlug: »Fuchs lieferte den Roten die Atombombe aus«, »Fuchs – der gefährlichste Spion des Jahrhunderts«, »Fuchs hat auch die Daten der Wasserstoffbombe verraten!« In sensationeller Aufmachung wurde Fuchs zugeschrieben, alle vorhandenen Atomwaffengeheimnisse Englands und der USA den Russen übermittelt zu haben. Es wurde berichtet, die USA hätten die Auslieferung von Fuchs verlangt, um ihm dort den Prozess zu machen. Die englische Regierung lehnte das aber ab, weil Fuchs im Jahre 1942 die englische Staatsbürgerschaft erhalten hatte.

Über das schnell darauf folgende Gerichtsverfahren berichtete in seinen »Notizen« Alexander Feklisov, der trotz der Gefährdung weiter in England blieb, weil er nicht zusätzlich durch eine überstürzte Abreise auf sich aufmerksam machen wollte. Der Prozess fand am 1. März 1950 vor dem zentralen Strafgericht Old Baily in London statt. FBI-Direktor Hoover bot dem Leiter der englischen Spionageabwehr, P. Sillitoe, Hilfe bei der Gerichtsverhandlung an und sprach die Bitte aus, dass ein offizieller Vertreter des FBI den Verhandlungen beiwohnen könne. Die englischen Behörden lehnten jedoch auch dieses »Hilfsangebot« ab. Sie wollten den Prozess offenbar so schnell wie möglich und in alleiniger Regie abschließen, um keine konkreten und für sie allzu blamablen Details bekannt werden zu lassen – ohne Kreuzverhör, ohne Zeugenanhörungen, ohne Geschworene.

Es gab im Prozess lediglich einen Zeugen der Anklage, den Mitarbeiter von MI 5, William Skardon, der Fuchs vernommen hatte. Die Sitzungen wurden von den allerhöchsten Vertretern der englischen Gerichtsbarkeit geleitet: Vorsitzender Richter war Lord Goddard, Oberster Richter Englands; Hauptankläger war der Generalstaatsanwalt Englands, Hartley Shawcross; als Verteidiger trat der bekannte Rechtsanwalt D. C. Bennet auf. Shawcross warf Fuchs in seiner Anklagerede vor, er hätte nach eigenem Geständnis die Geheiminformationen an die Sowjetunion geliefert, die zunächst Verbündeter war, später jedoch zum Feind wurde. Der Verteidiger Bennet betonte, Fuchs sei Antifaschist, er hätte gegen Hitler gekämpft und England hätte seine außerordentliche Begabung für seine Zwecke benutzt. Richter Goddard erklärte in seinem Urteilsspruch, der Angeklagte habe England und den USA irreparablen Schaden zugefügt, sein Verbrechen unterscheide sich kaum vom Hochverrat. Dem Angeklagten billigte man in diesem ungewöhnlichen Prozess nur ein kurzes Schlusswort zu, während der Verhandlung las man lediglich einige Auszüge aus seinem schriftlichen Geständnis vor. Insgesamt dauerte das Verfahren nicht mehr als anderthalb Stunden. Das Urteil lautete: vierzehn Jahre Gefängnishaft. Fuchs wurde von dem englischen Gericht in erster Linie deshalb nicht zu lebenslanger Haft oder zum Tode verurteilt, weil die Sowjetunion, die von ihm die geheimen Informationen erhielt, im Krieg Verbündeter Englands und nicht Feind gewesen war.

In dem unvollendet gebliebenen dritten Band seiner Autobiografie »Mein Leben« schrieb Emil Fuchs, der Vater, vermutlich Ende der sechziger Jahre (er starb 1971) über jene Tage und Wochen, als ihn die Nachricht von der Verhaftung und Verurteilung seines Sohnes erreichte:

Für ein Wochenende hatten wir im Quäkerkreis gemeinsam stille Tage verabredet, die wir bei einem Freund in Werdau (bei Zwickau) zubringen wollten. Wir waren den Sonnabendnachmittag dort und begannen am Sonntag früh die gemeinsame Andacht. Kurz nach ihrem Beginn wurde ich herausgerufen, jemand wollte mich sprechen. Der Betreffende stellte sich als Journalist, Reporter aus Berlin, vor und fragte mich, was ich zum Schicksal meines Sohnes Klaus zu sagen hätte. Völlig überrascht fragte ich, was dies wohl sei. Er scheinbar überrascht: »Sie wissen noch nichts? Gestern ist ihr Sohn verhaftet worden unter der Anklage, Atomgeheimnisse an Sowjetrussland verraten zu haben.«

So kam die Kunde des schweren Ereignisses zu mir. Ich erklärte kurz, dass ich nichts wisse und nichts dazu zu sagen hätte und ging in die Stille zurück, wo ich den Freunden kurz sagte, was ich gehört hatte. Wir fuhren in der Stille fort, und ich suchte die Erschütterung zu bezwingen, was mir auch geschenkt wurde, wenn auch das große Erschrecken und die schwere Angst um meinen Sohn blieben. Demgegenüber war das Spektakel, das in der Welt losging und auch mich traf, eine wesenlose Sache, die zwar bewältigt werden musste, aber an das Wirkliche des großen Schicksals nicht rührte.

Je mehr ich nachdachte, desto deutlicher wurde mir, was das für eine Entscheidung war für einen Menschen im Dienste Englands und lebend in bewusster politischer Klarheit des Denkens und Sichinformierens. Ihm ging es darum, dass der Atomkrieg nicht ausbreche, was nur verhindert werden konnte dadurch, dass beide – USA und UdSSR – die Waffen besaßen. Ich erbebte innerlich, als mir klar wurde, welche inneren Kämpfe mein Sohn durchgemacht hatte und welche Jahre innerlicher Kampfeshaltung, um diese Tat zu tun.

Dann kam die große Angst. Wird man nicht diesen Verrat so schwer nehmen, dass man zu einem Todesurteil kommt? Es tauchte mein alter Freund Corder Catchpool (englischer Quäker) vor mir auf, ihm schrieb ich eine Anfrage darüber. Ich hatte eine Nacht, in der ich träumte, ich ginge mit Corder in einem engen langen Gang. Vor uns ging mein Sohn zwischen zwei Wachtmeistern auf eine eiserne Tür zu, die den Gang abschloss. Sie erreichten die Tür, öffneten sie, gingen hindurch und schlossen sie wieder. Ich fiel vor der Tür auf die Knie und schrie: »Corder! They do it. They do it really!« – Ich war immer gegen die Todesstrafe. Seit ich aber selbst etwas davon erlebt habe, was sie bedeutet – nicht nur für den Schuldigen, sondern für die Väter und Mütter – ist es mir ganz klar, dass niemand es verantworten kann, Leben – vor allem junges, hoffnungsvolles Leben – zu vernichten. Wie sehr aber geschah das im Krieg und im politischen Morden, wie sehr geschieht es noch, und wie furchtbar ist die Entwicklung, die zu diesen Möglichkeiten wieder hinführt nach allem, was wir seit 1914 erlebt haben, woran wir schuldig wurden und wieder werden!!!

Corder konnte mich etwas beruhigen, in England gäbe es die Todesstrafe in solchen Fällen nur im Krieg. Nun kamen die Untersuchungshaft und die Verhandlungen. Schon aber war ich und war meine Umgebung belastet mit dem Sturm der Reporter, die aus Westberlin jede Gelegenheit benutzten, um von mir irgend etwas über mich, meinen Sohn, unsere Familie zu erfahren. Einige empfing ich zunächst, um ihnen zu sagen, dass ich nichts sagen könnte. Da wir aber erlebten, dass das benutzt wurde, um Artikel über uns zu schreiben, die zwar gänzlich aus den Fingern gesogen waren, aber doch dazu dienten, die Spannung zu

Emil Fuchs, Professor in Leipzig 1949–1959

verschärfen, empfing ich niemand mehr. Das bedeutete, dass meine Hausgenossen mich förmlich bewachen mussten. Der Erfolg war, dass man die raffiniertesten Methoden anwendete, um doch zu einer Aussprache mit mir zu kommen – oder dass man eigene Möglichkeiten schuf, etwas über mich zu sagen, ohne wirklichen Stoff zu haben.

Zwei der bösartigsten Berichte will ich anführen: Ein Reporter aus der »Münchner Illustrierten« brachte einen Bericht, wie

253

elend ich wohnte. Unser Haus, noch vom Krieg beschädigt, wurde abgebildet, ein Pfeil zeigt die Fenster, hinter denen ich wohne. (Sie hatten damals schon Glas; als ich einzog, war das zum Teil noch nicht der Fall). Vor der Türe meines Zimmers stünden zwei Polizisten. Wenn ich zur Universität ginge, begleiteten sie mich und stünden zu beiden Seiten des Katheders während meiner Vorlesung, natürlich mit geladenen Revolvern. So etwas wie die Brutalität der Kommunisten oder die Charakterschwäche des im Kommunismus arbeitenden Menschen konnte man – vielleicht könnte man es noch – die guten westdeutschen Bürger glauben machen. Man konnte sich vorstellen, dass ich unter solchen Bedingungen Vorlesungen halten würde. Sogar ein Bild von mir selbst – »unter großen Schwierigkeiten gemacht« – brachte das Blatt.

Inzwischen wurde in der englischen und amerikanischen Presse – man kann sogar sagen in der Presse der ganzen Welt – über uns und unsere Familie allerhand geschrieben, meistens aus der Luft gegriffen und meistens im Tone der Entrüstung über diese Menschen oder im Tone unerwünschten Mitleids mit dem Entgleisten und seinem Vater. Hier und da erhob sich auch eine Stimme des Verstehens, in der man heraushörte, dass der Verfasser ahnte, welche inneren Kämpfe ein Mann durchmachen musste, der als politisch klar sehender Mensch – wie mein Sohn – durch seine große Begabung in die Lage versetzt wurde, Möglichkeit des Eingreifens in die Geschichte zu haben. Er konnte die Möglichkeit umgehen – und einmal als englischer Lord in einer schönen Villa sterben. – Durfte er das? Er glaubte, es nicht zu dürfen, griff ein und war nun bereit, die Kosten zu zahlen.

In seinem Schlusswort nach seiner Verurteilung zu vierzehn Jahren Haft, der höchsten Strafe, die England für solche Vergehen kennt, sagte er dem Richter, der beklagt hatte, dass er keine Möglichkeit zu einer höheren Strafe habe, folgendes: »Herr Richter! Sie haben mich zu dieser Strafe verurteilt, weil ich diese Ergebnisse meiner Forschung an Russland ausgeliefert habe. Sie haben mich nicht verurteilt für das, was mir als meine Schuld aufliegt, dies, dass ich durch sieben Jahre

Schwester Christel mit ihren Kindern

alle meine Freunde täuschen musste!« Als ich ihn zum ersten Mal nach Jahren in England im Gefängnis besuchte, sagte er mir: »Ich kann es England nicht übelnehmen, dass man mich verurteilte. Diese englische Regierung konnte nicht anders handeln. Aber ich glaube, ich habe besser für das wahre Wohl auch des englischen Volkes gehandelt als seine eigene Regierung.« Er hatte sich eine innere Überlegenheit über sein Schicksal erkämpft, die mir ein großer Trost wurde – dass er neun Jahre seines Lebens verlor, schwere Demütigungen durchleiden musste und auch gesundheitlich sehr geschwächt wurde, kann dadurch nicht gutgemacht werden.

Bei einem Zusammensein von Professoren der Universität kam die Sprache darauf, dass dieser Mann mein Sohn sei, da sprang einer der bekanntesten, international anerkannten Gelehrten auf und schüttelte mir die Hand und sagte: »Das hätte ich nicht für möglich gehalten, dass ich heute, an diesem Tag, mit dem Vater dieses Mannes zusammensitzen könnte.« Bei einer Autofahrt mit einem Freunde sprachen wir über die Sache. Als ich dann ausstieg, sagte der Chauffeur zu mir: »Sie sind der Vater von Dr. Klaus Fuchs. Ich kann Ihnen nur sagen: Hätten wir doch mehr solche Leute, die so alles einsetzen für ihre Sache.« Die russische Botschaft schickte einen Beamten, er war beauftragt, mir zu sagen: »Wir verfolgen die Sache ihres Sohnes mit größter Teilnahme. Wir haben öffentlich erklärt, dass nie ein Beamter der sowjetrussischen Regierung irgendetwas von ihm empfangen habe. Darüber hinaus tun wir wohl auch ihm das Beste, wenn wir uns gänzlich zurückhalten.«

Schwer waren außer mir meine Tochter Christel in den USA und mein Sohn Gerhard in der Schweiz getroffen. Meine Tochter wurde mit ihrer ganzen Familie, selbst den noch kleinen Kindern, mehrmals vernommen, weil man vermutete, ihr Bruder habe sich bei Besuchen in ihrem Haus mit Agenten getroffen. Sie war lange in Gefahr, aus den USA ausgewiesen zu werden, und hatte lange unter dem Misstrauen der Behörden zu leiden, fand aber auch – besonders im Kreise der Quäker – viel Freundschaft und Hilfe. Mein Sohn Gerhard opferte seine kleinen Ersparnisse und sandte die Frau eines Rechtsanwaltes, die selbst Juristin ist, nach London, damit sie seinem Bruder Klaus zur Seite stehe. Sie konnte wenig ausrichten, ihm nur einen genauen Bericht der Sache bringen. Seine Lage in der Schweiz wurde sehr erschwert. Er war ja darauf angewiesen, dass er die Arbeitserlaubnis immer wieder bekam, galt er doch als Emigrant. Trotz seines hohen Ansehens, das er sich durch seine Arbeit für die Tuberkulosefürsorge erworben hatte, wurde deutlich, dass man ihm so bald als möglich die Erlaubnis entziehen werde. Dies trug mit dazu bei, dass er früher nach Deutschland zurückkehrte, als die Ärzte es wünschten. So erlag er 1951 der wieder ausgebrochenen Tuberkulose.

Ich selbst hatte durch alle diese stürmischen Tage hin meine Aufgaben zu tun, teilweise mit Misstrauen, ja mit Hass angesehen, teilweise mit hoher Achtung und Teilnahme ausgezeichnet. Sehr gut war, dass die Hausgemeinschaft mit der Familie Hager mir helfend zur Seite stand – vor allem auch in der Abwehr der Reporter. Deren Interesse hörte nie auf. Immer einmal wieder wurde ich unerwartet überfallen oder unerwartet antelefoniert – aus Bonn, aus Zürich, aus London usw., wenn etwas von meinem Sohn irgendwo in den Zeitungen stand. Während der Feier meines achtzigsten Geburtstages 1954 wurde ich herausgerufen durch ein dringendes Telefongespräch. Es war ein Reporter aus London, der mich anrief.

Noch bei meinem letzten Besuch meines Sohnes

Der Bruder Gerhard, 1909–1951

im Gefängnis zu Wakefield wurde ich auf der Rückreise von einem Reporter überfallen. Als der Zug sich in Bewegung setzte, öffnete sich die Tür meines Abteils, ein Herr setzte sich mir gegenüber und begann das Gespräch: »I think you are Professor Fuchs?« Ich sagte Ja und fragte, woher er das wisse. »Wir von der Presse erfahren allerlei.« Nun begann er mich auszufragen über das Befinden, Tun, Aussichten meines Sohnes. Ich antwortete stereotyp: »Ask the administration of the prison. I can't tell you anything.« Erst auf der einzigen Haltestelle des Zuges zwischen Wakefield und London stieg er aus. In der Presse erschien ein Machwerk über meinen Sohn, das mich in Sorge versetzte, wie die Gefängnisverwaltung das aufnehmen würde. Ich schrieb also dem Direktor, wie das Gespräch zustande kam und dass kein Wort davon von mir stamme. Er antwortete: Man müsse das nicht tragisch nehmen. Das Gefängnis wisse ja, was man von Reportern zu halten habe …

Einige der bekanntesten Atomwissenschaftler, darunter Kollegen und Freunde von Klaus Fuchs aus England, haben sich nach dessen Tod über den Fall in dem DDR-Dokumentarfilm von 1989 geäußert. Rudolf Peierls, der mit ihm in Birmingham grundlegende Forschungsergebnisse erzielt hatte, nannte Klaus Fuchs noch immer seinen Freund, auch wenn er den damaligen Schock nicht verhehlen konnte: »Er wohnte für lange Zeit in unserem Haus, und wir waren sehr eng befreundet, auch später in Los Alamos und nach dem Kriege, als er in Harwell war, kam er sehr oft zu uns nach Birmingham, und wir sind zusammen in die Ferien gegangen. Also er war ein sehr guter Freund, und daher war es natürlich ein sehr großer Schock, als wir hörten, was er während all dieser Zeit gemacht hatte. Ich habe ihn seit 1950 nicht mehr gesehen. Ich weiß nicht, wie mein Gefühl sein würde, wenn ich ihn wiedergesehen hätte.«

Professor Nevill Mott, zu dem der zweiundzwanzigjährige Klaus Fuchs 1933 als Student nach Bristol gekommen war, erklärte: »Ich habe ihn im Gefängnis nicht besucht. Und ich habe ihn in der DDR auch nicht gesehen, obwohl ich einmal da war. Ich glaube, ich fühle, dass Klaus Fuchs das gemacht hat, was er für richtig hielt, und das kann ich ihm nicht übelnehmen. Aber es würde mir nicht leichtfallen zu sagen, es ist alles verziehen; denn wie er selbst erkannt hat, es war ein Riesenschlag für seine Freunde und seine Mitarbeiter, das, was er gemacht hat. Natürlich, in der Stalinzeit war die Sowjetunion in England nicht sehr beliebt, das ist seit Gorbatschow anders.«

Robert Jungk, der in seinem Buch »Heller als tausend Sonnen« bereits 1956 die Geschichte der Atombombe und ihrer Schöpfer, auch von Klaus Fuchs, dargestellt hatte, sagte: »Ich glaube, dass Klaus Fuchs eine der großen Figuren der Zeitgeschichte ist, dass er etwas gewagt hat, was andere nie gewagt haben, dass es ihm nicht genügte, über die Verhinderung der Bombe zu sprechen, sondern dass er verhindern wollte, dass es zu dem Einsatz, dem einseitigen Einsatz der Bombe käme. Er hat etwas verraten, was die Öffentlichkeit wissen sollte. Er hat im Sinne der Allianz, der Allianz zwischen dem Westen und dem Osten gehandelt, in der ja eigentlich vereinbart war, dass man brüderlich und gemeinsam gegen den Nazismus handeln würde und voreinander keine Geheimnisse haben sollte. Er ist derjenige, der legal gehandelt hat, die anderen, die Geheimhaltung betrieben haben, die heimlich ihre künftige Weltmachtstellung vorbereitet haben, die haben illegal gehandelt.«

Beginn der Legenden

Kein Wunder, dass alles, was damals in dem kurzen Prozess von Old Bailey gegen Klaus Fuchs nicht zur Sprache kam, die Fantasie anregte und zur Bildung von Legenden beitrug. Und es war vieles, was nicht zur Sprache gekommen war, weil die gehütetsten Geheimnisse angerührt werden mussten. Wie hatte Fuchs so lange unentdeckt bleiben können, trotz der allerhöchsten Geheimhaltungsstufe und der hoch gerühmten MI 5-Spionageabwehr, die wiederholt mit diesem deutschen Emigranten und seiner nachweislich kommunistischen Vergangenheit befasst gewesen war? Warum hatte man ihm erlaubt, mit den ausgesuchtesten Geheimnisträgern in England zusammen zu arbeiten und zu leben, mit ihnen nach Amerika zu reisen, um dort in den Kreis der exzellenten Tüftler und Strategen der Atom- und Wasserstoffbombe zu gelangen und sie auszuforschen? Wer hatte die geheimen Treffs in England und weiterführend in den USA und wieder bei der Rückkehr nach England organisiert? Ein Mann, eine Frau, mehrere Männer und Frauen, wie viele, wer waren sie, woher kamen und wohin gingen sie? Warum hatte man keinen oder keine von ihnen gefasst – außer jenen Gold, fern von England, durch das offenbar weit tüchtigere FBI?

Klaus Fuchs hatte im Verhör nur gesagt, dass es ihm unbekannte Personen gewesen seien und er nur wüsste, sie würden, welche Informationen er ihnen auch gab, diese an russische Vertreter übermitteln. »Ich kenne niemand mit Namen, der damit beschäftigt ist, für russische Behörden Informationen zu sammeln«, hatte er dem hartnäckigen Vernehmer Skardon erklärt. Er lieferte niemanden aus; Sonja und auch sein späterer Verbindungsmann in England, Alexander Feklisov, blieben unentdeckt und kamen, ohne ein einziges Mal nach ihren Kontakten zu Klaus Fuchs befragt zu werden, ungeschoren davon. Erst jüngst wurden jahrzehntelang vom US-Geheimdienst unter Verschluss gehaltene Papiere publik, die nachweisen, dass Klaus Fuchs auch keinerlei Anteil an den Ermittlungen über Harry Gold hatte, die zu dessen Identifizierung und weiteren Verhaftungen führten: »Fuchs wurde von den Briten am 2. Februar verhaftet, und er gestand seine Verwicklung in die sowjetische Atomspionage. Er kannte die Identität seines amerikanischen Kontaktmannes nicht. Letzterer wurde erst durch die intensive Ermittlungsarbeit des FBI als Harry Gold, ein Chemiker aus Philadelphia, identifiziert. Am 22. Mai 1950 gestand Gold gegenüber dem FBI seine Spionageaktivitäten ein.«

Harry Gold nannte bei seiner Vernehmung auch die Namen von David Greenglass und dessen Frau Ruth, über die dann die Spur zu Greenglass' Schwester Ethel und deren Ehemann Julius Rosenberg führte. Die Rosenbergs wurden kurz darauf verhaftet und wegen »Verschwörung zur Spionage« trotz weltweiten Protests im März 1951 vor Gericht gestellt. Tatsächlich hatte Julius Rosenberg zahlreiche geheime militärische und industrielle Informationen an den sowjetischen Geheimdienst weitergegeben, doch sie hatten nichts mit der Entwicklung und dem Bau der Atombombe zu tun. Lediglich von seinem Schwager Greenglass, der bei den US-Streitkräften als Maschinist in Los Alamos tätig war, hatte er einige das Manhatten-Projekt betreffende Informationen erhalten und weitervermittelt, die zwar von geringer Bedeutung waren, aber in der aufgeheizten antisowjetischen Spionagehysterie als entscheidende »Rechtfertigung« für das Todesurteil und Hinrichtung der Rosenbergs dienten. David Greenglass, der als Hauptzeuge der Anklage auftrat, erhielt fünfzehn Jahre Haft, kam jedoch nach zehn Jahren frei, während seine Frau, dank ihrer ebenfalls belastenden Aussagen, sogar völlig straflos blieb. Trotz seines umfassenden Geständnisses und Verrats wurde Harry Gold hingegen zu einer dreißigjährigen Haftstraße verurteilt, jedoch nach fünfzehn Jahren begnadigt. Als ein halbes Jahrhundert seit der Rosenberg-Hinrichtung vergangen war, hat immerhin David Greenglass in Zeitungsinterviews erklärt, vor Gericht gelogen und damit gegenüber Ethel und Julius Rosenberg schuldig geworden zu sein.

Sonja war nicht gewarnt worden und deshalb ebenfalls in höchster Gefahr gewesen, als damals die Ermittlungen zu dem Spionagefall begannen. Sie hatte von Klaus Fuchs' Verhaftung erst aus den Zeitungen erfahren. »Die englische Presse berichtete in sensationeller Form darüber«, schrieb sie in ihrem »Rapport«. »Meine erste Reaktion war Erschütterung und Schmerz – ganz abgesehen von dem Verlust, den das für die Zentrale und noch viel mehr für die Sowjetunion bedeutete. Mein zweiter Gedanke war, mich zu fragen, wie weit diese Enthüllungen seiner Aktivitäten mich selbst betreffen würden. Es gab keinerlei Zeichen und Andeutungen in der Presse, die unseren Kontakt betrafen. Ich hatte nie eine Nacht in Birmingham verbracht, wo Klaus Fuchs arbeitete, so dass keine Hoteleintragungen gefunden werden konnten. Ich war auch niemals in seiner Wohnung gewesen, noch er in meiner. So viel ich wusste, kannte er weder meinen Namen noch meine Adresse. Es gab jedoch zwei mögliche Gefahren: ein Verrat, aber dessen hielt ich ihn nicht für fähig, oder irgendeine Entdeckung bei den weiteren Nachforschungen des MI 5. Dazu konnte es angesichts der Informationen kommen, die sie über Klaus und mich selber haben mochten: Er war ein deutscher Kommunist, und ich ebenfalls. Klaus war in der Londoner Parteigruppe bekannt, mein Bruder war dort führend tätig gewesen. Klaus hatte sein wertvolles Material durch einen Mittelsmann der Sowjetunion zukommen lassen; ich hatte, wie sie durch Jims (Allen Footes) Verrat wussten, in der Schweiz für die ›Zentrale‹ gearbeitet, und mein Mann war Spanienkämpfer gewesen. Als die Presse erwähnte, Klaus Fuchs habe sich in Banbury mit einer schwarzhaarigen Ausländerin als ›Mittelsmann‹ getroffen, rechnete ich täglich mit meiner Verhaftung. In diesem Falle hatte ich vor, jede Aussage zu verweigern, eine andere Möglichkeit gab es nicht. Der Prozess war für Ende Februar angekündigt. Ich betrieb meine Abreise in großer Eile und verließ England, ich glaube einen Tag vor dem Prozess gegen Klaus.«

Len war nach seinem schweren Motorradunfall zu dieser

Zeit so weit genesen, dass er sich mit dem Gipsverband bewegen und ihr zur Seite stehen konnte, als sie alles Nötige unternahm, um England mit den beiden jüngeren Kindern ohne Aufsehen und ohne für jemand Gefahren heraufzubeschwören zu verlassen. Gemeinsam mit Len vergrub sie das Sendegerät, das Parteibuch und vernichtete Papiere, die auch nur entfernt Rückschlüsse auf ihre illegale Tätigkeit hätten liefern können. Dabei hat sie sich vermutlich auch von einigen allzu verräterischen Briefen, Tagebuchaufzeichnungen und Büchern, die sie nach dem Tod der Mutter bei sich aufbewahrte, trennen müssen. Aus Armeebeständen kauften sie wasserdichte Seesäcke, in die sie das Wichtigste packten, was sie mitnehmen konnten, denn ihre Reise war offiziell als Besuchsreise zu den Verwandten – Bruder, Schwester, Schwägerin, Neffen und Nichten – in Deutschland deklariert. Len wollte bis zu seiner völligen Genesung in Great Rollright bleiben und abwarten, welche Nachrichten er von Sonja aus Berlin oder von der Moskauer Zentrale erhielt. Auch der achtzehnjährige Michael wollte vorerst in England bleiben, er hatte an der Universität Aberdeen gerade sein Philosophiestudium aufgenommen und dort ein Stipendium erhalten. Für Anfang März war der Prozess gegen Klaus Fuchs angekündigt, einen Tag bevor das Gericht in London zusammentrat, konnte Sonja mit Nina und Peter ungehindert England verlassen.

»Entweder es war eine große Dummheit der MI 5-Aufklärer, dass sie im Zusammenhang mit Klaus nicht auf mich verfallen waren, oder sie ließen mich laufen, weil jede weitere Entdeckung die Blamage der MI 5 noch vergrößert hätte«, so kommentierte Sonja später ihr Davonkommen. »Das amerikanische FBI war wütend über die Schlafmützigkeit und Naivität der MI 5. Die USA hatte ihre Entwicklung auf dem Arbeitsgebiet von Klaus Fuchs den Engländern zur Verfügung gestellt, und nun war dies alles durch ihn an die Sowjetunion vermittelt worden. Die Engländer hatten kein Interesse daran, sich in dieser Angelegenheit weitere Blößen zu geben.«

Feklisov, der noch immer die Stellung hielt und die hitzigen Pressedebatten vor Ort verfolgte, sah die Dinge ähnlich und vermerkte in seinen »Notizen«: »Die Zeitungen schrieben, dass nach Einschätzung amerikanischer Wissenschaftler und Politiker die von Fuchs übermittelten Informationen der Sowjetunion die Möglichkeit gegeben haben, die Frist für die Herstellung der Atombombe wesentlich zu verkürzen. Der gut unterrichtete wissenschaftliche Berichterstatter der ›New York Times‹ konstatierte, Fuchs habe der UdSSR geholfen, die Frist für die Herstellung der Atombombe von zehn auf drei Jahre zu reduzieren. Was die Kernfusionsbombe betrifft, so hätten seine Informationen die UdSSR in die Lage versetzt, die Arbeit an deren Herstellung wesentlich früher zu beginnen als in den USA. Washington war besonders beunruhigt darüber, dass die Sowjetunion damit einen Vorsprung bei der Herstellung einer eigenen Wasserstoffbombe bekommen hatte. Über diese Frage beriet am 9. März 1950 eine spezielle Unterkommission des Nationalen Sicherheitsrates. Sie empfahl dem Präsidenten der USA, die Herstellung der Wasserstoffbombe zu einer Angelegenheit von höchster Dringlichkeit zu erklären. Am nächsten Tag wies Präsident Truman an, die Entwicklung der thermonuklearen Bombe maximal zu forcieren.«

London hatte in der Tat zu dieser Zeit beträchtliche Sorgen, da nicht zu leugnen war, dass der entscheidende Hinweis, der in Harwell tätige Fuchs sei ein sowjetischer Agent, nicht von der eigenen Spionageabwehr, sondern vom FBI gekommen war. Gleich nach dem Prozess hatte sich Ministerpräsident Attlee in einer beschwichtigenden Rede vor dem Unterhaus am 6. März um Schadensbegrenzung bemüht: »Fuchs wurde von Zeit zu Zeit observiert. Erst im Herbst 1949 erfuhren die Engländer von den Amerikanern, dass während des Krieges geheime Informationen aus Los Alamos durchsickerten. Jedoch MI 5 stellte sofort fest, dass die Quelle der Informationen Fuchs gewesen ist. Der Sicherheitsdienst hat rasch und effektiv gearbeitet und ihn verhaftet.« Die Amerikaner waren jedoch anderer Meinung. Das FBI warf der englischen Spionageabwehr vor, Fuchs nicht bei der Übergabe von Dokumenten mit einem sowjetischen Kontaktmann in flagranti gefasst zu haben. Die Amerikaner fragten hartnäckig: Warum ließ man es zu, dass er seit Beginn am Atombombenprojekt arbeitete?

Es wurden Vermutungen geäußert, in der Leitung von MI 5 gäbe es sowjetische Spione, die Fuchs gedeckt und ihm erlaubt hätten, an den geheimsten Objekten zu arbeiten. Das ging so weit, dass man sogar begann, den Chef der Abteilung Sowjetunion in der englischen Spionageabwehr, Roger Hollis, zu verdächtigen. Alles das belastete nicht nur die Zusammenarbeit zwischen den englischen und amerikanischen Geheimdiensten, sondern auch die Partnerschaft und weitere Zusammenarbeit beider Länder auf dem Gebiet der Atomenergie.

Die Legende um Roger Hollis aus dieser Zeit der Spionage-Hysterie ist bis heute nicht aus der Welt. Als die ARD im Jahre 2000, kurz vor dem Tod des Dreiundneunzigjährigen, nach England aufbrach, um dort Lokalkolorit in Banbury und Umgebung für den Film: »Deckname Sonja – das geheime Leben der Agentin Ruth Werner« einzufangen, frischte man nochmals diese Geschichte auf. Man bemühte auch den fünfundachtzigjährigen Mr. Chapman Pincher vor die Kamera, der seit Jahrzehnten die britische Öffentlichkeit mit seinen Verschwörungstheorien traktierte. So erklärte er nun nochmals, dass Sonja, die seiner Meinung nach den größten Coup der Geheimdienstgeschichte des 20. Jahrhunderts vollbracht habe, verhaftet und verurteilt gehöre, falls sie jemals wieder die britische Insel betreten würde: »Sie war eine brillante Spionin, sie wurde nie entdeckt. Aber was ich nicht leiden kann und noch nie leiden konnte – sind Kommunisten.« Und Roger Hollis sei im Grunde noch viel verdammenswerter, da er im feinen Mäntelchen des MI 5-Chefs die Meisterspionin Sonja geschützt habe und selbst ein Agent der Sowjets gewesen sei. Nur könne er leider nicht den allerletzten Beweis dafür liefern: »Ich habe immer gehofft, ein Foto zu finden, auf dem beide zusammen waren. Beide waren zu gleicher Zeit in Schanghai. Beide besuchten den gleichen Klub, und sie waren beide gute Tennisspieler. Aber ich habe nie ein Bild gefunden.« Er spekulierte weiter: »Man weiß ja von Hollis, dass er gelegentlich einen kommunistischen Zirkel in China besuchte. Und dass er eine Affäre mit einer Frau hatte, die eine enge Freundin Sonjas war. Und wohin zog Sonja, als sie nach England kam? In die Nähe von Roger Hollis, nach Woodstock, unweit Blenheim Palace. Nach Blenheim Palace wurde die britische Spionageabwehr aus London wegen der deutschen Luftangriffe evakuiert.« Und auch das noch: »In ihrem ersten Buch (gemeint ist die deutsche Erstausgabe ›Sonjas Rapport‹, 1977 – Anmerkung des Autors) hat Ruth Werner die Atombombe gar nicht erwähnt. In ihrem zweiten Buch (englische Ausgabe ›Sonya's Report‹, 1991), als die GRU es ihr erlaubte, nennt sie Fuchs. Ich glaube, wenn sie ein drittes Buch schriebe, dann würde sie Hollis erwähnen. Hähähä. Hoffen wir drauf! Was für eine bemerkenswerte Lady.«

Das Filmteam witterte die Sensation und befragte Ruth Werner nochmals dazu, worauf sie sehr unwirsch reagierte und es als »Unsinn, Blödsinn und völligen Quatsch« abtat. Man hätte auch nur nachzulesen brauchen, was sie zehn Jahre zuvor im englischen »Report« darüber geschrieben hatte: »Es war reines Rätselraten unsererseits, ob mich das MI 5 wegen meiner Bedeutungslosigkeit in Ruhe ließ oder aus dem Grunde, das Aufsehen nicht noch zu vergrößern – man soll schlafende Hunde nicht wecken. Oder es konnte auch durchaus möglich sein, dass es zu der Zeit jemanden im MI 5 gab, der für die Sowjetunion gearbeitet und Len und mich abgedeckt hat. Wir hatten jedoch keinerlei Anhaltspunkte, aus denen wir irgendwelche Schlüsse hätten ziehen können. Ich betone, so war damals unsere Lage, das waren unsere Überlegungen. Angesichts des haltlosen Geredes, welches einige Journalisten über mich verbreitet haben, möchte ich eindeutig klarstellen, dass es reiner Unsinn ist zu behaupten, dass ›die Meisterspionin immer noch ihr größtes Geheimnis zurückbehalten hat‹ – dieses Geheimnis existiert schlicht und einfach nicht. Mich hat die Zentrale niemals beauftragt, irgendjemanden vom MI 5 zu kontaktieren, und ich habe auch dorthin keinerlei Kontakt gehabt. Ich weiß nicht, ob irgendjemand mich beschützt hat, oder falls doch, wer es gewesen sein könnte. Ich weiß von keinem ›Fünften Mann‹ (der angeblichen ›Glorreichen Fünf‹ der Spionagelegenden: Maclean, Burgess, Philby, Blunt, Hollis – Anmerkung des Autors) und muss auch die Spekulation – oder wie gewisse Schreiber meinen: ›den Fakt‹ – zerstören, dass ich irgendwann etwas mit dem einstmaligen Direktor vom MI 5, Roger Hollis, zu tun hatte. Ich verurteile die Art, wie Journalisten versuchen, mich in eine Sensation zu verwandeln, einfach um Geld zu machen.«

Eine andere Art der Legende, genauer gesagt, ein Tarn- und Vernebelungsversuch, wurde damals aus der entgegengesetzten Himmelsrichtung in die Welt gesetzt. Die sowjetische Nachrichtenagentur TASS veröffentlichte am 8. März 1950 eine Erklärung, die sich auf eine Reutermeldung über den Londoner Prozess gegen »den englischen Atomwissenschaftler Fuchs« bezog, der »wegen Verletzung von Staatsgeheimnissen zu vierzehn Jahren Haft verurteilt« worden sei. Zu der Behauptung der Anklage, »Fuchs habe Atomgeheimnisse an ›Agenten der Sowjetregierung‹ geliefert«, hieß es lapidar: »TASS ist bevollmächtigt zu erklären, dass diese Behauptung eine pure Erfindung ist, da Fuchs der Sowjetregierung nicht bekannt ist und keinerlei ›Agenten‹ der Sowjetregierung zu Fuchs in irgendeiner Beziehung gestanden haben.« Nach Feklisovs Angaben ist diese Erklärung vom damaligen sowjetischen Außenminister Wyschinski persönlich verfasst worden. Sie hebt sich kaum von anderen amtlichen Reaktionen beiderseits des Eisernen Vorhangs jener Zeit auch in weniger dramatischen Fällen ab.

Als Klaus Fuchs nach Jahrzehnten von dem Gang in den Gerichtssaal berichtete, wo ihn der Urteilsspruch erwartete, klang das Traumatische des Erlebnisses noch immer nach: »Ich kann mich eigentlich nur noch an Eines sehr klar erinnern, das war, als ich hinauf zum Prozess geführt wurde. Das letzte war eine Treppe, die ich noch klar vor mir sehe, die hinaufführte zu dem abgezäunten Anklagestand. Der Verteidiger fragte mich: ›Wissen Sie, was die Höchststrafe ist?‹ Ich sagte zu ihm: ›Ja, das ist die Todesstrafe.‹ Und da sagte er: ›Nein, Höchststrafe sind vierzehn Jahre.‹ Das Merkwürdige ist, das war noch einmal ein Schock für mich, für jemanden, der praktisch mit dem Leben abgeschlossen hatte. Auch ein Fehler, ein Kundschafter sollte nie aufgeben, sollte kämpfen bis zum Letzten. Nun wurde mir plötzlich gesagt: ›Du wirst weiterleben.‹«

In der Folgezeit erschienen Artikel, vermutlich von Geheimdiensten inspiriert, die an einer weiteren Legende strickten: Fuchs sei ein Abtrünniger, er habe seine Ansichten in den Jahren der Haft geändert und sich vollständig von der Politik der UdSSR distanziert. Andere Berichte vermeldeten hingegen, die sowjetischen Behörden seien deshalb in aller Öffentlichkeit von ihm abgerückt, weil er in den Verhören alles zugegeben und damit Verrat geübt habe. Schließlich scheuten sich die US-Geheimdienste nicht, die hinterhältige Verleumdung in die Welt zu setzen, dass die sowjetische Aufklärung Fuchs absichtlich geopfert habe, als dessen Möglichkeiten vollständig ausgeschöpft waren, um die Beziehungen zwischen England und den USA zu verschlechtern und damit deren militärischen und ökonomischen Druck auf die UdSSR abzuschwächen.

Sonja gibt in ihrem englischen »Report« eine sachliche Darstellung der Ereignisse um den Fuchs-Prozess. Im April 1950, wenige Wochen nach ihrer Ankunft in der DDR, erhielt sie Nachricht von der Moskauer Zentrale der Militäraufklärung, und sie traf sich mit dem für ihren Einsatz verantwortlichen Mitarbeiter in Berlin. Sie berichtete ihm über ihre Tätigkeit und die Schwierigkeiten der letzten Jahre in England, dabei wurde sie auch nach ihrer Einschätzung des Verhaltens von Klaus Fuchs, besonders seines Auftretens bei den Verhören und vor Gericht befragt. Sie sagte, was sie damals darüber dachte: »Die Beweiskette gegen ihn war teilweise durch den Verrat anderer in den USA zusammengekommen, teilweise auch durch Veränderungen in der früher schlampig arbeitenden MI 5. Klaus erschien es sinnlos zu leugnen; Unbekanntes verriet er nicht. Er wurde von William Skardon, dem psychologisch geschicktesten Vernehmer, der in diesen Fragen in England existierte, verhört. Sicherlich verhielt sich der Wissenschaftler Klaus Fuchs durch seine Unerfahrenheit solchen Leuten gegenüber in mancher Hinsicht naiv. Es gab nach seinem Prozess 1950 in der Westpresse angebliche Erklärungen, sein Verhalten habe Fuchs selbst als ›schizophren‹ bezeichnet. Er sei im Übrigen dabei gewesen, seine Beziehungen zur Sowjetunion zu lösen. Für mich war das unglaubwürdig. Klaus kämpfte wie andere Kommunisten, wo immer sie sich befanden, gegen den deutschen Faschismus. Dem diente in diesen Jahren seine Teilnahme an dem USA-England-Militärprojekt, dem die Nazis auf keinen Fall zuvorkommen sollten. Er arbeitete ehrlich daran mit, hatte Freunde unter den englischen Wissenschaftlern seines Fachgebietes und war, sicherlich seinem Charakter und seiner Intelligenz entsprechend, beliebt. Als Kommunist wusste er um die Halbherzigkeit des Kampfes kapitalistischer Länder, er brauchte ja nur das Hinauszögern der zweiten Front – des Truppenangriffs von England und den USA auf Hitlerdeutschland – zu beobachten. Für ihn war es eine klare eindeutige Entscheidung, die Ergebnisse des Projektes dem einzigen sozialistischen Land zur Verfügung zu stellen, das die Hauptlast im Krieg gegen den Faschismus trug und dessen Weltanschauung die seine war.«

Sie hat der englischen Buchausgabe ihres »Reports« 1991 hinzugesetzt, was sie glaubte angesichts zweifelhafter historischer Deutungen klarstellen zu müssen: »In mehreren Veröffentlichungen wird gesagt, dass an Klaus Fuchs' Geständnis auch die Abscheu über die stalinistischen Repressalien mitgewirkt habe. Sicher hat es auch für ihn diese schwere Auseinandersetzung gegeben; aber nicht vor dem XX. Parteitag der Sowjetunion 1956 mit Chruschtschows Enthüllungen über Stalin. Vorher kann es nicht gewesen sein. Meines Wissens war Klaus während er sein Material übermittelte, niemals in der Sowjetunion gewesen. Und selbst ein Besuch dort hätte kaum die Möglichkeit geschaffen, in Kontakt mit diesen negativen Ereignissen zu kommen, die übrigens vor 1956 vom sowjetischen Volk noch nicht als Stalins Verbrechen angesehen wurden. Ich bin überzeugt davon, dass Klaus Fuchs sich niemals der Sowjetunion entfremdet hat. Neun Jahre lang hat er sein wissenschaftliches Material der Sowjetunion zur Verfügung gestellt, aus seiner politischen Überzeugung heraus, neun Jahre hat er dafür in England im Gefängnis gesessen.«

Aber die Zeit gebar neue Legenden. Im Jahre 1994 erschienen die Memoiren von Pawel Sudoplatow, eines sowjetischen Geheimdienstgenerals, der während seiner Dienstzeit, wie er vorgibt, nicht nur mit Sabotage, Entführungen und Guerillaaktionen, sondern auch mit der Atomspionage befasst gewesen sei. In dem Buch »Der Handlanger der Macht. Enthüllungen eines KGB-Generals« wird behauptet, dass die bekanntesten Physiker des amerikanischen Manhattan-Projekts, darunter dessen wissenschaftlicher Leiter, Robert Oppenheimer, sowie Enrico Fermi, Leo Slizard und George Gamow, mit sowjetischen Stellen kooperiert und ihnen atomare Geheimnisse in die Hände gespielt hätten. Auch junge wissenschaftliche Mitarbeiter hätten ihre Labore für den sowjetischen Geheimdienst geplündert und mündliche Auskünfte über ihre Arbeit gegeben. Zu diesem Buch, das nicht nur in Russland für erhebliches Aufsehen sorgte, lancierte kurz nach dessen Veröffentlichung der SWR (Auslandsnachrichtendienst der Russischen Föderation) in der »Iswestija« am 30. April 1994 einen abwiegelnden Artikel von Sergej Leskow, dem Atomexperten der Zeitung, unter der orakelhaften Überschrift: »Robert Oppenheimer hätte ein sowjetischer Agent sein können, wenn ein Spionagering existiert hätte, den keiner kennt«. Darin wird mitgeteilt, dass der SWR erklärt habe: »Wir hatten andere Informationsquellen. Und die von Sudoplatow Genannten waren keine Quellen.« Weiterhin habe der SWR bestätigt, »dass neben Klaus Fuchs, der in England wegen Spionage zu vierzehn Jahren Gefängnis verurteilt wurde, und ›Perseus‹, über den die Presse berichtet habe, die Sowjetunion insgesamt zehn Agenten im gleichen Rang besaß«. Sechs von ihnen hätten in den USA, vier in England gearbeitet, es habe sich hierbei um namhafte Gestalten von großer Bedeutung für den Geheimdienst gehandelt, sie seien bis heute dem FBI unbekannt geblieben. Eine Woche später reichte das Pressebüro des SWR jedoch eine offizielle Mitteilung nach, die ITAR-TASS veröffentlichte, in der auf das gewaltige wissenschaftliche, technische und geistige Potential der Sowjetunion verwiesen und betont wurde, dass eine große Gruppe sowjetischer Wissenschaftler den entscheidenden Beitrag zur Entwicklung eigener thermonuklearer Waffen geleistet hätte. Der Geheimdienst habe mit seiner »wichtigen und hochqualifizierten Arbeit im Interesse des Staates nur eine unterstützende Rolle« spielen können. Abschließend hieß es: »Anhand der Archivmaterialien im Besitz des SWR muss geurteilt werden, dass das Buch von P. A. Sudoplatow ein buntes Mosaik aus Wahrheiten, Halbwahrheiten und glatten Erfindungen darstellt. Die Sondereinheiten bewahren gewöhnlich Schweigen über die Methoden ihrer Arbeit und über die konkreten Quellen ihrer Informationen. In diesem Fall können wir uns jedoch die Feststellung erlauben, dass die Behauptung in dem genannten Buch, der sowjetische Geheimdienst habe Daten über die Atombombe direkt von so berühmten Wissenschaftlern wie E. Fermi, L. Szilard, R. Oppenheimer und verschiedenen anderen erhalten, nicht den Tatsachen entspricht.«

Kaum war diese Geschichte derart zurückgestutzt worden, tauchte der im Zusammenhang mit Klaus Fuchs erwähnte ominöse Perseus desto strahlender am publizistischen Spionagehimmel auf. Schon der Name schien die einschlägige Fantasie zu erhitzen: Perseus aus dem Reich der griechischen Mythologie, der Medusa das schlangenhaarige Haupt abschlug. War mit diesem Tarnnamen gemeint, dass die sich dahinter verbergende Person irgendeinem mächtigen Ungeheuer, etwa einer gefährlichen Atommacht, den Kopf abgeschlagen hatte?

Jedenfalls erschien 1996 in Paris das Buch »Les Espions Atomiques de Staline: Le Dossier KGB Nr. 13676« von Wladimir Tschikow und Gary Kern. Bald darauf brachte es auch der Ostberliner Verlag »Volk und Welt« unter dem Titel »Perseus – Spionage in Los Alamos« heraus. Daraus erfährt man, dass Wladimir Tschikow, ehemals Oberst des KGB und Chefberater im Presseamt, 1989 und 1990 Zugang zu den allergeheimsten Akten über das sowjetische Atomprojekt erhielt und entdeckt habe, dass »ein zweiter Spion neben Klaus Fuchs« für die Sowjetunion in Los Alamos »operierte«. »Dieser zweite Agent«, heißt es, »war ebenfalls ein Kernphysiker, der direkt in den Bau der Atombombe einbezogen war. Die Informationen, die er an seine sowjetischen Kontakte weitergegeben habe, seien ebenso gewichtig, wenn nicht gar gewichtiger, als die von Fuchs gewesen. Aber im Unterschied zu Fuchs sei er nie in Verdacht geraten, nicht gefasst worden, sondern erfreue sich nach wie vor seines Lebens und bester Gesundheit.« Der aus den USA stammende Mitautor des Buches, Gary Kern, bestätigte im Wesentlichen diese Enthüllung und berief sich dabei auch auf CIA-Veröffentlichungen, die sogenannten Venona-Dokumente, wobei es sich um entschlüsselte Botschaften des sowjetischen Konsulats in New York nach Moskau aus dem letzten Kriegsjahr handelt. Angeblich sei dieser Perseus-Fall in Moskau nur deshalb ausgegraben und so wichtig genommen worden, um den verlorenen Schlachten von einst doch noch einen Glanzpunkt abzugewinnen. Damit sollte nicht nur die historische Tat eines Klaus Fuchs ins Zwielicht gerückt, sondern gleich noch der erwünschte Verlauf der Geschichte zeitgemäß durch die unkonventionelle Meinung eines ehemaligen KGB-Mitarbeiters – Michael Ljubimow – herbeizitiert werden: »Nach der Theorie von damals und heute wäre die UdSSR zerstört worden, wenn sie den Amerikanern nicht mit einer Atombombe gegenübergestanden hätte. Dieser Standpunkt ist soviel wert wie sein Gegenteil, der behauptet, dass es gar nicht zu einem Machtkampf gekommen wäre und Stalin (ohne die Atombombe) dem Westen nicht Paroli geboten hätte. Wahrscheinlich hätte er den Marshallplan akzeptiert, und natürlich hätte er nicht die pluralistischen Systeme Osteuropas zerstört und seine expansionistischen Pläne verfolgt. Wir hätten wohl kaum einen Koreakrieg, den Triumph der Kommunistischen Revolution Chinas und eine Reihe anderer Ereignisse erlebt.«

Das Fazit dieser Was-wäre-wenn?-Legende, das im Schlusskapitel des Perseus-Buches gezogen wird, entspricht recht deutlich den längst noch nicht restlos erloschenen westlichen Wunschbildern des Kalten Krieges: »Die unenthüllte Alternative ohne Atomspione wäre höchstwahrscheinlich eine Sowjetunion ohne Atombombe und ohne Wasserstoffbombe, eine Sowjetunion, die vielleicht stärker vom Wohlwollen der

USA abhängig, aber auch eher zu weltweiter Zusammenarbeit und Entwicklung der eigenen Ökonomie in der Lage gewesen wäre.«

Man mag sich darüber wundern, dass solch abenteuerliche Legenden Jahre und Jahrzehnte nach der Niederlage des Sozialismus und dem Zerfall der Sowjetunion samt all ihrer Scharen von »Helfern, Agenten und Freiwilligen« wiederbelebt oder sogar neu erfunden wurden. Offenbar herrschte und herrscht in dieser Sache noch immer die alte Aufgeregtheit – oder eine neue, mindestens ebenso heftige? Der erhoffte Frieden auf Erden ist jedenfalls nach dem Ende des Kalten Krieges nicht eingekehrt.

Vor Jahr und Tag gab es da – selbst im nebligen Legendendickicht der Spionageliteratur – noch eher Lichtblicke. Der Engländer Michael Hartland, ebenfalls ein ehemaliger Geheimdienstler, hatte sich einiger Lebensdaten von Sonja und Klaus Fuchs bemächtigt und daraus 1986 einen Roman gefertigt, dem er den Titel gab: »Der dritte Verrat.« Immerhin stellte er die ehrenwerte Widmung voran: »Zwei sowjetischen Meisterspionen zugedacht, deren politische Überzeugung der Autor nicht teilt, aber deren Mut und Geschicklichkeit seine Bewunderung gilt: RICHARD SORGE, hingerichtet im Sugamo-Gefängnis, Tokio, 7. November 1944, Held der Sowjetunion, und RUTH KUCZYNSKI, Rotbannerorden 1937 & 1969.« Der Roman spielt ziemlich willkürlich mit dem Leben und Tod der Heldin und ihrer Kinder. Aber es gibt darin auch Szenen – wie die von der ersten Zusammenkunft Sonjas mit Klaus Fuchs –, die in ihrer Mischung aus Dichtung und Wahrheit Insider-Kenntnisse durchblicken lassen. Weil dieser Banbury-Treff selbst schon zur Legende geworden ist und in Orts-Chroniken der umliegenden Gegend in verschiedenen Versionen Eingang gefunden hat, sei hier diese Szene aus dem Buch angeführt:

Sonja verließ die Bahnstation in Banbury, ging auf Feldwegen einige Meilen weg von der Stadt, ins hügelige Umland. Hin und wieder zeichnete sie etwas in einen Skizzenblock, den sie später zu vernichten gedachte. Es war sehr warm, sie schwitzte, als sie den Treffpunkt erreichte. Aber es wartete dort schon jemand an der Kreuzung zweier Landstraßen, wie es abgemacht war.

Der Mann war etwa dreißig Jahre, trug ein unmodisches Tweed-Jackett, sein Gesicht erschien ihr sanft, schwer deutbar. Auffällig seine hohe Stirn, das glatt zurückgekämmte Haar, die blassblauen Augen hinter den randlosen Brillengläsern. Sie lächelte und sprach ihn in Deutsch an: »Die Ablösung des bürgerlichen Staates durch den proletarischen ist unmöglich.«

»Ohne eine gewaltsame Revolution«, erwiderte er, wie es die ausgemachte Antwort auf die Erkennungsformel war. Er lächelte nicht und wirkte sehr nervös.

»Das ist ein Zitat von Engels.«

»Nein, es ist ein Zitat von Lenin.«

»Ja, so ist es. Wer schickt Sie?«

»Sergej, wie Sie wissen. Ich nehme an, es ist ein Deckname, seinen richtigen Namen kenne ich nicht.«

Sie zog ihre Augenbrauen in die Höhe. »Sie sollten nicht von den vereinbarten Erkennungsworten abweichen, aber welcome!« Sie ergriff freudig seine Hände und umfasste sie fest.

»Wie geht es Ihnen, Genosse Klaus?«

»Gut, danke – und Ihnen?«

Sie gingen einen Weg entlang, bis sie zu einem Zaun kamen. Es fiel ihr leicht, darüber hinwegzusteigen, und er tat es ihr nach und folgte ihr. Dahinter war ein Fußweg, der in ein bewaldetes Tal hinabführte, durch das ein Bach floss.

»Seit wann sind Sie in England?«

»Seit 1933. Die Gestapo hat mich verfolgt, fünf Monate, im September gelang mir die Flucht. Eine Familie in Bristol hat mir weitergeholfen und mich bei sich aufgenommen.«

»Und Sie haben seitdem an Universitäten auf dem Gebiet der Theoretischen Physik gearbeitet?«

»Ja. Vor der Nazizeit habe ich in Kiel Physik studiert. In England arbeitete ich in Bristol und Edinburgh, bis zu meiner Internierung in Kanada letzten Sommer. Doch ich wurde freigestellt und kam im Januar zurück.«

»Dann wurden Sie eingeladen, im Team der Birminghamer Universität mitzuarbeiten?«

»Das ist richtig. Ich kam heute von Birmingham mit dem Zug hierher.«

Bis dahin hatte Sonja nur Fragen gestellt, auf die sie schon die Antwort wusste. Es gab keinen Grund daran zu zweifeln, dass dieser Mann Klaus Fuchs war, dennoch hielt sie eine solche Überprüfung nicht für überflüssig.

Als sie an dem Bach angelangt waren, setzten sie sich. »Ich habe Sandwiches mitgebracht«, sagte sie. »Möchten Sie eins haben?«

Er gab zu, dass er hungrig sei. »Ja, ich vermisse mein Frühstück.«

»Erzählen Sie mir über das Birmingham-Projekt.«

»Die Details habe ich Sergej berichtet, für Sie habe ich Kopien von Dokumenten mitgebracht, um sie an die Zentrale zu übermitteln.«

»Sagen Sie mir, worum es geht.«

Er zuckte mit den Achseln. »Da wäre so viel zu sagen. Es ist geheim, der Codename lautet: Tube Metals, alles unter Aufsicht der Regierung. Und es wird uns noch über eine lange Zeit beschäftigen.«

»Aber was ist Zweck und Ziel des Ganzen?«

»Es ist die Anwendung des Prinzips der Kernspaltung für eine Waffe.«

»Das verstehe ich nicht.«

»Haben Sie Kenntnis von der Atomtheorie?«

»Ein wenig.«

Sonja aß ein Sandwich und blickte zur Seite, wo ein Schaf auf der anderen Seite des Baches zur Tränke kam. Die Bäume warfen Schatten, dazwischen waren sonnige Lichtungen.

»Diese Theorie«, erklärte er ihr, »ermöglicht die Herstellung von Sprengstoff – einer Bombe. Die Bombe besteht aus Uran und ist stärker als TNT. Sie nennen sie: Atombombe.«

Sonja begriff noch immer nicht, Müdigkeit überkam sie, und sie fragte: »Ist das so wichtig? Welchen Schaden kann denn eine solche Bombe anrichten?«

»Eine einzige Bombe kann ein großes Gebiet zerstören, möglicherweise eine ganze Stadt – durch die Sprengkraft und die Hitze.«

»Eine solche Zerstörung?« Sie blickte erschrocken auf. »Ist das Ihr Ernst? Eine einzige Bombe kann eine ganze Stadt vernichten? Dann könnten zehn oder zwanzig Bomben ein ganzes Land zerstören?«

»Das ist wahr.«

»Mein Gott. Lassen Sie mich diese Papiere sehen, die sie mitgebracht haben.«

Er nahm die Papiere aus der Innentasche seines Jacketts und gab sie ihr. Es waren linierte Amtspapiere, jedes Blatt oben mit einem lichtblauen königlichen Wappen versehen, in die mathematische Formeln eingetragen waren. Außerdem gab er ihr ein Heft mit handgeschriebenen Notizen.

»Das haben Sie alles selbst kopiert?«

»Es sind zum größten Teil meine eigenen Berechnungen, und auch die Notizen stammen von mir.«

Sie lachte, nun war sie hellwach. »Of course, Klaus. Wir sollten noch ein Stück gehen, ich denke, wir haben einige Pläne zu machen ...«

Gegenwärtige Vergangenheit

Es war 1958 oder 1959, als ich Sonja, der Schriftstellerin Ruth Werner, zum ersten Mal begegnet bin. Unter diesem Pseudonym (weil der Verlag ihren fremdländischen Familiennamen »Beurton« für ungünstig hielt) hatte sie zwei Jahre zuvor im Jugendbuchverlag »Neues Leben« ihr erstes Buch, »Ein ungewöhnliches Mädchen«, veröffentlicht, das von ihrem Leben in Berlin und in China nach dem ersten Weltkrieg erzählte. Das Wort »Kundschafter« kam darin nicht vor, auch nicht der Name Sonja und gleich gar nicht der von Richard Sorge. Sie arbeitete damals schon an ihrem zweiten Buch »Olga Benario«, und da ich über Käte Niederkirchner – wie Olga eine deutsche Widerstandskämpferin und Kommunistin, die von den Nazis ermordet worden war – eine Biografie geschrieben hatte, gab es gleich sehr viel miteinander zu bereden. Seitdem las einer des anderen Manuskripte, und oft wollten dann die Gespräche darum kein Ende nehmen. Wir wurden in die Leitung derselben Parteigruppe des Berliner Schriftstellerverbandes gewählt, sie als Sekretär, ich als ihr Stellvertreter. Sie war damals zweiundfünfzig Jahre, ich siebenundzwanzig, also etwa im Alter ihres ältesten Sohnes Michael. Doch sie behandelte uns Jüngere nicht von oben herab, obwohl sie durchaus ihre weitaus größere politische Erfahrung und ihr Wissen spüren ließ. Ich respektierte das ohnehin, auch bevor ich Näheres über ihre Vergangenheit erfuhr. Von sich aus kam sie nie auf ihre Erlebnisse und die interessanten Menschen zu sprechen, die sie in den vergangenen Jahrzehnten in vielen Weltgegenden getroffen hatte. Nur wenn man direkt danach fragte und ihre späteren Bücher las, erfuhr man Erstaunliches über ihre Teilnahme an den dortigen Kämpfen und Auseinandersetzungen, aber längst nicht alles.

Sie war Anfang März 1950 nach Berlin gekommen. Erst 1977 las ich in »Sonjas Rapport«, dass sie mit den beiden jün-

Jürgen Kuczynski und seine Frau Marguerite

geren Kindern, Nina und Peter, fluchtartig England verlassen hatte. »Offiziell reiste ich zu Besuch nach Deutschland. Wir flogen von London über Hamburg nach Westberlin und fuhren von dort zum Bahnhof Friedrichstraße.« Erst einmal musste sie herumtelefonieren, um wenigstens für die Nacht und die nächsten Tage mit den Kindern in der zerbombten

Stadt ein Dach über den Kopf zu haben. Sie fand bei einem alten Ehepaar, das ein ungeheiztes, wenig behagliches Zimmer vermietete, fürs Erste ein Unterkommen. Ihr Bruder Jürgen, der zu dieser Zeit selbst mit der Familie bei Freunden wohnte, half mit Geld und Lebensmitteln, organisierte für sie und die Kinder ein tägliches Mittagessen im Kulturbundklub und sorgte dafür, dass sie sich im Haus der Deutsch-Sowjetischen Freundschaft – Kuczynski war seit 1947 Präsident der Freundschaftsgesellschaft – aufhalten und aufwärmen konnten. Um den Kindern möglichst bald ein einigermaßen normales Leben und den Schulbesuch zu ermöglichen, brachte sie beide in einem halbprivaten Kinderheim im Berliner Vorort Finkenkrug unter. Nina konnte zur Schule gehen, sie lernte ziemlich rasch Deutsch. Peter war verträumt und schüchtern, er fand sich, obwohl der düsteren Ruinenwelt in Berlins Mitte entronnen, nur schwer zurecht.

Ruth Werner schrieb an Len, ihren Mann, der noch in England zurückgeblieben war: »Zu wenig Schulen und bewohnbare Häuser, zu wenig ausgebildetes Personal, das ist überall zu spüren. Ich habe wegen Lebensmittelkarten zwei Stunden angestanden, eine halbe Stunde auf dem Postamt, um Zeitungen zu kaufen. Der Mann am Schalter sagte mir, es freue ihn, dass ich all das lese, er würde es auch tun, wenn er Zeit dazu hätte. Zum nächsten Telefon muss ich zwölf Minuten gehen, und immer ist davor eine Warteschlange, meist sind dann alle Nummern besetzt. Aber die Frau, die letztens vor mir mit ihrem Freund telefonierte, diskutierte mit ihm darüber, wie vielen Jugendlichen sie zum Pfingsttreffen Quartier geben wollen.« Und an Michael, der wegen des Studiums noch in England geblieben war: »Wenn Du hier leben und die Freunde treffen würdest, mit denen ich hier zusammenkomme! Neue Freunde, ich kann sie nicht alle nennen, manche von ihnen habe ich vor fünfundzwanzig Jahren schon mal getroffen oder sogar mit ihnen zusammengearbeitet. Damals waren sie junge Arbeiter, Lehrlinge, Studenten – sie haben die Konzentrationslager überlebt und sind heute das Rückgrat der Republik. Das Wichtigste ist aber nicht der Blick auf ihre

Vergangenheit, mögen sie auch Helden genannt werden, sondern sie jetzt zu sehen, wie sie arbeiten und kämpfen, zwölf oder vierzehn Stunden jeden Tag, um komplett neue Aufgaben zu meistern. Es ist unbedingt notwendig, sie zu meistern, die Schwierigkeiten sind noch sehr groß.« An die Schwestern in London schrieb sie: »Mein Leben hier ist natürlich ganz anders als im schönen, aber weltabgewandten Great Rollright. Ich trinke alles in mich hinein. Theater, Kinos, die Schwierigkeiten, den Fortschritt, die negativen und die positiven Menschen; ich lese drei Zeitungen täglich von der ersten bis zur letzten Seite. Ich höre jedem zu, den ich erreichen kann, und quetsche ihn aus wie eine Zitrone. Ich gehe zu Versammlungen, bekomme allmählich ein Gefühl für die Dinge und bin bereit, mit der Arbeit zu beginnen. Was es sein wird, ist noch nicht entschieden. Ich möchte eine ernsthafte berufliche Tätigkeit mit gesellschaftlicher Aktivität am Abend. Aber da melden sich Familienprobleme – die Kinder! Unser einziger und allerbester Bruder Jürgen, der brutale Kerl, schlägt mir vor, ich soll sie ständig in dem Kinderheim lassen, wo sie jetzt sind. Es ist ohnehin schlimm genug, dass die Familie vielleicht für Jahre geteilt ist, die beiden jüngeren Kinder will ich wenigstens bei mir haben ...«

Es war alles andere als eine triumphale Heimkehr nach Jahrzehnten der Illegalität und des lebensbedrohlichen Kampfes. Natürlich hatte sie – in ihren Briefen ist es nachzulesen – nach dem Ende des Krieges auf die Rückkehr in ein anderes, besseres Deutschland gehofft. In erster Linie sollte es frei von Hitler und den Nazis sein, frei auch von denen, die sie an die Macht gebracht und mit mörderischer Gewalt innerhalb und außerhalb des Landes gewütet hatten. Aber sie war viel zu realistisch, um gleich auf einen Schlag eine schöne neue Welt zu erhoffen. Außerdem kannte sie die Sowjetunion von mehrmaligen längeren Aufenthalten, die nicht nur auf Moskau, Schulungsheime und einen engen Kreis ausgesuchter Genossen beschränkt gewesen waren. Dort hatte sie die Probleme und Schwierigkeiten, »die Mühen der Ebenen«, auch noch nach zehn, fünfzehn Jahren vor Augen gehabt. Im zertrümmerten Deutschland, im industriell schwachen Osten, dem zudem noch der Hauptteil der Reparationsleistungen auferlegt wurde, war mit keinem schnellen Wandel oder gar Aufschwung zu rechnen, so viel Hoffnung sie auch damit verband. Nichts lag ihr ferner, als irgendwelche Wunder oder Begünstigungen zu erwarten oder sich auf ihren Lorbeeren auszuruhen, sie wollte hier von Anfang an mit dabei sein und zupacken, zählte sie sich doch ganz selbstverständlich zu dem Rückgrad dieser gerade aus der Taufe gehobenen Republik.

Sie erklärte dem Abgesandten aus Moskau, der sie zu weiterer Mitarbeit für die Aufklärungszentrale der Sowjetarmee gewinnen wollte, dass zwanzig Jahre in ihrem Dienst und in der Fremde genug gewesen seien. Nun hatte sie nur einen Wunsch und ließ sich davon auch nicht abbringen, sie wollte als Bürger und Parteimitglied in ihrem Heimatland tätig sein und leben, wenn möglich mit allen drei Kindern und ihrem Mann zusammen. »Tatsächlich war ich trotz meiner ungeklärten Lage vom ersten Tag an glücklich«, bekannte sie. »Jemand sagte ›Genossin‹ zu mir, und ich schluckte; ein Mann auf der Straße berlinerte, ich strahlte.« Im Sommer bekam sie eine Arbeitsstelle im Presseamt vermittelt, nach mehreren Zwischenstationen in düsteren Gemächern auch eine Wohnung, wohin sie die Kinder holen konnte. Len wurde die Einreise ermöglicht und eine Arbeit bei der Nachrichtenagentur ADN beschafft, wo er englische und amerikanische Zeitungen auszuwerten hatte. Ein Jahr darauf kam Michael ebenfalls ins Land.

»Wir waren endlich wieder eine Familie«, schrieb Nina in ihrem Buch »Die Tochter bin ich«. Und sie erwähnte auch das denkwürdige Rad vom Banbury-Treff, das sie mit auf die Reise in die Heimat genommen hatten: »Vater setzte gleich das zerlegte Rad zusammen, das war für einen Automechaniker und einstigen Panzerfahrer ein Kinderspiel. Nun radelte ich jeden Morgen von Treptow nach Lichtenberg zur Schule. Viele Jahre später, als das Rad schon klapprig war und ich ein neues erhielt, hoben wir es noch lange im Keller auf. Wir dachten so gern an den schönen Tag zurück, als es für Mutter als Geschenk in der Wohnung stand. Damals, in Ox-

Heimkehr nach Deutschland, 1950

ford-Summertown, hatte sie einen Fahrradsitz für Peter daran befestigt und ein weiches Kissen draufgelegt. Ich sehe noch das Gänseblümchenmuster vor mir, aber natürlich ahnte ich nicht, dass manchmal militärisches Geheimmaterial, zum Beispiel Blaupausen von Flugzeugteilen, unter seinem kleinen Hintern in der Kissenfüllung versteckt war. Als Mutter eines Tages den Keller aufräumte, sagte sie: ›Schluss mit den Sentimentalitäten, das Rad kommt jetzt auf den Gerümpelplatz.‹ Das war falsch; denn nachdem Mutter 1977 ihr Kundschafterleben in dem Buch ›Sonjas Rapport‹ beschrieben hatte, rief das Museum für Deutsche Geschichte an, ob wir das Rad noch besäßen. Es hätte historischen Wert als illegales Transportmittel im antifaschistischen Kampf, und sie würden es so gern erwerben. Schade, mir würde es Spaß machen, wenn die Kinder von heute unser Rad im Museum bewundern könnten.« (Heute könnte es ohnehin niemand mehr dort finden: Das DDR-Museum der deutschen Geschichte von den alten Germanen bis zur Gegenwart existiert nicht mehr, es wurde mit einer zeitgemäßen Schau aufgefüllt, in der dieses

Relikt wohl kaum einen Platz gefunden hätte. Zum Glück blieb Sonjas Talisman, ein Briefbeschwerer aus Schanghai, ähnlich einem Messinglineal und verziert mit chinesischen Schriftzeichen, den sie seit 1931 als Funktaste verwendet hatte, bei ihr und der Familie, obwohl sie ihn ursprünglich statt des Fahrrads dem Museum vermachen wollte.)

Die Schriftstellerin Ruth Werner bei einer Buchlesung, 1985 **283**

Es widerstrebte ihr sowieso, in irgendwelche musealen Zusammenhänge zu geraten oder – wie es später geschah – wegen ihrer Taten geehrt und gefeiert zu werden. Dass sie aus den Händen von Kalinin, dem Präsidenten der Sowjetunion, 1937 den Rotbannerorden erhalten hatte, war für sie »eine besondere Freude« gewesen. Davon hatte sie, die sonst so Verschwiegene, sogar ihrem Vater in England erzählt und damit ihm gegenüber erstmals den konspirativen Schleier gelüftet. Als nach langem Hin und Her »Sonjas Rapport« 1977 endlich erschien – auf allerhöchste Anweisung um alles gekürzt, was sich auf Klaus Fuchs bezog –, gefiel es ihr gar nicht, welche Aufmerksamkeit ihrer Person da zukam. »Ich drohe (besonders bei unserer Volksarmee) ein lebendes Denkmal zu werden«, schrieb sie an Natascha, eine Moskauer Freundin. Als auch von ihrer Schwester aus England viel Lob kam, reagierte sie drastisch: »Schreib nicht solche Sachen über mich, Reni! Du kennst mich doch auch in ›Unterhosen‹, vergiss das nicht!« In einem Zeitschrifteninterview sagte sie: »Die Leser kannten mich als Schriftsteller; seit dem ›Rapport‹ sehen sie eine Heldin in mir, aber niemand wird verlangen, dass ich einen Helden in mir sehe, das wäre ja geradezu dumm. Der Kampf gegen Faschismus und Krieg war für uns selbstverständlich, damals schloss er Illegalität und Gefahr mit ein. Das war der Alltag für uns. Man sucht sich die Zeit, in der man lebt, und die Umstände, unter denen man kämpft, ja nicht aus. Für mich war es ein Glück, dass ich als Kommunist aktiv arbeiten konnte. Sonst wäre ich in der schweren Zeit moralisch kaputtgegangen.«

In der Lebensgeschichte »Olga Benario«, dem ersten Manuskript, das sie mir vor einem halben Jahrhundert zu lesen gegeben hatte, fand ich den für sie sehr bezeichnenden Satz: »Wenn der Mensch begreift, dass er kein Recht darauf hat, seinen Kummer alle anderen spüren zu lassen, wenn er, statt sich der Traurigkeit hinzugeben, ihr keine Zeit zum Wuchern lässt, und vor allem, wenn er arbeitet und sich nicht von der Welt abschließt, dann nimmt das persönliche Schicksal im Verhältnis zu anderen Ereignissen normale Größe an.« Ich glaube, besser ließe sich ihre Art, mit dem Leben und auch den schwierigsten Situationen fertigzuwerden, gar nicht ausdrücken. »Normale Größe«, wie gut war das gesagt, ja, Größe war das schon. Dazu das Wort von ihr, für mich ihr Kennwort, Ausdruck ihres Realitätssinns und ihres unsentimentalen Umgangs mit sich und anderen: »Nach meiner Erfahrung löst sich im täglichen Leben jeder Held in einen normalen Menschen auf.«

Sie arbeitete drei Jahre im Amt für Information. Die leitenden Genossen, Gerhart Eisler und Albert Norden, auch Deba Wieland, waren wie sie aus der Emigration zurückgekehrt und standen ihr bei, als es ihr anfangs schwer fiel, sich in die neuen Aufgaben und Verhältnisse hineinzufinden. Ein Wechsel in der Leitung brachte sie aber dann mit Leuten zusammen, die zwar nicht minder engagiert waren, doch andere Prioritäten setzten. Einmal vergaß sie, den Panzerschrank zu verschließen, der keinerlei vertrauliches Material enthielt, dafür wurde ihr eine Parteistrafe wegen ungenügender Wachsamkeit auferlegt. Man warf ihr kleinbürgerliche Tendenzen vor und legte ihr nahe zu kündigen. Sie, die hundertfach unter tödlicher Bedrohung ihre Umsicht und Gewissenhaftigkeit bewiesen hatte, vermochte das nicht als Ironie des Schicksals abzutun und kam nur schwer darüber hinweg. Sie verließ das Presseamt und begann, vermittelt durch Genossen des Zentralkomitees, in der Kammer für Außenhandel zu arbeiten, wo ihr die Leitung der Presseabteilung übertragen wurde. Hier schrieb sie auch erste Zeitungsberichte und Reportagen, von denen einige als Broschüren erschienen und durch ihre Lebendigkeit Beachtung fanden. 1956, als sie fast fünfzig Jahre war, gab sie die feste Arbeit auf und widmete sich ganz dem Schreiben, was ein alter Traum von ihr war. Damit begann eine neue Etappe ihres ungewöhnlichen Lebens.

Engagiert mischte sie sich in die Dinge ein – in die große und die kleine Politik. Sie sprach aus und schrieb über das, was uns bewegte. Ein Beispiel dafür gibt die Titelheldin »Olga Benario«, wenn sie erzählt: »Der Genosse Hugo ist einer von denen, die glauben, die Parteidisziplin erfordere, dass man al-

Mit Len

les fehlerlos findet. In seinen Augen kann kein Betrieb, kein Institut, keine Zeitung, kein Theater, kein Mensch in der Sowjetunion etwas falsch machen – damit schadet er mehr, als er nutzt, die anderen lachen ihn aus. Und das ist ein Jammer, weil er sich aufopfert für die Partei. Gestern, als wir zusammen auf der Straße gehen, hat er sich die ›Prawda‹ gekauft und vor Eifer gleich zu lesen angefangen, obwohl ihm dabei bald die Hände abfroren. Wir kommen an so einem schwarzen Kessel vorbei, in dem Teer zur Straßenausbesserung kocht. Drumherum wärmen sich Besprisorniki. Da kommt so ein dünnes, schmutziges Bürschchen von vielleicht zwölf Jahren auf uns zu und bettelt: ›Onkelchen, gib mir die Zeitung.‹ Er läuft neben uns her und fragt immer wieder danach. Hugo ist sehr gerührt und sagt zu mir: ›Ist das nicht ein leuchtendes Beispiel für die Stärke des Kommunismus, ein Kind, hungrig und in Lumpen, bettelt nicht um Brot, sondern um die Zeitung. Es möchte lernen und wissen.‹ – ›Idiot‹, sage ich nur. Wir bleiben stehen und sehen dem Jungen nach. Der reißt die Zeitung in Streifen, schüttet ein paar Krümel Tabak rein und dreht sich eine Zigarette.«

Es fällt heute schwer, sich die literarischen und politischen Auseinandersetzungen, an denen Ruth Werner teilnahm, zu vergegenwärtigen. Wer schrieb schon Tagebuch und hielt darin die oft hitzigen Auseinandersetzungen und konträren Positionen in den damals geführten Diskussionen fest? Ruth Werner hat in ihrer Jugendzeit täglich ihre Notizen gemacht, später regelmäßig Briefe an ihre Verwandten und Freunde aus aller Welt geschrieben, dies aber in ihrem Schriftstellerleben zugunsten des Bücherschreibens stark eingeschränkt. In einem Zeitungsartikel (»Neues Deutschland«, Dezember 1967) hatte sie einmal in wenigen Zeilen eine unserer Sitzungen skizziert: »Die Parteileitung des Schriftstellerverbandes Berlin tagt. Es geht um wichtige geistige Auseinandersetzungen. Hermann Kant, der stellvertretende Parteisekretär, spricht, Wolfgang Kohlhaase entgegnet. Helmut Hauptmannn unterbricht, Günther Rücker erwidert, Ria Scherer, die Parteisekretärin, sagt: ›Darf ich die Intelligenz mal aus den Wolken holen, wir haben noch eine Menge zu erledigen.‹ Niemand missversteht sie. Alle, die gesprochen haben, sind Arbeiterkinder, keiner hatte sich seinen heutigen Beruf als Schriftsteller, Dramaturg, Filmautor vor achtzehn Jahren, als sie Anfang Zwanzig waren, träumen lassen (träumen vielleicht – aber höchstens träumen). Und unsere Parteisekretärin war damals Arbeiterin in einer Papierfabrik; sie reinigte die geschälten Baumstämme, wie ich zufällig bei einem Besuch in diesem Betrieb erfuhr.« Überschrieben hatte Ruth Werner diesen Artikel mit dem Wort: »Intelligenz«, hielt sie doch diese nun wirklich neuartige Herkunft der meisten Literaten dieser Republik und ihr durchaus nicht unkritisches Engagement für einen beträchtlichen Zugewinn gegenüber den früheren tonangebenden literarischen Kreisen.

So haftet dennoch vieles in der Erinnerung, Gutes wie Ungutes, mögen es für den einen sichere, für den anderen unsichere oder nostalgische Zeugnisse sein. Allerdings die Widmungszeilen, die wir einander beim Erscheinen unserer Bücher zudachten, haben wir Schwarz auf Weiß. Sie schrieb mir in das hier eingangs schon erwähnte Buch »Gedanken auf dem Fahrrad«: »Für meinen Telefonfreund Eberhard in inniger Drahtverbindung« – was ein listiger Wink von ihr war, dass sich unser Miteinander allzu sehr im Äther, in Hast und Unrast, zu verflüchtigen drohte. Und die liebevollste, das Lachen leider nicht mit verkündende Widmung besitze ich in ihrem wunderbaren Erzählungsband »Der Gong des Porzellanhändlers«: »Für Eberhard, der mir trotz seiner vielen Frauen treu ist. Ruth Werner, geb. 1907!«

Mit Len in Carvitz, dem liebsten Urlaubsort

Noch nach dem Erscheinen von Ruth Werners Buch »Sonjas Rapport« wusste ich so gut wie nichts von ihrer Zusammenarbeit mit Klaus Fuchs in England, obwohl ich Jahre zuvor über ihn schon in Robert Jungks »Heller als tausend Sonnen«, und auch in anderen Büchern, gelesen hatte. Den Vater des Atomphysikers, Emil Fuchs, hatte ich als Theologieprofessor und engagiertes Mitglied der Friedensbewegung an der Leipziger Universität kennengelernt, wo ich Anfang der fünfziger Jahre studierte. Wiederholt hatte er bei Meetings und Konferenzen das Wort ergriffen, leidenschaftlich und eindrucksvoll, so dass ich den weißhaarigen Alten noch heute deutlich vor mir sehe. Klaus Fuchs selbst begegnete ich viel später einmal, wohl Mitte der siebziger Jahre, im Institut für Kernforschung (Rossendorf bei Dresden), wo er stellvertretender Direktor war. Einer Schriftstellerdelegation war es ermöglicht worden, einen Blick in das Institut und die Reaktoranlage zu werfen, und Klaus Fuchs stand Rede und Antwort. Über seine Vergangenheit fiel kein Wort, obwohl ich und wohl auch andere in seiner Gegenwart ständig daran denken mussten – Ruth Werner war nicht dabei.

Klaus Fuchs war am 24. Juni 1959 vorzeitig aus der Haft entlassen worden. Auf dem Londoner Flughafen Heathrow drängten sich mehr als hundert Reporter um ihn, als er ein polnisches Linienflugzeug bestieg, das nach Berlin flog. Wieder ging diese Nachricht um die Welt, die Zeitungen hatten noch einmal seinetwegen ihre Sensation: Der gefährlichste Atom-Spion war wegen guter Führung statt nach vierzehn nun schon nach neun Jahren freigekommen und durfte hinter den Eisernen Vorhang entschweben. Den Reportern hatte er erklärt, er könne ihnen nichts anderes sagen, als dass er nach wie vor Marxist sei und dahin wolle, wohin ihn diese Lot-Maschine bringe. Wochen und Monate vor seiner Entlassung aus dem Gefängnis hatten Londoner Zeitungen darüber berichtet, dass er auf Regierungswunsch weiterhin mit wissenschaftlichen Forschungen an einer englischen oder kanadischen Universität betraut werden solle, auch über die Möglichkeit wurde spekuliert, dass er nach Westdeutschland gehen könne. Klaus Fuchs hat kurz vor seinem Tod dazu erklärt: »Die englischen Behörden hätten es lieber gesehen, wenn ich in England geblieben oder in die BRD gegangen wäre, man hat mir auch entsprechende Angebote gemacht. Aber für mich war es überhaupt keine Frage, dass ich in die DDR gehen würde.«

In Schönefeld erwarteten ihn sein Neffe Klaus und Grete Keilson, die er auf seiner Flucht 1933 in Paris kennengelernt und von der er schon damals Hilfe und Beistand erfahren hatte. Nach Kriegsende und ihrer Rückkehr aus Moskau war sie im Sekretariat von Wilhelm Pieck und in der Abteilung für Internationale Verbindungen des ZK der SED leitend tätig gewesen. Sie wurde bald seine Ehefrau. Auf dem Flugplatz stand sie mit einem Strauß roter Nelken. Er sagte ihr später, Mitgefangene hätten ihm prophezeit, dass er in Berlin mit roten Rosen emp-

Klaus Fuchs, Heimkehr nach Berlin, Flughafen Schönefeld, 24. Juli 1959

fangen würde – nicht ahnend, was dem heimkehrenden Kommunisten diese roten Nelken bedeuteten. Der fünfundachtzigjährige Vater umarmte ihn kurz darauf bei sich zu Hause.

Klaus Fuchs erhielt die Staatsbürgerschaft der DDR, und bereits am 31. August wurde er Stellvertretender Direktor des Rossendorfer Instituts. Er hatte darum gebeten, »zurück an die Arbeit« gehen zu können. »Es ist eine solche Chance, nicht nur frei, sondern in einem völlig anderen Land zu sein. Ich denke, es wird seine Zeit dauern, es zu begreifen und sich hier einzuleben.«

Es gibt von ihm kaum Äußerungen darüber, wie er diese Erlebnisse verarbeitet hat. Über seine Gefängnishaft in Wakefield hat er zurückhaltend gesprochen: »In dieser Zeit habe ich mich natürlich bemüht, die ganzen Fragen zu durchdenken, zunächst einmal, sich darauf einzustellen – vierzehn Jahre, wie viele Tage sind denn das, wie viele Stunden. Man hat sich das so ausgemalt: Was machst du in dieser Zeit? Und dass man mit den Menschen, den anderen Gefangenen, doch leben muss. Es sind ja meist unglückliche Menschen, die dahin geraten, denen man versuchen muss zu helfen, um sich dadurch auch die Achtung unter den Gefangenen zu erwerben. Das ist mir geglückt, und ich glaube, das ist eigentlich das, was mir geholfen hat, über diese Zeit hinwegzukommen.«

Alexander Feklisov, sein letzter sowjetischer Kontaktmann in England, gibt davon ein problematischeres Bild: »Die ersten Monate im Gefängnis waren für Fuchs eine schwere Zeit. Es war Winter. Die kalte Einzelzelle wirkte bedrückend. Zuerst wurde er von der Gefängnisleitung und von den Häftlingen als Verräter angesehen, er musste befürchten, dass man ihn umbringt. Er arbeitete zusammen mit Kriminellen, nähte Säcke, in der Freizeit las er viel: Physikzeitschriften, philosophische Bücher und klassische Belletristik. Das rettete ihn vor düsteren Gedanken. Als die Häftlinge merkten, dass Fuchs ein gutmütiger und kluger Mensch war, begannen sie, seinen Rat zu suchen. Später organisierte er allgemeinbildende Lehrgänge und unterrichtete in vielen Fächern. Auch vom Gefängnispersonal wurde Fuchs allmählich besser behandelt, da man feststellen musste, dass Fuchs durch sein vernünftiges und korrektes Auftreten zur Einhaltung von Disziplin und Ordnung im Gefängnis beitrug. Im Winter 1957/58 kam der Vater, Emil Fuchs, nach London und besuchte seinen Sohn mehrere Male. Sie sprachen über die Möglichkeit für Klaus, nach Beendigung seiner Haftzeit in die DDR zu kommen.«

Neben seiner Tätigkeit am Rossendorfer Institut übernahm Klaus Fuchs außerdem eine Professur an der Technischen Hochschule in Dresden, 1971 wurde er Mitglied der Akademie der Wissenschaften und in das Zentralkomitee der SED gewählt. In der Presse und im Rundfunk äußerte er sich nicht nur zu fachlichen, sondern auch zu politischen Themen. Er stellte sich der Auseinandersetzung um Krieg und Frieden, gegen die Atombewaffnung und Atomtests und stand damit wieder an der Seite seines Vaters, der noch immer aktiv in der Friedensbewegung tätig war. Die Liste seiner Veröffentlichungen nach seinem Neubeginn in der DDR umfasste wiederum eine Reihe wichtiger Arbeiten zur Relativitäts- und Quantenfeldtheorie, zur Theorie des Atomkerns, des Neutronentransports und des Reaktors und nun auch zu Problemen der friedlichen Kernenergienutzung und der Verantwortung des Wissenschaftlers im Atomzeitalter.

Mit Max Steenbeck veröffentlichte er zur aktuellen Debatte 1967 in der »Weltbühne«: »Bemerkungen zum Atomwaffensperrvertrag« – und im Jahr darauf mit weiteren DDR-Wissenschaftlern eine Dokumentation: »Über die Notwendigkeit des Verzichts der beiden deutschen Staaten auf Kernwaffen«.

Als Klaus Fuchs seine Arbeit in Rossendorf aufnahm, war Heinz Barwich dort Direktor, ein Kernphysiker, der nach dem Kriegsende mit Manfred von Ardenne und anderen Wissenschaftlern in die Sowjetunion geholt worden war. Barwich war zugleich auch Vizedirektor des sowjetischen Kernforschungsinstituts in Dubna, Mitglied des DDR-Forschungsrates und Beauftragter für die Entwicklung von Kernreaktoren und kernenergetischer Technik, geehrt hier mit dem Nationalpreis und in der Sowjetunion mit dem Stalinpreis und dem Roten Arbeitsbannerorden. Zu seinem 50. Geburtstag, im Juli 1961, hatte ihm Fuchs einen herzlichen Geburtstagsbrief geschrieben, in dem er ihn offenbar als Gleichgesinnten ansah: »Manchmal denkt man ja, wenn man doch nur später im Kommunismus geboren wäre, würde alles viel einfacher und schöner sein. Aber es gibt doch eine große Befriedigung, in dieser Zeit zu leben und an der Umgestaltung der menschlichen Beziehungen mitmachen zu können.« Barwich verließ jedoch im Jahre 1964 die DDR und ging in die USA, wo er vor einem Untersuchungsausschuss all sein Geheimwissen zu Protokoll gab und dafür mit einer Professur belohnt wurde. Er schickte seinen Aussagen auch noch ein Buch über seine Ostblockerlebnisse hinterdrein, dem er den Titel »Das rote Atom« gab, und nutzte es unter anderem zur Abrechnung mit seinem einstigen Gratulanten und Stellvertreter: »Fuchs war in keiner Hinsicht der, den ich in ihm sehen wollte. Er, Sohn eines Priesters (der zugleich Marxist war), hing dem Marxismus mit religiöser Hingabe an. Er hatte den ›Diamat‹ (Dialektischer Materialismus) an Stelle Gottes gesetzt und im Gefängnis offenbar endgültig beschlossen, sein Doppelleben zu beenden und sich ganz in die kommunistische Gemeinschaft zu begeben. Ich meine: er war ein typischer kommunistischer Intellektueller, ein kommunistischer Philosoph und Prophet, aber er hatte bei allem guten Willen kein Gespür für kommunistisches und sozialistisches Handeln in der realen Welt von heute.«

Der Schriftsteller und Fernsehdramaturg Hans Müncheberg hatte zu dieser Zeit Gelegenheit, wie er in seinem Buch »Blaues Wunder aus Adlershof« im Jahre 2000 berichtet, Einblick in die reale Welt des Rossendorfer Instituts zu nehmen und Klaus Fuchs in seiner Arbeit kennenzulernen. Manfred von Ardenne hatte auf einer Tagung des Mitteldeutschen Verlages 1965 in Dresden über die Verantwortung des Wissenschaftlers gesprochen und erklärt: »Es gibt nicht weit von Dresden einen Mann, dessen Verdienste um die Menschheit zu Unrecht kaum bekannt sind. Neben seinen Leistungen als theoretischer Physiker ist es vor allem ihm, seinem Mut und seiner Selbstlosigkeit zu verdanken, dass es keinen dritten und atomaren Weltkrieg gegeben hat: Professor Klaus Fuchs.« Über den Verlag bemühte sich daraufhin Hans Müncheberg, der an einem Buch über den amerikanischen Atombombenabwurf im August 1945 arbeitete, um ein Gespräch mit Klaus Fuchs, das ihm vier Monate später den Zutritt zum Rossen-

Beratung von DDR-Physikern über einen Appell gegen die USA-Atomrüstung,
Oktober 1981, Einsteinhaus in Caputh;
v.l.: Dr. Klemm und die Professoren Klaus Fuchs, Hans-Jürgen Treder,
Peter-Adolf Thiessen, Robert Rompe, Heinz Stiller

dorfer Zentralinstitut für Kernforschung verschaffte, doch zunächst nur den Bescheid erbrachte, »dass der Professor jede Publikation über sich und seine Tätigkeit im und nach dem zweiten Weltkrieg ablehne«. Zu seiner Verblüffung erfolgte aber dann »im Namen von Professor Fuchs der Vorschlag, ein Jahr als Gast an das Zentralinstitut für Kernforschung zu kommen, um zu erfahren, wie konfliktreich und erregend es sei, die friedliche Nutzung der Kernenergie in der Gegenwart durchzusetzen«. Fast zwei Jahre dauerte es, bis es Müncheberg gelang, alle behördlichen Hürden zu nehmen und eine zeitlich begrenzte Zutrittsgenehmigung für das Institut zu erlangen und sich »in erster Näherung mit den vier Forschungsbereichen vertraut zu machen«. Er fuhr immer wieder von Berlin, wo er seine Pflichten beim Fernsehfunk zu erledigen hatte, nach Rossendorf und war fasziniert: »Sechzehn Jahre nach meinem Staatsexamen in schulischer Physik musste ich erkennen, wie weit sich der Wissensstand seitdem entwickelt

Klaus Fuchs (Mitte)

hatte. Ich hatte die Arbeit am Zyklotron beobachten können, die Versuche am Forschungsreaktor kennengelernt und die Herstellung von Radio-Isotopen in den ›heißen Zellen‹ verfolgt. Es war mir sogar gelungen, mit Professor Fuchs über das Dokumentarspiel des ZDF ›Der Fall Klaus Fuchs‹ zu sprechen. Ihn interessierte Ablauf und Aussage bis ins Detail. Er lieh sich von mir sogar das Buch ›Der Verrat im XX. Jahrhundert‹ von Margret Boveri, in dem es ein spezielles Kapitel über ihn gab. Doch als ich dann fragte, wie er die Darstellung beurteile, sagte er knapp: ›Sehr interessant.‹ Schon den ersten Versuch nachzuhaken, wehrte er so entschieden ab, dass ich einsehen musste, dass die Absage zum weltgeschichtlichen Thema der Atomspionage endgültig war.«

Auch zu dieser Zeit und bis zum Ende seiner leitenden Tätigkeit in Rossendorf (seine Emeritierung erfolgte 1979) stand Klaus Fuchs immer wieder vor wissenschaftlichen Entscheidungen, die oft höchste politische Konsequenzen hatten. Er war sich dessen bewusst. In seinem Aufsatz »Die Bedeutung der Kernenergie für den wachsenden Energiebedarf der Mensch-

Karl-Marx-Vorlesung an der Akademie der Wissenschaften der DDR im Oktober 1983,
oben: Klaus Fuchs, Max Steenbeck, Dr. Klemm
unten: Klaus Fuchs (Mitte)

heit« aus dem Jahr 1976, der als das Credo seines wissenschaftlichen Engagements der Nachkriegszeit gelten kann und heute wieder von geradezu bestürzender Aktualität ist, heißt es einleitend:

Die Kernenergie ist mit einem Donnerschlag des Kriegsgottes in das Bewusstsein der Menschheit getreten. Die künstlich wachgehaltene und manipulierte Assoziation von »Kernenergie und Gefahr« – die Gefahren erwachsen wie in jedem Fall nicht aus der wissenschaftlichen Erkenntnis, sondern aus ihrem Missbrauch – erschwert eine nüchterne Einschätzung des Potentials der Kernenergie im Guten wie im Bösen. Das Potential ist sicher groß, und je größer das Potential einer Erkenntnis, umso entscheidender ist es, wie die Weichen gestellt werden: Wird die Erkenntnis genutzt, Kriege zu verschärfen, oder wird sie genutzt, den Frieden zu festigen?

Dass aus einem Missbrauch der Kernenergie im Kriege katastrophale Gefahren erwachsen, darüber dürfte Übereinstimmung bestehen. Die Verhinderung eines nuklearen Infernos war und ist oberstes Gebot. Als zur Zeit des Kalten Krieges die realen Möglichkeiten der Weiterverbreitung von Kernwaffen bedrohlich wuchsen, wurden Entspannung und Verhinderung der Proliferation unaufschiebbare Tagesaufgaben. Sie wurden gelöst. Man darf trotzdem den Einfluss der leider noch allzu lebendigen Fossilien aus der Eiszeit nicht unterschätzen, die Aufrüstung in Europa einschließlich nuklearer »Umrüstung« planen, wenn über Abrüstung verhandelt wird oder sich über – vorhandene und erfundene – Unzulänglichkeiten des Atomwaffensperrvertrages (oder Non-Proliferation Trety, NPT) ereifern, wenn es darauf ankommt, die für die Entspannung notwendige positive Wirkung des Vertrages zu festigen, und allen Versuchen, unter welchen Vorwänden auch immer, den Vertrag zu unterminieren, entgegenzutreten.

Ich unterschätze nicht, dass in der Frage des NPT die Assoziation von Kernenergie und Gefahr in Verbindung mit der realen Angst vor dem Terrorismus begreifliche Verwirrung stiften kann. Da wir in den sozialistischen Ländern den Terrorismus praktisch nur aus der Vergangenheit, aus Berichten und gelegentlichen Besuchen im kapitalistischen Ausland bzw. aus unserer Analyse der kapitalistischen Gesellschaftsordnung in ihrer Niedergangsphase theoretisch kennen, ist es uns offensichtlich leichter, das eigentliche Ziel des NPT im Gedächtnis zu behalten, der Versuchung einer Anwendung von Kernwaffen oder einer Drohung einer solchen Anwendung in Auseinandersetzungen zwischen Staaten entgegenzuwirken. Dem Terrorismus muss man schon mit anderen Mitteln zu Leibe rücken.

Ich will hier nicht die Frage aufwerfen, unter welchen Bedingungen intelligente und mit materiellen Mitteln gut versorgte Menschen sich zu Terrorbanden zusammenschließen. Die weit kolportierte Hypothese, dass solche Menschen aus gestohlenem Plutonium einfache Kernwaffen herstellen können, halte ich für wahrscheinlich. Dass sie es tun werden, halte ich aufgrund der Voraussetzung einer ausreichenden Intelligenz für sehr unwahrscheinlich, da sie effektive Druckmittel finden werden, die einfacher, billiger und mit weniger Risiko beschafft werden können. Die Wahrscheinlichkeit, dass eines Tages Terroristen mit einer angeblichen Kernwaffe bluffen werden, wächst allerdings in dem Maße, in dem die Angst der Öffentlichkeit in diese Richtung gelenkt wird. Eine Bombe aus normalem Reaktorplutonium, welches denaturiert ist, wird sehr unzuverlässig sein. Ihre Sprengkraft wird mindestens eine Größenordnung unter der Hiroshima- und Nagasaki-Bombe liegen.

Die Auffassung, dass man die Gefahren eines Missbrauchs der Kernenergie durch Drosselung ihrer Entwicklung bannen kann, ist m. E. auf Sand gebaut. Sie ist nicht nur unrealistisch – sie ist falsch. Die Bedeutung der Kernenergie für die Zukunft der Menschheit – und nur im Frieden kann es eine Zukunft geben – liegt gerade darin, dass die Kernenergetik friedliche Lösungen für das chronische Energieproblem ermöglicht und damit einen Faktor eliminiert, der den Prozess der Entspannung umkehren und das Risiko eines nuklearen Weltkrieges wieder zu einer akuten Gefahr machen könnte. Die Drohungen des Kriegsministers der USA, im Nahen Osten militärisch einzugreifen, zeigen die Substanz hinter diesen Überlegungen, wie auch einige andere unzeitgemäße Begleitmusik …

Einer der Schüler und engsten Mitarbeiter, in der Nachfolge Leiter des Teams von Klaus Fuchs und späterer Direktor des ZfK, Prof. Dr. Günter Flach, hat in einem bewegenden Nachruf 1989 nicht nur über dessen Verdienste als theoretischer Physiker und als Wissenschaftsorganisator gesprochen, sondern auch über das »selbstlose Auftreten gegen den amerikanischen Kernwaffenmonopolismus«. Er wirft die Frage auf: »Wie kam er dazu, sich für die Mitwirkung an der Entwicklung der amerikanischen Atombombe zu entscheiden und lange vor dem verbrecherischen Abwurf der ersten Bomben gegen den amerikanischen Atombombenmonopolismus aktiv zu werden, um das Gleichgewicht der Kräfte wiederherzustellen und einen Krieg zu verhindern?« Seine Biografie habe Klaus Fuchs nur gelebt, nie sei ihm die Zeit gegeben gewesen, sie aufzuschreiben. »Die Auseinandersetzung mit dem Erbe von Klaus Fuchs ist also in vollem Gange. Zukünftig wird wohl oft die Frage gestellt werden, was er mehr gewesen sei – Wissenschaftler oder Kommunist. Wir, seine Zeitgenossen, wissen, dass bei Klaus Fuchs beides untrennbar miteinander verbunden gewesen ist, wenn auch vermutlich mit der Zeit die Bedeutung des wissenschaftlichen Erbteils etwas zurücktreten mag und dafür die großen moralischen Qualitäten und Leistungen im Lichte bleiben werden, mit denen er die Geschichte dieses Jahrhunderts mitgeschrieben hat.«

Wie bereits erwähnt, nahm Klaus Fuchs in seinen letzten Lebensjahren doch noch Stellung zu seinem Verhalten während der Kriegs- und Nachkriegsjahre in England und den USA. Weil sich der einstige DDR-Aufklärungschef Markus Wolf nicht damit abfinden wollte, dass ein Mann mit einem solch außergewöhnlichen Leben »sein Wissen mit ins Grab nahm«, hatte er Erich Honecker um Vermittlung gebeten, der sich persönlich an Fuchs wandte, wodurch es zu Gesprächen kam.

Schwester Christel mit ihren Töchtern bei Klaus Fuchs in Dresden

»In seiner Art zu reden, in seinem ganzen Auftreten entsprach Klaus Fuchs nicht den landläufigen Vorstellungen von
einem erfolgreichen Spion«, so kennzeichnete ihn Markus
Wolf. »Die hohe Stirn, die aufmerksamen, nach jeder Frage
hinter der randlosen Brille nachdenklich blickenden Augen
vertieften den Eindruck des typischen Wissenschaftlers, den
er vom ersten Moment an machte. Diese Augen wurden lebendig, wenn Fuchs auf die Grundlagen der theoretischen Physik,

auf die Quantentheorie oder die mathematische Berechnung von Schwankungen bei der Implosion der Plutoniumbombe zu sprechen kam. Er war Forscher mit Leib und Seele.« Er sei ein Mann »aus dem Stoff« wie Richard Sorge, Harro Schulze-Boysen, Kim Philby und andere gewesen, die sich in den Dienst der Sowjetunion gestellt hatten, um dem Faschismus und dem Krieg ein Ende zu setzen. Fuchs habe erkannt, dass die Atombombe »schon vor dem Abwurf über Japan zu einem Faustpfand in der Hand militanter Antikommunisten« zu werden drohte, die in der Sowjetunion bereits »den potentiellen Gegner und nicht mehr den Alliierten« sahen. Markus Wolf weist jedoch auch darauf hin, auf welche Distanz die Sowjetunion zu Klaus Fuchs nach dessen Verhaftung und Verurteilung gegangen war. »Moskau hatte ihm den Wert seiner Informationen nie bestätigt, sondern jahrzehntelang so getan, als hätte der sowjetische Nachrichtendienst neben Fuchs noch andere Atomspione gehabt. Erst nach dem Tod von Klaus Fuchs wurde in der UdSSR publik, dass Igor Kurtschatow, der Vater der sowjetischen Bombe, dank Fuchs auf langwierige Versuche verzichten und sich auf das konzentrieren konnte, was in Los Alamos bereits erfolgreich probiert worden war. Vierzig Jahre nach der Explosion der ersten russischen Atombombe, die am 29. August 1949 über der kasachischen Steppe erfolgt war, räumten sowjetische Wissenschaftler erstmals ein, dass ohne die Informationen von Klaus Fuchs das US-Kernwaffenmonopol niemals so früh durch die Sowjetunion hätte gebrochen werden können.«

Klaus Fuchs hat nie eine offizielle Anerkennung durch die Sowjetunion erfahren. In den sechziger Jahren hatte sich Alexander Feklisov aus bester Kenntnis der Sachlage dafür eingesetzt, Klaus Fuchs die ihm gebührende Ehrung zukommen zu lassen. Doch ihm wurde weder eine Auszeichnung verliehen, noch wurde er, wie vorgeschlagen, als auswärtiges Mitglied der Akademie der Wissenschaften der UdSSR zur Wahl gestellt. Das wäre unzweckmäßig, soll der Präsident der Akademie, M. W. Keldysch, erklärt haben: »Es würde die Verdienste der sowjetischen Wissenschaftler schmälern.«

Auch als Klaus Fuchs im Sommer 1968 als Mitglied einer DDR-Delegation von Atomwissenschaftlern nach Moskau reiste, Forschungsinstitute besuchte und mit Wissenschaftlern zusammentraf, blieb sein Anteil an der Aufholjagd der sowjetischen Kernphysik völlig unerwähnt. Er selbst verlor kein Wort darüber. Nicht einmal bei einem Treffen mit einem leitenden KGB-Mitarbeiter kurz vor seiner Abreise wurde das Thema angesprochen. Das Angebot an Klaus Fuchs, mit seiner Frau zur Kur in ein Sanatorium auf der Krim zu fahren, lehnte er – aus Termingründen – dankend ab. Später kam man nie mehr darauf zurück.

»Klaus Fuchs hat fast dreißig Jahre darauf gewartet, dass die Sowjetunion seine Verdienste anerkennt; er hat es nicht mehr erlebt«, stellte Alexander Feklisov in seinen »Notizen eines Kundschafters« fest. Er war im Juli 1989, eineinhalb Jahre nach Klaus Fuchs' Tod, zur internen Akademie-Aufführung des Filmes »Väter der tausend Sonnen«, an der auch Ruth Werner teilnahm, nach Berlin eingeladen worden. Er ging zunächst zum Friedhof Alt-Friedrichsfelde, zur Gedenkstätte der Sozialisten, wo Klaus Fuchs begraben liegt. »Aus Dankbarkeit, diesem wunderbaren Menschen begegnet zu sein«, habe er sich am Grab vor ihm verneigt. »Das zweite Mal verneigte ich mich im Namen des Sowjetvolkes, dem Klaus Fuchs in einer für die Sowjetunion schweren Zeit unschätzbare Hilfe geleistet hat. Das dritte Mal – im Namen der ganzen fortschrittlichen Menschheit, für deren Leben in Frieden der Wissenschaftler selbstlos tätig gewesen war.«

Am nächsten Tag war er zu dessen Witwe nach Dresden gefahren. Sie empfing ihn freundlich, als sie erfuhr, dass er von 1947 bis 1949 in England der Verbindungsmann von Klaus Fuchs gewesen war. Doch sie fragte: »Warum kommen Sie erst jetzt?« Ihr Mann habe sehr lange darauf gehofft, dass jemand von dorther käme, und zuletzt habe er geglaubt, es sei schon niemand mehr von den sowjetischen Genossen am Leben, die ihn gekannt hätten. Darauf wusste Feklisov keine rechte Antwort, allzu schwer fiel es ihm, »das seelenlose Verhalten unseres Dienstes gegenüber unserem treuen Helfer zu erklären«.

Ruth Werner war mehr als ein Jahrzehnt zuvor, im Herbst 1976, aus eigenem Antrieb zu Klaus Fuchs nach Dresden gefahren. Es war kurz vor der Veröffentlichung ihres Buches »Sonjas Rapport«, wovon sie ihn unterrichten wollte. Obwohl sie beide wussten, dass sie über ihre gemeinsamen Aktivitäten in England weiter Stillschweigen bewahren mussten, hatte sie in ihrem ursprünglichen Manuskript auch darüber geschrieben. Sie war damals bald 70 Jahre und wollte nicht zuletzt späteren Generationen einen vollständigen, authentischen »Rapport« über diesen Teil ihres Lebens geben. Es war lange fraglich, ob das Buch überhaupt erscheinen sollte, und die zähen Diskussionen mit der Hauptabteilung Aufklärung auch über Einzelheiten und unstrittige Fakten – da Sicherheitsfragen berührt waren – hatten sich über Jahre hingezogen. Schließlich hatte sich Erich Honecker in die Diskussion eingeschaltet, das Buch gelesen und ein längeres Gespräch mit ihr geführt. Es kam zu einem Beschluss des Politbüros, der grundsätzlich die Veröffentlichung befürwortete, jedoch ohne die Passagen über Klaus Fuchs.

So vergingen wiederum viele Jahre, bis Ruth Werner 1988 mit Blick auf die Entwicklung in der Sowjetunion und dort erfolgte Veröffentlichungen über Klaus Fuchs und seine Tätigkeit für dieses Land entschieden fordern konnte, das ihr auferlegte Schweigegebot nun aufzuheben. Sie musste auch diesmal bei der Hauptabteilung Aufklärung vorstellig werden, und ein Major nahm ihr Eintreten für Klaus Fuchs und ihren vollständigen »Rapport« zu Protokoll, nicht ohne zu vermerken, dass man durch »Gen. Markus Wolf bereits informiert« war. Sie berief sich auf eine Veröffentlichung in der sowjetischen Zeitung »Moskauer Nachrichten«, Nr. 51/1987, auf ein Interview mit dem englischen Wissenschaftler Rudolf Peierls, der Klaus Fuchs aus gemeinsamer wissenschaftlicher Tätigkeit gekannt und seinerzeit seine Einstellung in das englische Atomforschungszentrum veranlasst hatte. In dem Artikel sei »der Fakt veröffentlicht, dass Klaus Fuchs während seiner Tätigkeit in England das Atomgeheimnis an die Sowjetunion ›verraten‹ hat und sie dadurch etwa ein Jahr früher als geplant in den Besitz der Atombombe gelangt sei«. Nach ihrer Kenntnis erscheine diese sowjetische Zeitung in mehreren Sprachen, sie sei nicht nur in der Sowjetunion, sondern auch in England und anderswo weit verbreitet. Sie bat darum, ihr Kopien »von den entsprechenden Seiten ihres Manuskriptes von ›Sonjas Rapport‹ auszuhändigen«. Es sei ihre Absicht, erklärte sie, diese Passagen über ihre Zusammenarbeit mit Klaus Fuchs zu überarbeiten und in eine Neuauflage ihres Buches »Sonjas Rapport« aufzunehmen. Dieses Gespräch in der Hauptabteilung Aufklärung fand am 14. April 1988 statt, kurz nach dem Tod von Klaus Fuchs – er war am 28. Januar 1988 in Berlin verstorben.

Zu einer Neuausgabe von »Sonjas Rapport« in der DDR kam es nicht mehr. Dafür erschien der vollständige Lebensbericht 1991 in England. Der Verlag Chatto & Windus hatte sich zu der Herausgabe entschlossen, und Ruth Werner wollte im November, beim Erscheinen des Buches, mit ihrem Mann nach London reisen, wo ihre jüngste Schwester, Renate Simpson, lebte, die diese erstmalige Übersetzung ins Englische besorgt hatte. Doch die Presse hatte auf die Ankündigung der Reise mit heftigen Attacken gegen die »Sowjet-Agentin« reagiert und Graham Riddick, ein Parlamentsabgeordneter der Tories, forderte sogar ihre Verhaftung, falls sie und ihr Mann die Insel betreten sollten. Dadurch wurde der Fall wiederum zur Staatsaffäre, und der Generalstaatsanwalt sah sich genötigt, vor dem Parlament zu erklären: »Unter Berücksichtigung aller Umstände, ihres hohen Lebensalters und dass eventuelle Delikte gegen das Amtliche Sicherheitsgesetz fünfzig Jahre zurückliegen sowie der Rahmenbedingungen ihres Handelns, hat der amtierende Direktor der Strafverfolgungsbehörde entschieden, dass es nicht im öffentlichen Interesse liegt, gegen sie vorzugehen.«

Der Tory-Abgeordnete Rupert Allason bemerkte dazu weniger verklausuliert: »Dass das MI 5 den Fall der Beurtons vermasselt hat, ist nicht ihre Schuld und gehört nicht zu den ruhmreichsten Kapiteln der britischen Spionageabwehr und sollte am besten vergessen werden.« Und so reiste Ruth

Werner noch einmal nach London, Oxford und Great Rollright, an ihren letzten englischen Wohnort und zur dortigen Grabstätte ihrer Eltern.

Der englischen Buchausgabe »Sonya's Report« hatte sie ein Nachwort beigegeben, in dem sie unter dem Eindruck der Ereignisse dieser Jahre noch einmal die Bilanz ihres Lebens zieht und auf die Fragen antwortet, die ihr von Lesern, Freunden, ihren Kindern und auch von sich selbst in letzter Zeit immer wieder gestellt worden sind: Würde sie ihr Leben noch einmal so leben und das tun, was sie getan hatte, wenn sie wüsste, was sie heute weiß – Stalins Verbrechen, die Agonie und der Zerfall der Sowjetunion, der Niedergang der DDR und des sozialistischen Traums?

Als Chruschtschow Stalins Schuld auf dem zwanzigsten Parteitag 1956 aufdeckte, waren das russische Volk und Kommunisten aus aller Welt schockiert. Viele wollten es nicht glauben. Und ich muss den besonderen Schmerz erwähnen, den ich fühlte, als ich (viel später noch) erfuhr, dass Kolzow, Borodin, Manfred Stern, Karl Rimm – alles ehrliche und tapfere Kommunisten – von Stalin umgebracht wurden. Aber ich muss auch hinzufügen, dass ich nicht diese zwanzig Jahre im Gedanken an Stalin arbeitete. Wir wollten dem russischen Volk in seinem Bemühen, den Krieg zu verhindern, helfen und dann, nachdem der Krieg gegen Hitlerdeutschland ausbrach, ihn zu gewinnen. Aus diesem Grunde habe ich durchgehalten.

Und dann war ich vierzig Jahre lang in der Deutschen Demokratischen Republik aktiv tätig, sei es Ziegel aus dem Schutt zu suchen und zu säubern, um neue Häuser zu bauen, sei es das Schreiben von Artikeln oder Büchern (elf an der Zahl) oder seien es Vorträge zur Parteischulung gewesen. In all dieser Zeit akzeptierte ich unsere Regierung und unsere Parteivorsitzenden mit nur geringen Kritikpunkten. Es darf nicht vergessen werden, dass ich in den ärmsten Teil Deutschlands zurückgekehrt war, der außer Braunkohle keine Rohstoffe besaß; Ostdeutschland war ein Trümmerfeld und zudem verpflichtet, schwere Reparationszahlungen an die UdSSR zu leisten. Zur selben Zeit unterstützten und inspirierten die USA die Kalter-Krieg-Haltung der BRD gegenüber der DDR. Die Vereinigungsvorschläge der Sowjetunion, die in unserem Namen 1952 unterbreitet wurden, erhielten ein heftiges Nein. Der westdeutsche Kanzler Adenauer sagte 1954: »Der beste Weg, den deutschen Osten wiederzugewinnen, ist die Wiederbewaffnung.« Und heimlich wurde diese Wiederbewaffnung auch durchgeführt, mit Hilfe der USA.

Das waren unsere Probleme. Gegen alle Widerstände hatten wir unsere Wirtschaft aufgebaut. Die Menschen arbeiteten, ein bescheidener Lebensstandard war erreicht, niemand hatte überviel, gute soziale Maßstäbe wurden nach und nach eingeführt. Unsere Kinder wuchsen als Antifaschisten auf. Da meine Arbeit mit der Presse zusammenhing, spürte und erfuhr ich die starke Abneigung der kapitalistischen Länder gegen uns und las die Lügen, die ihre Zeitungen verbreiteten (und auch die Wahrheiten, die ich für Lügen hielt). Was ich nicht mochte in unserem Land war der von Jahr zu Jahr stärker werdende Dogmatismus innerhalb der Partei sowie die Übertreibung unserer Fortschritte und das Vertuschen von Fehlern. Und diese wurden schlimmer, als unser Wirtschaftswachstum stoppte. Ich fühlte mehr und mehr Unehrlichkeit in den Berichten und Ansprachen, die von oben kamen und die Isolation des Politbüros vom Volk zeigten. Es schmerzte und ärgerte mich zu sehen, wie wir uns in den Augen der Arbeiter lächerlich machten, die aus ihren Betrieben die wirkliche Lage kannten.

Aber ich glaubte immer noch, dass ein besserer Sozialismus erreicht werden konnte, wenn man die alten Männer in den längst überfälligen Ruhestand zwänge und jüngere, fähigere die Geschäfte übernehmen und unseren Staat von seinen fast schon chronischen Gebrechen heilen würden. Ich und auch die meisten anderen Parteimitglieder waren erleichtert, als sich die ersten verabschiedeten und andere vom Politbüro ihnen folgten. Wir hofften, dass mit Glasnost und Perestroika, mit mehr Demokratie anstelle von Diktatur und absoluter Gewalt, mit realistischen ökonomischen Reformen die desillusionierten

Massen zurückgewonnen werden könnten. Da wir nicht das Ausmaß der Unmoral und Korruption unter unseren Führern kannten, wussten wir nicht, in welch tiefer ökonomischer Krise wir uns befanden, und so konnten wir nicht ahnen, wie schnell der größere und reichere Teil Deutschlands seine Vorteile nutzen und uns annektieren würde.

Historisch betrachtet war die Wiedervereinigung unabdingbar, weil man ein Land nicht auf ewig durch eine Mauer teilen kann. Aber vieles, was jetzt zerstört wurde an Kultur, Wissenschaft, Industrie und sozialen Institutionen, wäre wert gewesen, es zu erhalten. Man könnte mich freilich fragen, was ich persönlich gegen den Dogmatismus, gegen die Deformation des Sozialismus, von der ich ja wusste, getan habe. Und ob ich glaube, dass mein Leben vergeudet sei? Fühle ich mich schuldig, dass ich mich beugte unter etwas, von dem ich wusste, dass es falsch war? Ich bekämpfte die Missstände, die mir bekannt waren, aber eben nur soweit, dass ich meine Parteizugehörigkeit behalten und weiter Bücher schreiben konnte.

Als ich, nach den ersten größeren Veränderungen in der DDR, unseren regelmäßigen Sitzungen im Schriftstellerverband beiwohnte, sagten viele meiner Kollegen zu mir: »Du brauchst kein schlechtes Gewissen zu haben, du warst immer ehrlich«. War ich, aber ich folgte dem Ratschlag einer mir namentlich nicht erinnerlichen russischen Schriftstellerin:

Gib mir die Gelassenheit, Dinge hinzunehmen,
die ich nicht ändern kann;
gib mir den Mut, Dinge zu ändern,
die ich ändern kann,
und gib mir die Weisheit,
das eine vom anderen zu unterscheiden.

Ich arbeitete innerhalb der Möglichkeiten, die mir offenstanden. Heute mag das opportunistisch erscheinen, und ich muss mich fragen, wie oft ich dogmatisch war. Wie oft glaubte ich an Dinge, von denen ich heute weiß, dass sie falsch waren? Wie oft glaubte ich, dass Genossen Verräter seien, von denen sich herausstellte, dass sie Opfer unseres deutschen Stalinismus waren? Die Erinnerung daran lässt mich erröten, und das

Nachdenken über vierzig Jahre DDR und mein eigenes Verständnis darüber ist noch nicht komplett. Ich muss mit meiner Bitternis über die Parteiführung klarkommen, die mich dahinführte, wohin sie uns brachte. Viele gute Männer und Frauen leben jetzt in tiefer Enttäuschung, wandten sich von allem ab, an das sie glaubten. Ich kann das nicht. Vielleicht durchlebe ich jetzt die schwierigste Zeit meines Lebens, aber ich glaube, dass Marx, Rosa Luxemburg und Lenin große Revolutionäre waren. Für zukünftige Generationen will ich immer noch soziale Gerechtigkeit, Zugang für jeden zu einer guten Bildung, und vor allem will ich, dass nirgendwo jemand hungert und dass Frieden ist auf der Welt. So tief wie immer verachte und hasse ich die Arroganz der Reichen, die Macht des Geldes. Ich hasse Rassismus und Faschismus.

Bin ich ohne Hoffnung? Ich stimme überein mit einem Jugendlichen, der mich depressiv antraf und sagte: »Du glaubst nicht für einen Moment, dass Kapitalismus die Lösung ist. Warte dreißig Jahre, bis dahin schaffen wir einen Sozialismus ohne die eklatanten Fehler, die wir bei unserem ersten Versuch machten.« Tja, das ist ein bisschen lang für mich, aber so lange ich noch lebe, kann ich auf dieses Ziel hinarbeiten. Oder?

An einem Maimorgen des Jahres 2000 besuchte ich Ruth Werner kurz vor ihrem dreiundneunzigsten Geburtstag und ihrem Tod zum letzten Mal in ihrer Wohnung. Es war ein Reihenhaus in der Nähe des Plänterwaldes mit Gartenweg zur Tür, schmalem Flur und dem Wohnzimmer, von wo aus man auf ein kleines Rasenstück, Sträucher, Bäume und eine dichte Hecke ringsum blickte. In den vergangenen Jahrzehnten war ich oft und trotzdem viel zu selten dort gewesen. »Viel zu selten«, sagte sie mir wieder lächelnd an der Tür. Sie sei jetzt nicht mehr so beweglich und habe zwar die Kinder und Kindeskinder um sich, die sich lieb um sie kümmerten, doch sie vermisse die Freunde und Genossen sehr, die sie sonst allenthalben bei Versammlungen und anderen Gelegenheiten getroffen habe. So genau wisse sie ja nicht, wie viel Zeit ihr noch bleibe.

Im Gespräch lebte sie auf, war munter und neugierig wie eh und je, nahm Anteil an allem, was hier und weit in der Welt geschah, nur von sich selbst sprach sie zunächst nicht. Mich fragte sie nach alten Bekannten und meiner Arbeit aus, wollte wissen, wie es meiner Frau gehe, ob sie noch in ihrem Beruf sei oder ihre Stelle verloren habe. Und meine Kinder, die beiden Jungen, ob ich nicht ein Foto bei mir hätte, es interessiere sie, was aus ihnen geworden sei, unter den jetzigen Verhältnissen in der Schule und überhaupt. Natürlich hatte sie mein neues Buch und das Manuskript gelesen, das ich ihr zuvor geschickt hatte. Wie immer sagte sie mir deutlich die Meinung, erörterte Thema und Anliegen. Von jeder Figur und jeder Wendung der weitverzweigten Handlung hatte sie einen festen Eindruck, Fragen und deutliche Kritik, wobei sie sich bemühte, mich nicht in allzu arge Selbstzweifel zu stürzen. Sie meinte, dem Buch würde sie viele Leser wünschen, weil es eine spannende Geschichte über unsere Geschichte sei. »Aber wer wird es heutzutage drucken, kaufen, lesen? Wen interessieren Bücher mit unseren Problemen und Konflikten noch?«, fragte sie besorgt. »Hast du schon einen Verlag?«

Auf dem Tisch neben dem Bett, das auch früher schon hier unten im Wohnzimmer gestanden hatte, lagen ein Stapel Bücher und eine aufgeschlagene Zeitung. Ehe ich kam, hatte sie darin gelesen. Morgens lese sie stets sehr gründlich die Zeitung, sagte sie, neuerdings dauere das Zeitungslesen bei ihr aber erheblich länger, sie gerate dabei ins Grübeln, vieles rege sie sehr auf. Im Fernsehen verfolge sie nur die aktuellen Sendungen, mehr sei kaum noch zu ertragen. Die meiste Zeit widme sie ohnehin dem Bücherlesen, das sei noch extremer geworden, seit sie selbst nicht mehr Bücher schreibe – damit sei es endgültig vorbei. Dennoch freue es sie sehr, dass unlängst »Sonjas Rapport« in China erschienen sei. Leider sei es hierzulande anders, da herrsche seit 1990 Stille um ihre Bücher – nach mehr als einer Million Gesamtauflage. Allein der Berliner Spotless-Verlag hatte die Erzählung »Der Gong des Porzellanhändlers« neu herausgebracht und nun das Neuerscheinen der »Muhme Mehle« angekündigt. Glücklich war sie darüber, dass sie zum Solibasar auf dem Alexanderplatz die »Gong«-Geschichte, Erlebnisse ihrer Chinajahre, noch einmal signieren und in die Hände ihrer Leser geben konnte, die sie umdrängt hatten, erstaunlich viele junge seien darunter gewesen. Was ihr Leben und Schreiben bestimmt habe, bestimme es auch noch heute. Beunruhigt sprach sie von den jetzigen Kriegen und Bedrohungen, den alten Konflikten und Gegensätzen, zu denen neue hinzugekommen seien. Nichts mache ihr aber mehr zu schaffen, sagte sie, als die weggebrochene, kleiner gewordene, jedoch in ihren Augen nicht gänzlich verlorene Chance für eine bessere, friedliche und sozialistische Welt. »Allzu optimistisch sehe ich nicht in die Zukunft«, sagte sie. »Aber es galt für mich immer, selbst in den ausweglosesten Situationen: Der Mensch braucht, ohne sich in Fantasien zu flüchten, ein Segment Hoffnung und Traum, das er nie aufgeben darf.«

Vor fast einem halben Jahrhundert hatte ich sie kennengelernt, seitdem waren wir miteinander im Gespräch. Immer wieder einmal hatten wir uns dabei auch in die Region der Hoffnungen und Träume begeben. Manchmal verließ uns der Realitätssinn (mehr mich als sie), wenn wir Schwierigkeiten und Fehlentwicklungen hierzulande kleiner und unbedeutender redeten oder glaubten, sie kraft unserer Überzeugung oder gar der Literatur bewältigen zu können. Bei jedem Gespräch, selbst am Telefon, kam sie darauf zu sprechen, und irgendwann erfolgte prompt die Aufforderung: »Das Buch musst du lesen! Wenn du's nicht hast, gebe ich's dir.«

Nicht alles war gesagt und wurde gesagt, auch nicht an diesem Morgen, als ich das letzte Mal bei ihr zu Hause war. Ich glaube sogar, das allerehrlichste Reden über den Alltag, die Politik und Bücher konnte manchmal das Verschweigen von Dingen sein, die dringend zu bereden gewesen wären. Erst nach und nach hatte ich von ihr erfahren, was sie in ihrem Leben auf sich genommen hatte, das Wesentlichste im letzten Jahrzehnt, manches erst aus anderer Leute Mund oder Büchern. Das Schweigen über die Sache, für die sie gelebt und mit anderen Genossen alles riskiert hatte, war ihr zur zweiten Natur geworden, die disziplinierte Treue zur Sache. Keine Frage, dass dies lange Zeit absolut notwendig gewesen war – aber bis wann und warum blieb jetzt noch immer ein Rest Schweigen?

Schließlich sagte sie unvermittelt, als ich schon gehen wollte: »Ich habe trotz allem viel Glück gehabt«, und erwähnte Oxford-Summertown, von wo aus sie nach Banbury geradelt war, und Great Rollright, das Dorf in den Cotswolds, den Fluchtpunkt, als die Zeitungen gemeldet hatten, dass eine junge dunkelhaarige Frau aus dieser Gegend der Spionage verdächtigt würde. »Ich verdanke es Klaus Fuchs, dass sie mich nicht fassen konnten, seinem Schweigen, und ich habe damals auch keine Sekunde daran gezweifelt, dass er sich lieber die Lippen blutig beißen würde, als mich zu verraten.« Sie nannte es das Gesetz des Schweigens, dem er und sie sich damals unterworfen hätten. Es sei nicht leicht gewesen, sich in all den Jahren daran zu halten, die für sie kein Ende zu nehmen schienen. Im Nachhinein komme es ihr wie ein Wunder vor, dass es immer wieder gut ging und sie unentdeckt, fast unbehelligt von jeglichem Irrwitz dieses waghalsigen Jahrhunderts blieb, vor allem durch die Treue der Genossen an ihrer Seite, der Freunde und der Familie. Bedrückt sprach sie davon, dass Klaus Fuchs nicht dieses Glück und die Anerkennung gehabt habe wie sie. »Er hat bitter bezahlen und bis zum Tod über alles schweigen müssen, obwohl er so viel für jeden von uns getan hat – und mit uns meine ich nicht nur uns hier.«

Es war alles klar, was sie sagte, ohne Bitterkeit, ohne Verklärung. Fast verlegen blinzelte sie mir zu und meinte, um solche Gedanken käme sie eben nicht herum, immer wieder stelle sie sich solche Fragen und kehre, vor dem Zeitungsblatt oder einem Buch sitzend, zu diesen Zeiten und den heute keineswegs erledigten Problemen zurück. Zu viele Stimmen würden jetzt laut, zu viele Deutungen und Verfälschungen. »Damals jedenfalls war ich mir voll bewusst, was ich tat und worum es dabei ging«, sagte sie. »Ich war im Grunde nur der Bote, ich habe die Botschaft übermittelt, Formeln und Berechnungen, von denen ich wenig verstand, aber über deren Bedeutung, vor

Ruth Werner, 2000, das letzte Foto

allem die politische und sogar weltpolitische, ich mir ziemlich im Klaren war. Immerhin, den großen Krieg zwischen West und Ost, den dritten Weltkrieg und drohenden Atomkrieg, hat es nicht gegeben«, sagte sie dann. »Wohl auch deshalb nicht, weil unsere Leute rechtzeitig in den Besitz der Bombe gekommen sind.« »Unsere Leute«, diese Worte betonte sie, und nur kurz war ein Lächeln in ihrem Blick. »Unsere Leute, aber wo sind sie jetzt?«

Sie berichtete mir noch, dass ihr dieser Tage die Russische Botschaft angekündigt habe, die jetzige Regierung wolle sie wegen ihres damaligen heldenhaften Einsatzes mit einem Orden ehren. »Ich bin kein Held und will keinen Orden mehr!«, habe sie dem Attaché gesagt, der hier bei ihr vorgesprochen habe. »Überhaupt diese Orden, Ehrungen und großen Worte, die an so viel Fragwürdiges verschwendet worden sind.« Anders, ganz anders sei es gewesen, als sie 1937 angesichts des drohenden Krieges in der Nazi-Hochburg Danzig beim nächtlichen Funkverkehr mit der Moskauer Zentrale die verschlüsselte Nachricht erreicht habe, dass sie mit dem Rotbannerorden ausgezeichnet worden sei, den sie dann aus den Händen des alten weißhaarigen Kalinin im Kreml erhielt. Und noch 1969, als ihr zum zweiten Mal von der Sowjetregierung der Rotbannerorden verliehen wurde, sei sie stolz darauf gewesen, obwohl sie da schon der Gedanke an die vielen anderen Genossen geschmerzt habe, die diesen Orden dreifach verdient hätten und verschwiegen wurden oder nicht mehr am Leben waren. »Ich denke jetzt oft an Klaus Fuchs und sehe ihn wie damals in Banbury vor mir.«

Irgendwann in diesem zeitigen Frühling 2000 hatte sie mir auch das Buch »Chinesische Gedichte aus drei Jahrtausenden« mit auf den Weg gegeben, in dem sich einige der bewegenden Verse Lu Hsüns (1881–1936) finden, mit dem Ruth Werner in Schanghai bekanntgeworden und oft zusammengetroffen war. Gejagt von der Geheimpolizei, war er dahin geflüchtet, nachdem er sich in Peking als Universitätsprofessor bei blutigen Zusammenstößen mit Regierungstruppen auf die Seite der rebellierenden Studenten und Streikenden gestellt hatte. Auf der allerletzten Seite des Buches steht sein Gedicht: »Sonst nichts«, das er – den man den Gorki Chinas nennt – damals in ihrer Nachbarschaft geschrieben hatte:

In diesem Halbjahr sah ich wieder
sehr viel Blut, sehr viele Tränen.
Doch ich war nur beunruhigt,
sonst nichts.

Die Tränen wurden abgewischt, das Blut gerann.
Und wieder gehen die Schlächter umher.
Sie nehmen die harten Messer.
Doch ich bin nur beunruhigt,
sonst nichts.

Wenn ich jedoch, beunruhigt,
den Kampfplatz suchte, an den ich gehöre,
ich bliebe bei dem Buch
»Sonst nichts«.

Es war mein Bemühen, einen authentischen Bericht über die Lebenswege von Klaus Fuchs und Sonja zu geben. Ich bin Janina, der Tochter Ruth Werners, und ihren Söhnen Peter und Michael zu Dank verpflichtet, dass sie mich bei diesem Vorhaben großzügig unterstützt und mir uneingeschränkt Briefe, Tagebücher, Dokumente und Fotos ihrer Mutter und der Familie zur Verfügung gestellt haben. Ebenfalls danke ich Dr. Dieter Hoffmann vom Max-Planck-Institut Berlin für seine umfassende Hilfe bei der Literaturrecherche zu Klaus Fuchs sowie für zahlreiche wissenschaftshistorische Ratschläge. Bei der Übersetzung englischsprachiger Buch- und Brieftexte leisteten mir Helga Besenbruch und Christian Oehme freundlicherweise Hilfe. Die deutsche Fassung des Reims »Banbury Cross« stammt von Michael Hamburger, die des Gedichts Lu Hsüns »Sonst nichts« von Margarete Donath. Besonderer Dank gilt meinem Freund Klaus Franke, der das Buchmanuskript mehrmals durchgesehen und mir wertvolle Hinweise gegeben hat.

Eberhard Panitz

Literatur

Andrew, Christopher/Mitrochin, Wassili, Das Schwarzbuch des KGB. Moskaus Kampf gegen den Westen, München 2001

Barwich, Heinz, Das rote Atom, München, Bern 1967

Blank, Alexander S./Mader, Julius, Rote Kapelle gegen Hitler, Berlin 1979

Blankenfeld, Janina, Die Tochter bin ich. Kindheitserinnerungen, Berlin 1985

Boveri, Margret, Der Verrat als Epidemie: Amerika. Der Verrat im XX. Jahrhundert – Fazit, Reinbeck bei Hamburg 1960

Donath, Andreas (Hg.), Chinesische Gedichte aus drei Jahrtausenden, Frankfurt am Main 1963

Feklisov, Alexander, Notizen eines Kundschafters – In Übersee und auf der Insel, Moskau 1994

Feklisov, Alexander, The Man Behind the Rosenbergs, New York 2001

Flach, Günter, Klaus Fuchs – Sein Erbe bewahren, Akademie der Wissenschaften, Berlin 1989

Fuchs, Emil, Mein Leben, 2 Bände, Leipzig 1957

Fuchs, Emil, Mein Leben, Textfragmente aus dem Entwurf zum 3. Band, in: Christentum, Marxismus und das Werk von Emil Fuchs, Leipzig 2000

Fuchs, Emil, Wochenberichte, in: Balzer, Friedrich Martin/Weißbecker, Manfred (Hg.), Blick in den Abgrund. Das Ende der Weimarer Republik im Spiegel zeitgenössischer Berichte und Interpretationen, Bonn 2002

Fuchs, Klaus, Die Bedeutung der Kernenergie für den wachsenden Energiebedarf der Menschheit, in: Flach, Günter/Banse, Gerhard/Bonitz, Manfred (Hg.), Atomkraft – Herausforderung an die Menschheit, Berlin/Rossendorf 1988

Goljakow, Sergej/Ponisowski, Wladimir, Richard Sorge. Kundschafter und Kommunist, Berlin 1982

Hartland, Michael, The Third Betrayal, London 1986

Haynes, John Earl/Klehr, Harvey, Venona. Decoding Soviet Espionage in America, New Haven and London 1999

Hellwig, Joachim, Väter der tausend Sonnen, Zwei Montagelisten zum nicht öffentlich gezeigten DEFA-Dokumentarfilm und zur nicht gesendeten Fernsehfassung, Berlin 1989

Hempel, Rudolf (Hg.), Funksprüche an Sonja, Berlin 2007

Herbig, Jost, Kettenreaktion. Das Drama der Atomphysiker, München 1976

Hermann, Armin, Einstein. Der Weltweise und sein Jahrhundert, München 1994

Herneck, Friedrich, Bahnbrecher des Atomzeitalters. Große Naturforscher von Maxwell bis Heisenberg, Berlin 1966

Höhne, Heinz, Der Krieg im Dunkeln. Die deutsche und russische Spionage, Augsburg 1996

Hoffmann, Dieter (Hg.), Operation Epsilon. Die Farm-Hall-Protokolle oder Die Angst der Alliierten vor der deutschen Atombombe, Berlin 1993

Hoffmann, Klaus, Otto Hahn. Stationen aus dem Leben eines Atomforschers, Berlin 1978

Jungk, Robert, Heller als tausend Sonnen. Das Schicksal der Atomforscher, Stuttgart 1956

Knopp, Guido, Topspione. Verräter im geheimen Krieg: Der Atomspion, Zur Fernsehreihe, München 1999

Kuczynski, Jürgen, Dialog mit meinem Urenkel. Neunzehn Briefe und ein Tagebuch, Berlin 1989

Kuczynski, Jürgen, Ein linientreuer Dissident. Memoiren 1945–1989, Berlin 1992

Kuczynski, Jürgen, Freunde und gute Bekannte. Gespräche mit Thomas Grimm, Berlin 1997

Kuczynski, Jürgen, Memoiren. Die Erziehung des J. K. zum Kommunisten und Wissenschaftler, Berlin 1981

Lindner, Georg, Rüstung und die Verantwortung des Physikers; in besonderer Weise dargestellt am Spionagefall Klaus Fuchs, Diplomarbeit, Karl-Franzens-Universität Graz 1991

Mader, Julius, Dr.-Sorge-Report, Ein Dokumentarbericht

über Kundschafter des Friedens mit ausgewählten Artikeln von Richard Sorge, Berlin 1984

Müncheberg, Hans, Blaues Wunder aus Adlershof. Der Deutsche Fernsehfunk – Erlebtes und Gesammeltes, Berlin 2000

Rado, Sandor, Dora meldet … , Berlin 1971

Shukow, Georgi K., Erinnerungen und Gedanken, 2 Bände, Berlin 1970

Smedley, Agnes, Eine Frau allein. Mein Lebensroman, Berlin 1957

Tschikow, Wladimir/Kern, Gary, Perseus. Spionage in Los Alamos, Berlin 1996

Weizsäcker, Carl Friedrich von, Atomenergie im Atomzeitalter, Frankfurt am Main 1957

Werner, Ruth, Auskünfte. Zum 75. Geburtstag, hrsg. von Sagasser, Joachim, Berlin 1982

Werner, Ruth, Gedanken auf dem Fahrrad. Publizistik aus zwei Jahrzehnten, Berlin 1980

Werner, Ruth, Sonjas Rapport, Berlin 1977 u. Berlin 2006 (1. vollständige dt. Ausg.)

Werner, Ruth, Sonya's Report, London 1991

Werner, Ruth, Ein ungewöhnliches Mädchen, Berlin 1957

Werner, Ruth, Olga Benario, Berlin 1961

Werner, Ruth, Der Gong des Porzellanhändlers, Berlin 1976

West, Nigel, MI 5. British Security Service Operations 1909 bis 1945, London, Sydney, Toronto 1981

Williams, Robert Chadwell, Klaus Fuchs. Atom Spy, Cambridge, London 1987

Wolf, Markus, Spionagechef im geheimen Krieg. Erinnerungen, Düsseldorf und München 1997

Whymant, Robert, Der Mann mit den drei Gesichtern. Das Leben des Richard Sorge, Berlin 2002

Die Fotos entstammen den Privatarchiven Beurton, Hamburger, Blankenfeld, Panitz.
Nicht für alle Fotos ließen sich die Urheber ermitteln. Berechtigte Ansprüche bleiben gewahrt.

Der Verlag bedankt sich für die freundliche Genehmigung des Pahl-Rugenstein Verlags Nf., Bonn, zum Abdruck zweier Wochenberichte von Emil Fuchs. Die Quelle lautet: Erwin Eckert/Emil Fuchs: Blick in den Abgrund. Das Ende der Weimarer Republik im Spiegel zeitgenössischer Berichte und Interpretationen. Herausgegeben und eingeleitet von Friedrich-Martin Balzer und Manfred Weißbecker. Bonn 2002, S. 493–497, S. 510–511

ISBN 978-3-360-01977-6

© 2009 (2003) Verlag Das Neue Berlin, Berlin
2., erweiterte Auflage
Illustration und Umschlaggestaltung: Buchgut, Berlin
Druck und Bindung: CPI Moravia Books GmbH

Ein Verlagsverzeichnis schicken wir Ihnen gern:
Das Neue Berlin Verlagsgesellschaft mbH
Neue Grünstr. 18, 10179 Berlin
Tel. 01805/30 99 99
(0,14 €/min. aus dem deutschen Festnetz,
abweichende Preise für Mobilfunkteilnehmer)

Die Bücher des Verlags Das Neue Berlin
erscheinen in der Eulenspiegel Verlagsgruppe.

www.das-neue-berlin.de